AF177550

edition theophanie

Manfred Ehmer

Götter und Göttinnen

in Mythologie, Kunst und Esoterik

© 2020 Manfred Ehmer
Umschlagbild: Giuseppe Collignon,
Der Feuerraub des Prometheus (1812)
Bildquelle: Wikipedia Commons
Bilder S. 13, S. 254: Wikipedia Commons
Buchschmuck: gemeinfreie Bilder

Verlag und Druck: tredition GmbH,
Halenreie 40-44, 22359 Hamburg
Teil 2 der Reihe **edition theophanie**

ISBN: 978-3-7482-1081-8 (Paperback)
ISBN: 978-3-7482-1082-5 (Hardcover)
ISBN: 978-3-7482-1083-2 (e-Book)

Bibliografische Information der Deutschen Nationalbibliothek: Die Deutsche Nationalbibliothek verzeichnet diese Publikation in der Deutschen Nationalbibliografie; detaillierte bibliografische Daten sind im Internet über http://dnb.d-nb.de abrufbar.

Besuchen Sie den Autor auf seiner Homepage:
www.manfred-ehmer.net

Inhaltsverzeichnis

Die Götter Griechenlands

Wo jetzt nur, wie unsre Weisen sagen,
Seelenlos ein Feuerball sich dreht,
Lenkte damals seinen goldnen Wagen
Helios in stummer Majestät.
Diese Höhen füllten Oreaden;
Eine Dryas lebt' in jedem Baum,
Aus den Urnen lieblicher Najaden
Sprang der Ströme Silberschaum.

Friedrich Schiller[1]

Wie ein „Goldenes Zeitalter" mutet uns jene längst versunkene Zeit an, in der die Welt noch als durchgeistigt erlebt wurde, als durchwirkt von Göttermacht: Da zog der Gott Helios allmorgentlich seinen Sonnenwagen über den Himmelsrand, da streifte der Große Pan durch die Wälder Arkadiens, ein Schrecken der Hirten zur Mittagsstunde. Nachts ließ die Mondgöttin Selene ihre silberne Sichel über den Himmel gleiten, und die Sternbilder leuchteten ewig am Firmament als Verkörperungen halbgöttlicher Helden. Poseidon, der Beherrscher der Meere, ließ Sturmwind und Wogenschlag aufkommen, und wenn im Frühjahr heftige Gewitter niedergingen, dann war es

Zeus selbst, der grollend die Blitze schleuderte. In allen Naturvorgängen wurde das Ergebnis eines göttlichen Waltens, einer wirkenden Göttermacht gesehen.

Die Götter Griechenlands, wie sie uns in der Mythenwelt Homers und Hesiods entgegentreten, tummelten sich in einem Universum, das bevölkert war von Nymphen, Satyrn, Dryaden und Naturgeistern jeder Art, in einem wahrhaft verzauberten Universum. Aber nicht nur lichtvolle Zauberwesen gab es in diesem mythischen Universum, sondern auch Schreckgespenster, etwa die lehmigen plumpen Titanen, diese ewigen Widersacher der Götter, die Kyklopen, einäugige Ungeheuer, die Giganten und die Erinnyen. So gab es also Mächte der Höhe und solche der Tiefe, des Lichts und der Finsternis – und es gab ein ewiges Ringen zwischen diesen polaren Mächten, das die Welt letztlich im Gleichgewicht hielt. Immer sind die Götter jedoch Wesen, die in den Naturerscheinungen zum Ausdruck kommen, sei es in der Sonne oder im Mond, in Flussquellen oder in Bäumen, im Himmelsgewölbe oder im Wogenschlag des Meeres.

Wir dürfen davon ausgehen, dass die Griechen ursprünglich ihre Götter noch ganz naturmystisch im Weltganzen wahrnehmen konnten. Mit Animismus, mit fetischistischer Naturverehrung hat diese hochgeistige Naturmystik nichts zu tun. Die Götter wurden gesehen als numinose Geistmächte, die eigentlich „hinter" den Naturerscheinungen stehen, aber nur „in" ihnen zum Ausdruck kamen. So war die ganze Natur mit allem Belebten darin eine Epiphanie des Göttlichen.

Im weiteren Verlauf der Entwicklung ist es jedoch dazu gekommen, dass der ursprüngliche naturmystische Götterglaube langsam dahinschwand; ja es traten in späterer Zeit Kritiker und Spötter auf, die das einstige heilige Wissen um die Götter und ihr Wirken in der Welt als reines Ammenmärchen hinstellen wollten. Der Dichter Homer (um 800 v. Chr.) war wohl der Letzte, der die Götter der alten mykenischen Zeit noch als lebendig empfinden konnte; dann setzte eine Entwicklung ein, die man als eine „Entgötterung" oder – um mit Max Weber zu sprechen – eine „Entzauberung der Welt" kennzeichnen kann. Das Schicksal der Götter fortan war es, dass sie aus der harten rauen Wirklichkeit dieser Welt verbannt wurden, dass sie hinübergingen in das Land der Märchen und Mythen, auch in das Traumland der Dichter – zurück blieb eine entgötterte, eine leergewordene und darum tote Natur. Niemand hat diesen Verlust tiefer, schmerzlicher empfunden als *Friedrich Schiller* (1759–1805), der in seinem Gedicht *Die Götter Griechenlands* klagt:

Schöne Welt, wo bist du? Kehre wieder,
Holdes Blütenalter der Natur!
Ach, nur in dem Feenland der Lieder
Lebt noch deine fabelhafte Spur.
Ausgestorben trauert das Gefilde,
Keine Gottheit zeigt sich meinem Blick –
Ach, von jenem lebenwarmen Bilde
Blieb der Schatten nur zurück.
Alle jene Blüten sind gefallen
Von des Nordes schauerlichem Wehn:
Einen zu bereichern unter allen,
Musste diese Götterwelt vergehn.
Traurig such' ich an den Sternenbogen,
Dich, Selene, find ich dort nicht mehr;
Durch die Wälder ruf ich, durch die Wogen,
Ach! Sie widerhallen leer!
Unbewusst der Freuden, die sie schenket,

Nie entzückt von ihrer Herrlichkeit,
Nie gewahr des Geistes, der sie lenket,
Selger nie durch meine Seligkeit,
Fühllos selbst für ihres Künstlers Ehre,
Gleich dem Schlag der Pendeluhr,
Dient sie knechtisch dem Gesetz der Schwere,
die entgötterte Natur.[2]

Ganz ähnlich der Romantiker *Novalis* (1772–1801) in seinen berühmten *Hymnen an die Nacht*: „Zu Ende neigte die alte Welt sich. Des jungen Geschlechts Lustgarten verwelkte – hinauf in den freieren, wüsten Raum strebten die unkindlichen, wachsenden Menschen. Die Götter verschwanden mit ihrem Gefolge – Einsam und leblos stand die Natur. Mit eiserner Kette band sie die dürre Zahl und das strenge Maß. Wie in Staub und Lüfte zerfiel in dunkle Worte die unermessliche Blüte des Lebens. Entflohn war der beschwörende Glauben, und die allverwandelnde, allverschwisternde Himmelsgenossin, die Phantasie. Unfreundlich blies ein kalter Nordwind über die erstarrter Flur, und die erstarrte Wunderheimat verflog in den Äther. Des Himmels Fernen füllten mit leuchtenden Welten sich. Ins tiefre Heiligtum, in des Gemüts höhern Raum zog mit ihren Mächten die Seele der Welt – zu walten dort bis zum Anbruch der tagenden Weltherrlichkeit. Nicht mehr war das Licht der Götter Aufenthalt und himmlisches Zeichen – den Schleier der Nacht warfen sie über sich. Die Nacht ward der Offenbarungen mächtiger Schoß – in ihn kehrten die Götter zurück…"[3]

Die *Nacht der Götter* war also angebrochen – gewichen sind die Götter dem hellen klaren Tag des Verstandesdenkens, dem grellen Licht einer sinnentleerten „entzauberten" Welt. Heute leben wir jedoch in einer

Zeit, in der die Ausrichtung auf Fortschritt im Sinne einer perfekten technisch-rationalen Weltbeherrschung immer fragwürdiger wird. Die Entzauberung der Welt hat zu einem Identitätsverlust des Menschen geführt, zu einem Verlust der inneren Mitte, die nur durch echte *religio*, Rückbindung an den göttlichen Urgrund, behoben werden kann.

Die *Wiederverzauberung der Welt* – das ist die Wiederkehr wahrer Spiritualität in das Bewusstsein der Menschen, die Versöhnung von Geist und Natur, von Innen und Außen, von Religion und Wissenschaft, von Gott und Kosmos. Das bedeutet auch *die Wiederkehr der Götter*, ihre Rückkehr in die Reiche der Natur, aus denen sie verbannt wurden. So wird der schon seit Jahrtausenden währenden Götter-Nacht vielleicht ein neuer Götter-Tag folgen, und die Welt wird wieder transparent auf ihren geistigen Ursprung hin.

Der Durchbruch zu einer spirituellen Natursicht, zu einem neuen spirituellen Naturerleben – das ist wohl der wichtigste Aspekt, den eine „wiederverzauberte Welt" mit sich bringen wird. Dies bedeutet keinesfalls, zu irgendwelchen vergangenen Welten zurückkehren zu wollen – es gibt kein Zurück zur heidnischen Antike oder zu irgendeiner anderen überwundenen Phase der Menschheits-Entwicklung. Die Rückbindung an die Natur, auch an ihre göttlich-numinosen Kräfte, kann heute nur in aller Verstandeswachheit erfolgen; sie muss von Erkenntniskräften begleitet sein, die aus dem voll entwickelten Ich-Bewusstsein des modernen Menschen erwachsen. Nicht um eine Rückkehr zu den „Göttern Griechenlands" oder zu anderen alten Göttern kann es heute gehen, sondern vielmehr um die Gewinnung einer spirituell erweiterten Natursicht, die das Geistige in der Schöpfung zu erkennen vermag.

Der kulturgeschichtliche Hintergrund

Der kulturgeschichtliche Hintergrund der griechischen Mythologie ist von einer Serie prähistorischer Wanderungsbewegungen geprägt. In der Frühgeschichte Griechenlands werden üblicherweise drei Phasen voneinander unterschieden:

> ➢ In der *frühhelladischen* Epoche (2500–1850) bemerken wir bereits die Bildung von verschiedenen ackerbautreibenden Kulturkreisen im ägäischen Raum; Träger dieser Kultur ist die vorindogermanische mediterrane Urbevölkerung.

> ➢ In der *mittelhelladischen* Epoche (1850–1600) kommt es erstmals zur Einwanderung indogermanischer Stämme, der Joner und Aioler / Achäer, die auch als die „Protogriechen" gelten und sich mit der mediterranen Urbevölkerung vermischen.

> ➢ In der *späthelladischen* Zeit (1600–1150) beherrscht eine adelige Herrenschicht der eingewanderten Indogermanen, zumeist Streitwagenkämpfer, von gewaltigen Zwingburgen aus das Land.

Ab dem 15. Jhrdt. dehnt die aus dem Norden eingewanderte Schicht ihre Macht bis nach Kleinasien aus, besiedelt auch Kreta, Rhodos, Zypern. Um 1250 erfolgt, vom Dichter Homer besungen, die Zerstörung von Troja VIIa. Aber eine zweite indogermanische Einwanderungswelle rollt in der spätmykenischen Zeit (1400–1150) über Griechenland hinweg: die Einwanderung der Dorer, ab 1200, ausgelöst durch den Vorstoß der Illyrer zum Mittelmeer. Die Dorer als Reiterkrieger mit Eisenwaffen zeigen sich den mykenischen Protogriechen,

Streitwagenkämpfern mit Bronzewaffen, im Kampf überlegen: Die mykenischen Burgen, einst stolze Adelssitze, versinken ab 1150 in Schutt und Asche.

Zwei Kulturbereiche, sich durchdringend, prägen demnach die Religion und Mysterienwelt der Griechen: einmal die altmediterrane Bauernkultur mit ihren Jahreslauf- und Vegetationskulten sowie Fruchtbarkeits-, Erd- und Muttergottheiten; dann die Kultur der eingewanderten Indogermanen mit ihren Wetter-, Licht- und Sonnengöttern, wie etwa Zeus und Apollo; hinzu kommen Götter, die aus Fremdländern übernommen wurden, aus Kleinasien oder Thrakien. Seit etwa 1600 v. Chr. verschmelzen in der mykenischen Adelswelt altmediterrane und indogermanische Gottesvorstellungen unter stark minoischem Einfluss.

Aber trotz aller Verschmelzung mit einheimischem Religionsgut blieb die „olympische" Religion der Griechen immer dem Hohen, Hellen, Lichten zugewandt;

sie blieb von ihrer Grundausrichtung her apollinisch. Dieser „Religion in Dur", wie Thassilo von Scheffer richtig sagt, standen jedoch von jeher die dunklen Moll-Töne einer viel älteren Religion chthonischer Erdverehrung entgegen, die auch in den zum Teil ältesten Mysterienkulten Griechenlands weiterlebten. Über den Kultstätten von Eleusis und Samothrake waltete die Macht uralter Muttergottheiten. Die Orphische Mysterienreligion allerdings, die aus Thrakien, also aus dem nichtgriechischen Ausland, stammt, trägt eher den Charakter einer Jenseitsreligion, obschon sie durchaus von einer „dionysischen" Grundstimmung getragen wird und insofern auch eher in Moll als in Dur erklingt. An die Orphik, die in vielem an die spätantike Gnosis erinnert, knüpfen Pythagoras und Platon an.

Götter ~ Dämonen ~ Heroen

Vor allem verehre die unsterblichen Götter,
So wie es die Göttliche Ordnung lehrt.
Ehre in frommer Scheu das Gelübde
Und die edlen Heroen, halte sie heilig.
Verehre die in der Unterwelt wirkenden Dämonen,
Indem du opferst, wie es geboten.
Die Goldenen Verse des Pythagoras[4]

Götter, Dämonen, Heroen – so heißen jene höheren Wesen, die nach Ansicht der *Goldenen Verse* des Pythagoras vom Menschen verehrt werden müssen; denn *religio*, Rückbindung an etwas Höheres, Transzendentes, macht das Wesen jeder Religion aus. Aber wer oder was sind die „Götter"? In den verschiedenen indogermanischen Sprachen sind sehr ähnliche Ausdrücke zu finden, die jenes Heilige und Numinose umschreiben, das wir mit dem Begriff „Gott" verbinden; immer wieder begegnen uns die Wortwurzeln *Dis, Deus, Theos,* germanisch *Tiuz,* indisch *Dyaus,* auch *Devas,* das heißt „die Leuchtenden".

Götter sind also Lichtwesen, aber das Licht, das sie ausstrahlen, ist transzendentes Licht, mit dem sie unser Bewusstsein erleuchten, das heißt, uns selbst zum

Leuchten bringen. Auch die moderne Quantentheorie sagt ja, dass im Grunde genommen Alles nur Energie ist: die Vorstellung von fester undurchdringlicher Materie erweist sich als Illusion, die durch den blitzschnellen Tanz der Elementarteilchen erzeugt wird. Es gibt aber nur eine Quelle allen Lichtes, und das ist die göttliche Ur- und Zentralsonne des Alls (das „Zentralfeuer" der Pythagoreer).

Ist Gott der All-Eine, so sind die „Götter" das aus ihm hervorgegangene All-Viele. Man kann sich durchaus vorstellen, dass es eine Vielzahl von göttlichen Monaden gibt, die doch alle einer höheren Einheit angehören und dieser auch untergeordnet sind. Die Götter mögen sehr machtvolle Wesen sein, dem Menschen in vielerlei Hinsicht überlegen, aber die Götter sind nicht das Höchste im All. Die Götter des Hinduismus (die *Devas*) gelten als „Himmelswesen", Bewohner einer der guten Existenzformen, die in den glücklichen Sphären des Himmels leben, aber wie alle anderen Wesen dem Kreislauf der Wiedergeburt unterliegen. Ihnen wurde ein langes und glückliches Leben beschieden als Lohn vergangener guter Taten (Karma!), aber gerade dieses Glück stellt das größte Hindernis auf ihrem Weg zur Erlösung dar. Den Göttern haftet keineswegs Vollkommenheit an, sie sind vielmehr selbst erlösungsbedürftige Wesen, die eine höhere Stufe in der Hierarchie des Universums erklimmen möchten.

In der Mythologie der antiken Völker, auch unserer Vorfahren, werden die Götter oft sehr menschlich dargestellt. Dies mag uns heute vielleicht etwas befremden. Aber der Zusammenhang von Menschenwelt und Götterwelt wurde in der Antike enger gesehen, als wir es uns heute vorstellen können. In den *Goldenen Versen* des Pythagoras lesen wir:

Du wirst erkennen der unsterblichen Götter
Und der sterblichen Menschen Verbindung,
Die in allem erscheint und alles überwindet.[5]

Die zentrale Aussage der *Goldenen Verse* besagt, dass
„göttlichen Stammes die Sterblichen sind", und daran
knüpft sich die Verheißung, dass der Erkennende nach
Verlassen seines physischen Leibes selbst zu den Göttern gehören wird; er ist dann „ein seliger Gott und kein
Mensch mehr". Gottwerdung durch Erkenntnis also,
das ist der Kern der pythagoreischen Geheimschulung –
zum Äther aufzusteigen und Unsterblichkeit zu erlangen. Die Wesensverwandtschaft von Göttern und Menschen war den Griechen durchaus geläufig. „Götter und
Menschen sind desselben Ursprungs", erklärte schon
um 700 v. Chr. der Mythendichter Hesiod; und Kleanthes sagt, zu Zeus gewandt, in seinem berühmten Hymnus: „Wir sind deines Geschlechts".

Diesen Gedanken griff der Apostel Paulus auf, als er
den Athenern vom unbekannten Gott predigte: „Denn
in ihm leben, weben und sind wir, wie auch einige der
Dichter bei euch gesagt haben: Wir sind seines Geschlechts" (Apg. 17,28). Und Pindar von Theben (um
500 v. Chr.): „Ein Stamm: Menschen und Götter; von
einer Art ja atmen wir, von einer Mutter wir beiden;
doch Macht von ganz verschiedener Art trennt uns."
Der Mensch also als ein den Göttern verwandtes, göttliches, himmlisches Wesen – das ist der Zentralgedanke
jeglicher Esoterik, griechischer ebenso gut wie indischer, ägyptischer oder sonstiger Herkunft. Zwischen
Menschen und Göttern besteht nur ein gradueller, kein
prinzipieller Unterschied.

Ja selbst im Alten Testament steht: *„Ihr seid Götter
und allzumal Söhne des Höchsten"* (Psalm 82, 6-7). Was

der Psalmist hier sagt, ist uns nicht neu. Im Gegenteil, es ist uralte esoterische Weisheit, bekannt schon den antiken Mysterien, den griechischen Philosophen, den Juden und den Heiden, vor allem aber den Mystikern, Hermetikern, Esoterikern und Theosophen aller Zeiten und Länder. Wir Menschen sind Himmelssöhne, Gottessöhne, ein gefallenes Engelsgeschlecht, Götter in der Verbannung. Das haben sie alle gewusst, die Gnostiker, Manichäer, Katharer, Albigenser, die von der Kirche Verfolgten, Geächteten, ja Verbrannten, auf den Scheiterhaufen des Mittelalters, dieweil die Kirche selber sich nicht mehr erinnern wollte oder konnte an jenes Schriftwort, das da besagt, dass wir alle Götter sind und allzumal Söhne des Höchsten.

Und nun müssen wir auf die Dämonen zu sprechen kommen. Denn diese gilt es ja neben den Göttern auch zu verehren. Die alten Griechen hatten die Vorstellung von einem Dämon, der dem Menschen beigesellt ist und ihn auf seinem Lebensweg unsichtbar begleitet. Der Mensch hat sich diesen Dämon selbst erwählt; er ist sein Hüter, sein Höheres Selbst, seine Innere Stimme, der lebenslange Begleiter auf dem Pfad der Inkarnation. Bei Platon, und zwar in seinem Hauptwerk *Politeia*, steht der Satz: „Nicht der Dämon wird euch erlosen; ihr selber sollt euch einen Dämon wählen" – Der Begriff „Dämon" mag dem heutigen Leser vielleicht befremdlich erscheinen. Doch muss man berücksichtigen, dass das Wort *daimon* erst nachträglich einer Sinnänderung unterzogen wurde, indem es ursprünglich eine göttlich-numinose Macht, später aber etwas Antigöttliches, „Dämonisches" bezeichnete. Dieser Bedeutungswandel geht insbesondere auf das Christentum zurück, das seit den Kirchenvätern eine eigene Dämonologie herausbildete, in der mythische Gestalten der heidnischen Antike

umgedeutet und einer fiktiven Gegenwelt Satans zugeordnet wurden.

Wir wollen jedoch auf den ursprünglichen, antiken, nicht durch das Christentum verfälschten Sinn des Wortes „Dämon" zurückgehen. Unter „Dämonen", *daimones,* verstanden die Griechen halbgöttliche Wesen, die als Mittlerwesen zwischen den Menschen und Göttern fungierten. Diese Anschauung, wohl die der Volksreligion, wird bei Platon in seinem Dialog *Das Gastmahl* wiedergegeben. Dort heißt es: „Das Reich der Dämonen liegt zwischen Göttern und Menschen. (....) Sie vermitteln den Göttern die Gebete und Opfer der Menschen, den Menschen überbringen sie den Willen der Götter und die Gegengaben für Opfer. Sie füllen die Kluft zwischen beiden, sodass sich das All zusammenfügt. Durch sie vollzieht sich jede Seherkunst und die Weisheit der Priester bei Opfern und Weihen und Beschwörungen und bei jeglicher Wahrsagung und Zauberei. Gott steigt nicht zum Menschen hernieder, – nur durch Dämonen gibt es Verkehr und Zwiesprache der Götter mit den Menschen, im Wachen und im Traum. Wer weise ist in diesen Dingen, der ist ein dämonischer Mensch; dagegen ist ein Banause, wer sonst in einer Kunst oder einem Handwerk Bescheid weiß."[6]

Der Begriff des Daimon hat in der griechischen Religionsgeschichte eine durchaus wechselnde Bedeutung gehabt. Bei Homer begegnen wir den halbgöttlichen Dämonen, aber noch ganz in die Außenwelt projiziert; in jüngerer Zeit verschiebt sich der Begriff des Daimon mehr in das Innere des Menschen, wenn z. B. Heraklit den innersten Charakter des Menschen als seinen Daimon bezeichnet. Zugleich wachsen die Einzelgestalten der Dämonen zu dem eher abstrakten Neutrum des *daimonion* („das Dämonische") zusammen. In diesem Sinne spricht Sokrates in seiner berühmten Verteidigungsrede vor Gericht von seinem „daimonion" als einer Inneren Stimme, die ihn als eine Art Ratgeber durch das Leben begleitet; er spricht davon, „dass ein Göttliches und Dämonisches zu mir kommt, von dem ich euch mehrmalen und verschiedentlich gesprochen habe (....). Mir ist es von Jugend auf geschehen, dass sich mir eine Stimme hat hören lassen, und wenn sie sich hören lässt, so hält sie mich immer ab von dem, was ich tun will, treibt mich aber niemals an."[7]

Die Dämonen besaßen in Griechenland keinen eigenen Kult; die späteren Philosophen – vor allem Sokrates – setzten sie mit dem Göttlichen im Menschen bzw. mit der inneren göttlichen Stimme gleich. Eine weitere Entwicklung des Begriffs lag darin, der der „Dämon" als der persönliche Schutzgeist gedacht wurde, der jeden Einzelnen auf seinem Lebensweg begleitete und ermächtigt war, menschliches Schicksal zum Guten oder Bösen zu wenden. Vielfach wollte man den „Dämon" für alles Verhängnisvolle verantwortlich machen, der in diesem Sinne dem Begriff „Tyche" (Schicksal) nahekam. Auch die Römer kannten einen persönlichen Schutzgeist des Menschen, den sie den *Genius* nannten; er begleitete den Menschen sein ganzes Leben hindurch. Er wurde am Geburtstag der jeweiligen Person gefeiert und meist als Schlange dargestellt.

Platon sieht den Daimon als Innere Stimme, Ratgeber und Lebensbegleiter des Menschen. Dieser Ansicht hat er mehrfach in seinem Werk Ausdruck gegeben. Nehmen wir nur folgende Stelle: „Wer sagt dir denn, dass du gerade so große Macht habest wie Zeus? Nichtsdestoweniger hat er einem jeden einen Aufseher an die Seite gestellt, nämlich den Daimon eines jeden, und diesem hat er seine Bewachung anvertraut, und zwar ohne dass er schlummert oder sich hintergehen lässt. Denn wo sonst gäbe es einen besseren oder sorgsameren Wächter, dem er einen jeden von uns hätte anvertrauen können? Darum, wenn ihr die Türen verschließt und das Zimmer finster macht, so lasst euch doch niemals einfallen zu sagen: Jetzt sind wir allein. Denn ihr seid es nicht, sondern Gott ist bei euch drinnen und euer Schutzgeist (Daimon). Die bedürfen des Lichtes nicht um zu sehen, was ihr tut. Diesem Gotte solltet auch ihr einen Eid schwören, wie die Soldaten dem Kaiser." (*Phaidon 107 d*)[8]

Nach den Göttern und Dämonen wären nun an dritter Stelle die Heroen zu nennen. Wer sind die Heroen? Und welche Rolle spielen sie in der griechischen Mythologie? Vereinfacht ausgedrückt: Heroen sind sterbliche Menschen, durchaus mit historischer Existenz, aber solche, die den „Glanz des Göttlichen" an sich tragen – die später, am Ende ihrer Laufbahn, zu den Göttern entrückt wurden und in ihrem Kreise fortan weilten. Wie es Karl Kerenyi treffend sagt: „Der Glanz des Göttlichen, der auf den Heros fällt, ist eigentümlich vermischt mit dem Schatten der Sterblichkeit."[9] Heroen sind also, kurz gesagt, *vergöttlichte Menschen* – Halbgötter, kultisch verehrte Stammväter von Geschlechtern, Städtegründer und Kulturbringer. Sie wohnten auf den Inseln der Seligen oder auf dem Olymp und genossen hohes Ansehen. Heroen waren beispielsweise Kadmos, der Begründer von Theben, Herakles, Theseus, Achilles, die Argonauten und die Helden des Trojanischen Krieges.

Schöpfungsmythen

Damals war nicht das Nichtsein, noch das Sein
Kein Luftraum war, kein Himmel drüber her. –
Wer hielt die Hut der Welt? wer schloss sie ein?
Wo war der tiefe Abgrund, wo war das Meer?
Nicht Tod war damals, nicht Unsterblichkeit,
Nicht war die Nacht, der Tag nicht offenbar. –
Es hauchte windlos in Ursprünglichkeit
Das Eine, außer dem kein andres war.
Von Dunkel war die Welt bedeckt,
Ein Ozean ohne Licht, in Nacht verloren; -
Da ward, was in der Schale war versteckt,
Das Eine durch der Glutpein Kraft geboren.
Aus diesem ging hervor, zuerst entstanden,
Als der Erkenntnis Samenkeim, die Liebe; -
Des Daseins Wurzelung im Nichtsein fanden
Die Weisen, forschend in des Herzens Triebe.[10]

Kosmogonische Vorstellungen des Rigveda

In den *Schöpfungsmythen* geht es um den Ursprung
der Welt und um das Werden der Götter, Menschen
und anderen Naturwesen, die den Kosmos als Ganzen beseelen; dabei wird der Weg gezeichnet, der von
einem formlosen Urzustand bis zu dem wohlgeordneten Kosmos der Jetztzeit führt. Bezeichnend für die

Sichtweise des Rigveda ist die Suche nach einem *einheitlichen* Ursprung des Weltganzen. Und ansatzweise ergibt sich aus diesem Suchen die Vorstellung von dem *sichselbstgebärenden Einen*, die später in den Upanishaden eine so große Bedeutung gewinnen wird: „Das Eine, außer dem kein andres war".

Das *Weltschöpfungslied* ist ohne Zweifel das denkerisch tiefste unter den kosmogonischen Liedern des Rigveda; der anonyme Dichter will keine eigentliche Schöpfungslehre aufstellen, sondern ihn interessiert nur das Problem, wie denn die reale Welt aus dem Nichts entstanden sei. Da aber aus dem Nichtsein niemals irgendetwas hervorgehen kann, meint der Dichter, dass es ursprünglich weder Sein noch Nichtsein gab, sondern einen Zustand jenseits von beidem. „Weder Nichtsein noch Sein war damals; nicht war der Luftraum noch war der Himmel darüber. Was strich hin und her? Wo? In wessen Obhut? Was war das unergründliche tiefe Wasser?"[11] In diesem pralayaischen Zustand universaler Latenz webte das *Eine*, das die Welt aus sich selbst gebar – der universelle Weltenkeim aller Dinge. Liebesverlangen überkam das Eine, Werdelust packte es, und so entfaltete sich das All aus dem Einen; am Anfang stand also der kosmogonische Eros.

Ein immer wiederkehrendes Denkbild aus dem Rigveda ist die Vorstellung von einem Urmenschen. Mit anderen Worten, die Einheit der Welt wird daraus erklärt, dass sie aus einem einzigen Urindividuum entstanden sei. Dieses Urwesen ist *Purusha* („ein Mannsbild von riesenhaftem Ausmaß" nennt ihn Geldner), und das Lied schildert seine Geburt und Weltwerdung, seine weltumspannende Größe, und dann sein Geopfertwerden durch die Götter – aus den Gliedern seines getöteten Leibes formen sie die verschiedenen Teile der

Welt. Dieser Mythos vom kosmischen Menschen, vom All- und Urmenschen als Urgrund der Schöpfung, ist Gemeingut aller alten Völker, ein Bestandteil jener esoterischen Geheimlehre, die in Urzeiten über die ganze Welt verbreitet war. Dem vedischen Purusha entspricht der jüdische *Adam Kadmon*, der persische *Gayomard*, der altnordische *Ymir*, ja sogar noch ältere Vorbilder aus eurasischer Vorzeit (*Pangu* in der chinesischen Mythologie). Auch erhält der Opfergedanke im Purusha-Mythos größere Bedeutung: durch Opfer ist die Welt entstanden – durch Opfer wird sie aufrechterhalten.

Zunächst einmal ist, nach Aussage des Rigveda, der Purusha identisch mit dem Makrokosmos: „Purusha allein ist diese ganze Welt, die vergangene und die zukünftige, und er ist der Herr über die Unsterblichkeit"[12]. Sodann wird der Urmensch geopfert, in Teile zerlegt und aus diesen die Welt geformt, sodass sich eine vollständige Analogie zwischen Makrokosmos und Mikrokosmos ergibt; den Gliedern des Makromenschen entsprechen die Glieder der Welt: „Der Mond ist aus seinem Geist entstanden, die Sonne entstand aus seinem Auge; aus seinem Munde Indra und Agni, aus seinem Aushauch entstand der Wind. Aus dem Nabel ward der Luftraum, aus dem Haupte ging der Himmel hervor, aus den Füßen die Erde, aus dem Ohre die Weltgegenden. So regelten sie die Welten."[13] Unser ganzes Universum wäre somit der Leib eines Großen Menschen. Ein ganz ähnliches Gedankenbild finden wir in der germanischen Mythologie, der dieselben urindoeuropäischen Mysterien zugrunde liegen wie dem Rigveda. In der aus Island stammenden Sammlung *Edda*, nordische Götterlieder, begegnen wir dem Urriesen Ymir, der auch von den Göttern geopfert wurde, um die mikrokosmische Welt daraus zu formen:

Aus Ymirs Fleisch ward die Welt geschaffen,
aus dem Gebein das Gebirg,
der Himmel aus dem Schädel des schneekalten
Riesen, die Brandung aus dem Blut.[14]

Der Begriff *purusha* hat in der späteren indischen Religionsphilosophie noch eine andere Bedeutung angenommen. In der Sankhya-Philosophie bezeichnet er in Abgrenzung gegen *prakriti*, die Materie, das Selbst, das Absolute oder das reine Bewusstsein; im Vedanta ist Purusha dann identisch mit dem Atman und somit auch mit dem Brahman. Das Purusha-Lied bildet nach P. Deussen den krönenden Abschluss der Philosophie des Rigveda, es ist sicherlich auch eines der jüngsten Hymnen in der ganzen Sammlung, da es als einziges die vier Hauptkasten erwähnt, die es ebenfalls aus dem Purusha hervorgehen lässt[15].

Ein anderes Schöpfungslied stellt die Frage nach dem ungenannten Urgott in den Vordergrund. Die erst viel später angefügte Schlussstrophe gab ihm den Namen *Prajapati*. Da der Urgott und erste Schöpfer aber nicht unter den bekannten Göttern zu finden ist, wird als Refrain die Frage aufgeworfen, welchem Gott denn nun diese Ehre zukomme („Wer ist der Gott, dem wir mit Opfer dienen sollen?"). Dieses Lied enthält auch eine Kosmogonie, da von dem unbekannten Schöpfergott gesagt wird: „Im Anfang wurde er zum goldenen Keim. Geboren ward er der alleinige Herr der Schöpfung. Er festigte die Erde und diesen Himmel"[16]. Der Goldkeim – *hiranyagarbha* – ist die Vorstufe des goldenen Eies der späteren Kosmogonien, der als Keim im Urwasser treibt und nach seiner Befruchtung durch den Strahl des Logos die Welt aus sich hervorbringt.

Der babylonische Schöpfungsmythos

Der älteste babylonische Schöpfungsmythos, den wir besitzen, der *Enuma Elisch*, niedergelegt auf sieben Keilschrift-Tontafeln mit je etwa 150 Versen, stammt bereits aus einer Spätzeit, zwischen dem 19. und dem 17. Jh. v. Chr.; er reflektiert den Sieg des Patriarchats über das Matriarchat und zeigt das Bestreben, den babylonischen Stadtgott Marduk als den höchsten Herrn des Universums auszuweisen. Als die beiden Urmächte des Chaos werden die Große Göttin Tiamat, die Herrin des Meers, und der Gott des Süßwassers Apsu genannt; aus diesen entstehen spätere Generationen von Göttern, bis hin zu Marduk als dem Letzten und Jüngsten, der die kosmische Urmutter Tiamat tötet und aus ihrem Leib die Welt formt, aus der oberen Hälfte der Himmel und aus der unteren die Erde; auch die Sternbilder werden an den Himmel gesetzt und das Zeitmaß ihres Laufes festgesetzt. Als das Dokument einer „patriarchalischen Kulturrevolution" im 2. Jahrtausend v. Chr. soll dieser Schöpfungs-Urmythos hier einmal, wenn auch leicht gekürzt, in vollem Wortlaut zitiert werden[17]:

> Als droben die Himmel nicht genannt waren,
> als unten die Erde keinen Namen hatte,
> als selbst Apsu, der Unanfängliche,
> der Erzeuger der Götter,
> und Mummu Tiamat, die sie alle gebar,
> ihre Wasser in eins vermischten,
> als das abgestorbene Schilf
> sich noch nicht angehäuft hatte,
> Rohrdickicht nicht zu sehen war,
> als noch kein Gott erschienen,
> mit Namen nicht bekannt,
> Geschick ihm nicht bestimmt war,

da wurden die Götter aus dem Schoß
von Apsu und Tiamat geboren ....

Aber das Urgötterpaar Apsu und Tiamat fühlt sich
schon bald durch das lärmende Treiben der jungen
Götterkinder belästigt; deshalb beschließen sie, die stö-
rende Nachkommenschaft kurzerhand zu beseitigen:

> Es kamen zusammen die Brüder, die Götter,
> zu stören Tiamat durch ungeordnetes Treiben.
> Sie verwirrten tatsächlich Tiamats Gemüt,
> da sie tanzend umhersprangen,
> sie dämpften ihr Geschrei auch nicht vor Apsu.
> Tiamat schwieg angesichts ihres Aufruhrs,
> doch ihr Treiben war Apsu zuwider,
> ihr Wandel missfiel ihm,
> denn sie waren groß geworden ....
> Sie berieten die Sache wegen der Götter,
> Ihrer Erstgeborenen.
> Apsu tat seinen Mund auf,
> mit lauter Stimme sprach er zu Tiamat:
> 'Unerträglich ist mir ihr Verhalten.
> Tagsüber kann ich nicht ruhen,
> nachts kann ich nicht schlafen.
> Ich will sie vernichten,
> um ihrem Treiben ein Ende zu machen.
> Stille soll herrschen, damit wir ruhen können.'

Man sieht hier die kosmische Dimension des Mythos, dass sich die alten Mächte des Chaos und der Urschöpfung durch das neu aufsprießende Leben bedroht
fühlen. In einem ersten Kampf besiegt Ea den zunächst
betäubten Apsu und wird dadurch zum Gott des Wassers. Mit der Kraft des Siegers zeugt er *Marduk*, den

neuen kommenden Gott; Tiamat aber bereitet sich zum Kampf vor, der nun unvermeidlich ausbrechen muss. Zahllose Ungeheuer brachte nun Tiamat, die selbst als ein großer Seedrache dargestellt wird, selbstschöpferisch hervor, Schlangen, Drachen, Löwen, Skorpionmenschen und Sturmdämonen, um sie gegen die jungen Götter ins Feld zu schicken. Den nun folgenden Endkampf mit Marduk schildert das Epos in ausführlicher Dramatik:

> Marduk, der Herr, erhob den Zyklon,
> seine gewaltige Waffe,
> und der Tiamat, die Versöhnung heuchelte,
> rief er zu: 'Warum sprichst du freundliche Worte,
> da du dich zum Angriff gerüstet?
> Die Söhne haben sich getrennt,
> ohne Achtung vor ihren Erzeugern,
> denn du, die sie geboren,
> hast jedem mütterlichem Sinn entsagt ....
> Wider die Götter, meine Väter,
> hast du deine Bosheit gerichtet.
> Deine Truppe mag sich ausrüsten
> oder dir die Waffen anlegen!
> Begegnen wir uns lieber im Zweikampf!'
> Als Tiamat dies hörte,
> geriet sie außer sich, verlor den Verstand.
> Sie stieß ein lautes Gebrüll aus,
> rief eine Beschwörung und einen Zauberspruch.
> Dann stießen zusammen Tiamat und Marduk,
> der weiseste der Götter,
> stürzten sich aufeinander,
> und begegneten sich im Kampf.
> Marduk breitete sein Netz aus,
> fing darin Tiamat, ließ vor ihr los den Sturm,

den er vom Himmelsgott erhalten hatte,
als Tiamat ihn verschlingen wollte,
warf er den Sturm in ihren Schlund,
damit sie die Lippen nicht schließen konnte.
Die grimmigen Winde füllten ihren Leib.
Ihr Leib blähte sich auf, ihr Mund blieb offen.
Er schoss einen Pfeil ab, zerriss ihr den Bauch,
Ihr Inneres zerfetzte er
und durchbohrte ihr Herz.
Als er sie bezwungen hatte,
setzte er ihrem Leben ein Ende .....

Weitere Verse schildern, wie Marduk aus dem Leib der Tiamat die Welt erbildet, aus der oberen Hälfte das Himmelsgewölbe, das er in die Abschnitte der Sternbilder einteilt, wobei er auch den Gang von Sonne und Mond bestimmt und dem Gott Ea einen Himmelspalast zuweist. Aus der unteren Hälfte aber wurde die Erde gestaltet, aus dem Kopf der Tiamat ein hoher Berg, ihren Augen entspringen die Flüsse Euphrat und Tigris, aus ihrer Brust entsteht eine Hügellandschaft. Mit der Erschaffung der Menschen aus dem Blut eines geopferten Gottes endet der gewaltige Weltschöpfungs-Epos.

Der altjapanische Schöpfungsmythos

Im Mittelpunkt der altjapanischen Mythologie steht das Götterpaar *Izanagi und Izanami*, das mit dem himmlischen Juwelenspeer in der Salzflut rührte, bis diese sich verdickte und die Erde daraus entstand; danach ließen sie weitere Gottheiten aus sich hervorgehen, darunter die Sonnengöttin Amaterasu sowie den Mondgott und den Gott des Meeres. In einer modernen Nacherzählung liest sich dieser Schöpfungsmythos so:

*Am Anfang waren Himmel und Erde nicht ge-
trennt. Dann spross aus dem Ozean des Chaos ein
Schilfrohr; das war der ewige Landbeherrscher
Kunitokotatchi. Dann kamen die Göttin Izanami
und der Gott Izanagi. Sie standen auf der schwimmenden Himmelsbrücke und rührten mit einem
juwelenbesetzten Speer im Ozean, bis er gerann.
So schufen sie die erste Insel, Onokoro. Sie bauten
auf dieser Insel ein Haus mit einem Steinpfeiler in
der Mitte; das ist das Rückgrat der Welt. Izanami
ging in einer Richtung um den Pfeiler und Izanagi in der anderen. Als sie sich wieder gegenüber-
standen, vereinigten sie sich; das war ihre Hochzeit. Ihr erstes Kind nannten sie Hiruko, aber es
gedieh nicht sehr gut. Deshalb setzten sie ihn, als
er drei Jahre alt war, in einem Schilfkahn aus; er
wurde Ebisu, der Gott der Fischer. Danach gebar
Izanami die acht Inseln Japans.*[18]

Soweit also, frei nacherzählt, der Schöpfungsmythos
aus dem Buch *Kojiki*, der „Sammlung der Dinge", das
im 8. Jahrh. n. Chr. auf Geheiß der Kaiserin Gemmyo
zusammengestellt wurde. Mehrere Gesichtspunkte sind
hierbei sehr bemerkenswert, und sie verdienen es, genauer hervorgehoben zu werden:

Izanami und Izanagi sind ein *Götterpaar*, und somit
stellen sie eine männlich-weibliche Polarität dar. Es war
also nicht ein isolierter männlicher Schöpfergott, der die
Welt hervorgebracht hat, wie es in den Traditionen des
Patriarchats so gesehen wird, sondern die Weltwerdung
geht auf die Tat einer mann-weiblichen Paargenossen-
schaft zurück. Izanami und Izanagi verkörpern in diesem Sinne auch Yin und Yang, die mann-weibliche Ur-
Polarität.

Die „schwimmende Himmelsbrücke", auf der sie

beide stehen, ist ohne Zweifel der Regenbogen, der in der religiösen Mythologie der Völker eine so große Rolle spielt. Seit jeher galt der Regenbogen als die Brücke zum Reich der Götter. In der germanischen Mythologie haben wir etwa die Himmelsbrücke *Bifröst,* auf der die Götter zur Erde herabsteigen. Die Regenbogenbrücke *Antahkarana* gilt als die Brücke zur Geistigen Welt.

Wenn die beiden Götter nun mit Hilfe eines Juwelenspeers die Salzflut aufrühren, so ist dies eindeutig eine Anleihe aus der indischen Mythologie. Dort wird nämlich berichtet, wie die Götter einst den Urozean aufquirlten, bis sie auf seinem Grunde *Amrita,* das Wundermittel der Unsterblichkeit, fanden.

Wenn es in der Erzählung heißt, die Götter bauten auf der erstgeschaffenen Insel ein Haus mit einem Steinpfeiler in der Mitte, der „*das Rückgrat der Welt*" ist, so verweist dies auf eine uralte Vorstellung, nämlich die den Himmel stützende Weltsäule. Sie wird auch die *Weltachse* oder *axis mundi* genannt. Zu diesem Thema schreibt Nelly Naumann in ihrem Buch *Die Mythen des alten Japan*: „Nach der Vorstellung nordasiatischer Völker wird der Polarstern, um den sich das Himmelsgewölbe dreht, geradezu als Himmelssäule angesehen oder doch als der Punkt, in dem sich der Himmel um die Weltsäule dreht. Diese Welt- oder Himmelssäule steht vor der Wohnung des ‚Himmelsgottes' und wird teilweise mit dem Himmelsgott selbst identifiziert. Verschiedene sibirische Völker haben Bilder der Himmelsoder Weltsäule angefertigt (...). Auch hier zeigt sich demnach eine Bilderwelt, die derjenigen des japanischen Mythos gleicht."[19]

Als ein weiteres mythisches Motiv wäre das der *Heiligen Hochzeit* zu nennen. Denn es wird berichtet, dass Izanami und Izanagi den Weltenpfeiler in je umgekehrter Richtung umgehen, bis sie in der Mitte wieder zusammentreffen; dies ist der Ort der Vereinigung, aus der weitere Götterkinder hervorgehen, vor allem Ebisu, der Gott der Fischer, und die acht Inseln Japans. An dieser Stelle geht der Mythos in *Theogonie* über, in die Lehre von der Gottwerdung und der Aufeinanderfolge der Göttergenerationen. Bei diesen Göttern handelt es sich um kosmische Götter, also um solche, die ganz direkt mit dem Naturgeschehen zu tun haben, nicht aber um transzendente Mächte.

Die hesiodische Theogonie

Hesiod (um 700 v. Chr.) war ein altgriechischer Bauerndichter aus Askra in Böotien, der das homerische Zeitalter durch zwei Hexametergedichte entscheidend ergänzte: *Werke und Tage*, 828 Verse und *Theogonie*, 1022 Verse, ein Werk, in dem erstmals eine systematische Darstellung der griechischen Götterwelt gewagt wird. Er bringt Ordnung und System in das bunte Göttergewoge Homers, stellt Zeus ganz in den Mittelpunkt, gibt auch einen Querschnitt durch die Entwicklung, indem er die ganze Reihe der aufeinander folgenden Götter-Generationen darstellt, von der ersten Urzeit bis zur Vollendung in der Gegenwart. Und wenn man sagt, dass Hesiod den Griechen ihre Götterwelt erst gegeben habe, dann muss man bedenken, dass er auch an vorindogermanisch-pelasgische Mythen anknüpft; ein Einfluss aus dem Orient ist zudem unverkennbar.

Am Anfang seiner *Theogonie* schildert Hesiod seine Berufung durch die Musen, diese nämlich „lehrten einst den Hesiod schönen Gesang, als er Schafe weidete unter dem gotterfüllten Helikon"; sie händigen ihm den Rhapsoden-Stab aus und den Lorbeerkranz, als Hoheitszeichen seines Dichtertums, und dann hauchten sie ihm „eine weissagende Stimme ein, damit ich rühme, was sein wird und was vorher war". Die Musen waren die inspirierenden Schutzgeister der Dichter; es gab neun an der Zahl, und die erste unter ihnen war *Mnemosyne*, das heißt die „Erinnerung", das „Weltgedächtnis" oder, esoterisch gesprochen, die *Akasha-Chronik*. Hesiod versteht sich also auch als ein Prophet, der um Zukünftiges wie um Vergangenes weiß, weil er aus dem Tableau der Welt-Erinnerung schöpft. Und nun beginnt Hesiod mit seinem gewaltigen Weltschöpfungsmythos. Er fängt an bei einem Urzustand, *in dem es selbst die Götter noch nicht gab*; sie waren noch nicht ins Sein getreten, es gab nur wogende Urmächte, die aus tiefsten Gründen auftauchen und ein formloses Material zu der Welt formen, wie wir sie heute kennen:

> Wahrlich, zuerst entstand das Chaos und später die Erde, breitgebrüstet, ein Sitz von ewiger Dauer für alle Götter, die des Olymps beschneite Gipfel bewohnen und des Tartaros Dunkel im Abgrund der wegsamen Erde, Eros zugleich, er ist der schönste der ewigen Götter; lösend bezwingt er den Sinn bei allen Göttern und Menschen tief in der Brust und bändigt den wohlerwogenen Ratschluss. Aus dem Chaos entstanden die Nacht und des Erebos Dunkel, aber der Nacht entstammten der leuchtende Tag und der Äther, schwanger gebar sie die beiden, von Erebos' Liebe befruchtet.[20]

Hesiod führt uns hier den Zustand der *Urschöpfung* vor Augen. Und es ist eine interessante Tatsache, dass er als ersten Ursprung das *Chaos* setzt. Der Wortbedeutung nach heißt „Chaos" so viel wie „Spalt, Höhlung", das dazu gehörige Verb bedeutet „aufsperren, aufklaffen, gähnen", es ist also eine klaffende Tiefe, ein gähnender Abgrund. Aber dieses Chaos ist auch ein schöpferisches Prinzip, eine Art kosmische Gebärmutter: die Nacht und der Erebos gehen aus ihm hervor, die ihrerseits zusammen den Tag und den Äther erzeugen. Allenthalben ist das Motiv der „Heiligen Hochzeit" allgegenwärtig. Es ist die mystische Union von Nacht und Erebos, später dann auch die von Erde und Himmel. Eros ist dabei immer gegenwärtig, er fungiert als der *kosmogonische Eros*, als die allverbindende Kraft im Universum, die alle Polaritäten zusammenbringt und damit die Heilige Hochzeit überhaupt erst ermöglicht.

Auch vom Tartaros ist im obigen Text die Rede. Er ist der tiefste Abgrund des antiken Welt-Kosmos; auch er gehört, wie das Chaos und die Erde, zu den Urzeugungsmächten, die seit Anbeginn bestanden; einsam steht er da, ohne Stammeltern und ohne Kinder; nur mit der Erde zeugt er das Ungeheuer Typhoeos. Streng genommen gibt es hier *zwei* Götter-Stammbäume, einmal die Kinder des Chaos (Nacht, Erebos, Tag, Äther), und dann die der Erde, die mit dem Himmel die Titanen und alle späteren Göttergeschlechter erzeugt. „Griechische Schau der Welt, griechisches Lebensgefühl kündet sich hier, gleich zu Beginn der Götterfolge an: ein zweifacher Ursprung, zwei polare Bereiche: Unform und Form, abgründige Tiefe und klare, feste Begrenzung; vage Todesdunkelheit ... und gleichmäßig wandelnde Gestirne bestehen nebeneinander. Sie mischen sich nicht, die Nachkommenschaften von Chaos und Gaia gehen keine Verbindung ein, aber sie bekämpfen sich auch nicht, es ist kein Agon zwischen Unform und Form, zwischen den Ausgeburten des Chaos und den Kindern der Gaia."[21]

Ge ~ Gäa ~ Gaia

CINIS SUM, CINIS TERRA EST,
TERRA DEA EST, ERGO MORTUUS NON SUM.
Ich bin Asche, die Asche ist Erde,
Die Erde ist eine Göttin, also bin ich nicht tot.
– *Grabinschrift aus der römischen Kaiserzeit*

Die Erd ist unsere Mutter, Aditi ist Heimat,
Der Luftraum schirmt uns gegen Fluch und
Unheil.
Der Vater Himmel segne uns vom Himmel;
Wo ich die Brüder treffe, mög ich bleiben!
– *Atharvaveda VI, 120*

Bekannt sind die Namen, unter denen die zur Göttin erhobene Erde verehrt wurde: in der altgriechischen Kultur als *Ge, Gäa* oder *Gaia*, zuweilen auch als *Demeter*; in Rom als *Terra Mater* und im kleinasiatischen Raum als *Kybele*. Die Verehrung der Großen Muttergottheit, von der jungsteinzeitlichen *Magna Mater* bis hin zur ägyptischen Allgöttin Isis, war nichts anderes als ein Kultus der Göttin Erde. Die ältesten Kunstwerke der Menschheit sind bekanntlich jene kleinen, aus Elfenbein geschnitzten Bildnisse der Magna Mater, die wie die berühmte *Venus von Willendorf* ein Alter von rund 20.000 Jahren aufweisen. Man weiß nicht genau, wen diese kleinen Statuetten eigentlich darstellen sollen. Vermutlich eine sehr archaische, mit der Macht des Weiblichen verbundene Fruchtbarkeitsgöttin. Einerlei: *sie* war offensichtlich die Kultgöttin der altsteinzeitlichen Mammutjäger!

„Allgemein wird angenommen, dass die sogenannten ‚Venus'-Statuen die Erdmutter, die ‚Terra oder Magna Mater' darstellen. Sie wurden sowohl im europäischen Osten wie in Italien, Spanien und Frankreich gefunden, und einige von ihnen stammen noch aus den Frühzeiten des sogenannten Jungpaläolithikums, der zweiten Stufe der Altsteinzeit, sind also 20 bis 30.000 Jahre alt. Diese plastischen Bildwerke haben im Gegensatz zu den Gravierungen in den Höhlen meistens Köpfe, die Gesichter sind aber nicht ausgeführt, auch hier ist stets der Leib das Wichtigste, der übermäßig groß und voll gestaltet ist. (...) Wie die Zeremonien um manche Höhlenbilder trächtiger Tiere doch wohl der magischen Förderung der Fruchtbarkeit des Jagdwildes dienen sollten, so mag auch im Glauben der Urmenschen die Erdmutter ihre Fruchtbarkeit auf die Frau, die zu ihr die Hände erhob, übertragen haben. (...) Das ist die Große Mutter der Eiszeit." So Britta Verhagen in ihrem Buch über die kulturellen Wurzeln des Abendlandes in der Bronzezeit.[22]

Es dürfte kein Zweifel darüber bestehen, dass die Erdmutter Gaia in der Ägäis und auf der griechischen Halbinsel auf ein hohes Alter zurückblickt. „Zuerst vor allen Göttern ehr ich im Gebet die Erde als die früheste Seherin" – so beginnt Aischylos, der Schöpfer der griechischen Tragödie, sein Drama *Die Eumeniden*. Auch das Kultheiligtum von Delphi war ursprünglich der Erdgöttin Gaia geweiht – erst viel später wurde es dem Sonnengott Apollon zugesprochen. Gab es im klassischen Griechenland einen Gaia-Kult? Alle Zeichen weisen darauf hin. Im Kult wurde Gaia besonders in Attika verehrt; in der bildenden Kunst findet man sie meist mit Füllhorn und Früchten dargestellt. Am bekanntesten ist die bildliche Darstellung der Gaia auf dem Gigantenfries des Pergamonaltars. Wir finden hier eine Szene aus der „Gigantomachie" dargestellt, also dem Kampf der Giganten mit den olympischen Göttern: Pallas Athene, von der Siegesgöttin Nike begleitet, ergreift den Giganten Alkyoneus; Gaia, rechts unten aus der Tiefe auftauchend, zieht ihn zu sich zurück.

Man vermutet, dass die griechisch-ägäische Gaia bis in die ersten sesshaften Ackerbaukulturen der Jungsteinzeit zurückgeht. Seit etwa 8000 v. Chr. hat sich der Ackerbau von Vorderasien über ganz Europa ausgebreitet, und es war die Bandkeramikerkultur, die – vom Balkanraum ihren Ausgang nehmend – die sesshafte Lebensweise und die mit ihr verbundene Kulturidee der Großen Muttergottheit nach Mitteleuropa brachte. Das Urgötterpaar von „Mutter Erde" und „Vater Himmel" und ihre Heilige Hochzeit schien im Mittelpunkt der europäischen Jungsteinzeit zu stehen, und dieses Denkbild verwendet noch um 700 v. Chr. der griechische Mythendichter Hesiod, wenn er aus der geheiligten Ehe zwischen der Erdgöttin Gaia und dem Himmelsgott Uranos die Titanen, Kyklopen und Erinnyen wie auch die olympischen Götter hervorgehen lässt.

Hesiod wird zuweilen als der „erste Dichter auf europäischem Boden" bezeichnet, denn Heimat und Wirkungskreis des Homer lagen ja noch im ionischen Kleinasien. Hesiod entstammte jedoch der Kulturlandschaft Böotien, die in Griechenland selbst an der ägäischen Mittelmeerküste gelegen ist; um 700 v. Chr. soll er dort in Askra geboren worden sein. Am Helikon (im Altertum der Name für den Bergrücken östlich vom Parnass in Böotien) erlebte er – friedlich inmitten der unberührten Natur die Schafe hütend – seine Berufung durch die Musen und wurde daraufhin ein Rhapsode. Unter einem Rhapsoden versteht man einen Dichter-Sänger, der als ein fahrender Spielmann durch die Lande zieht und im festlichen Kreis homerische oder selbstverfasste Epik vorträgt.

Das Lebensmilieu des Hesiod war ganz offensichtlich das der Bauern und Schafhirten, und aus einer tiefen Naturverbundenheit konnte er die lebendig tätigen Wesenheiten der übersinnlichen Welt wahrnehmen und das geistig Geschaute in dichterische Worte fassen. Der Höhepunkt seiner Laufbahn war sein Sieg im Dichterwettstreit bei den Leichenspielen für König Amphidamas in Chalkis. Sein bedeutendstes Werk stellt eindeutig die *Theogonie* dar, ein großartiges Gesamtsystem griechischer Göttermythologie, das in ebenso düsteren wie grandiosen Bildern den Prozess des Weltwerdens darstellt, wie er vom Seherauge geschaut wurde.

Theogonie bedeutet ja eigentlich „Gottwerdung", also das Entstehen und Vergehen der Göttergeschlechter, aber Theogonie ist im griechischen Denken immer zugleich Kosmogonie; Götterwerdung ist also auch Weltwerdung, denn die Weltentwicklung im Diesseits ist untrennbar verknüpft mit dem Wirken der Geistigen Hierarchien in der übersinnlichen Welt. Deshalb muss die hesiodische *Theogonie* zusammen mit der *Genesis* der Bibel und dem *Völuspa*-Lied der germanischen Edda zu den großen Weltschöpfungs- und Weltentstehungsmythen gerechnet werden, die aus dem dumpfen Ahnen der noch kindlich-hellsichtigen Menschheit der Frühzeit hervorgegangen sind.

Man sagt, dass Homer und Hesiod den Griechen ihre Götterwelt gegeben haben; aber Tatsache ist, dass beide auch an uralte vorgriechische Mythen anknüpfen, vor allem an die Gaia-Religion der Pelasger, jener unbekannten mediterranen Urbevölkerung Griechenlands, die von den um 1700 v. Chr. aus dem Norden eingewanderten Stämmen der Ionier, Dorer und Achäer auf der hellenischen Halbinsel und in der Ägäis vorgefunden wurde. Gaia ist vermutlich eine chthonische Fruchtbarkeitsgöttin der Pelasger. Gaia wird bei Homer mit Zeus und Helios zusammen im Eid als Zeugin angerufen; sie steht an Rang und Bedeutung Zeus und dem Sonnengott nicht nach.

Nach der Theogonie Hesiods war zuerst nur das „Chaos" da: die Urgöttin Chaos als der Urstoff allen Lebens! Aus diesem Urstoff Chaos ging dann Gaia, die „breitbrüstige Erde" hervor, die ihrerseits aus sich heraus den Himmelsgott Uranos gebar wie auch das Gebirge und das Meer, den Pontos und den Okeanos. Von Uranos befruchtet, dem Sohn und Gatten zugleich, gebar die Ur- und Allmutter Gaia die Titanen, die Kyklopen und die Hekatoncheiren. Da Uranos seine Kinder hasste und er sie in den Schoß der Erde zurückstieß, erhob sich der jüngste der Titanen, Kronos, und entmannte ihn. Aus den Blutstropfen, die auf die Erde fielen, gebar Gaia die Erinnyen und die Giganten. Später half sie den von ihrem Vater Kronos unterdrückten Titanenkindern, vor allem dem Zeus, der ja dann das olympische Göttergeschlecht begründete. Am Anfang also war, wie gesagt, das Chaos. Und nachdem Hesiod als Rhapsode am Beginn seiner Dichtung die Musen als Schutzgeister angerufen hatte, fährt er fort:

Gaia, die Erde, erzeugte zuerst den sternigen Himmel, gleich sich selber, damit er sie dann völlig umhülle, unverrückbar für immer als Sitz der ewigen Götter, zeugte auch hohe Gebirge, der Göttinnen holde Behausung, Nymphen, die die Schluchten und Klüfte der Berge bewohnen; auch das verödete Meer, die brausende Brandung gebar sie ohne beglückende Liebe, den Pontos; aber dann später gebar sie Okeanos' wirbelnde Tiefe.[23]

Im Europa der Jungsteinzeit nahm die Verehrung der Erdenmutter als der Magna Mater sowie der Gedanke einer Heiligen Hochzeit oder *Hieros Gamos* zwischen Himmel und Erde eine herausragende Bedeutung ein. Auch Hesiod spricht von einer solchen Heiligen Hochzeit, wenn er den Mythos von Uranos und Gaia erzählt, zu deren Kindern unter anderem auch die Titanen gezählt werden:

Koios und Kreios dazu und Iapetos und Hyperion, Theia sodann und Rheia und Themis, Mnemosyne ferner, Phoibe, die goldbekränzte, und auch die liebliche Tethys; als der jüngste nach ihnen entstand der verschlagene Kronos, dieses schrecklichste Kind, er hasste den blühenden Vater.[24]

Es gibt im Verborgenen chthonische Kräfte und Wesenheiten, tellurische Energien in den Eingeweiden der Erde, und der Seherblick des Dichters erkennt in diesen Urkräften das Wirken der Titanen. In den Titanen sind also die Personifizierungen von Naturkräften und Erdenergien zu sehen, die in der Aura unseres Planeten tätig sind. Die Geist- und Götterkräfte der Titanen waren in allen Elementen wirksam, im Himmel, auf der Erde und im großen Weltmeer. Die Titanen sind nach hesiodischer Theogonie das zweite Göttergeschlecht innerhalb der Weltentwicklung, während das erste und älteste Göttergeschlecht von den Geschöpfen des Chaos und den Kindern der Nacht gebildet wurde. Aber noch andere Kinder sind der Ehe von Uranos und Gaia entsprossen – die Kyklopen, stirnäugige Riesen, und die Hekatoncheiren: hundertarmige Ungeheuer!

> Auch die Kyklopen gebar sie, die wildüberhebenden Herzens, Brontes und Steropes auch und den finstergewaltigen Arges; diese dann gaben dem Zeus den Donner und schufen die Blitze.
> Zwar in allem glichen sie sonst den ewigen Göttern, doch inmitten der Stirn lag ihnen ein einziges Auge, und so hatte man ihnen den Namen Kyklopen gegeben, weil auf der Stirn das Rund des einzigen Auges gelegen, in ihren Werken aber lag Stärke, Gewalt und Erfindung.
> Aber noch andere waren von Himmel und Erde entsprossen: drei ganz riesige Söhne, gewaltig, unnennbaren Namens: Kottos, Briareos auch und Gyges, Kinder voll Hochmut.
> Hundert Arme streckten aus ihren Schultern sich vorwärts, klotzig und ungefügig und fünfzig Köpfe entsprossen Jedem aus seinen Schultern auf starken gedrungenen Gliedern.[25]

Titanen, Kyklopen und Hekatoncheiren, dies also sind die schrecklichen Kinder der Gaia! Uranos aber, der Beherrscher des Ätherraumes, hasste seine eigenen Kinder und stieß sie zurück in den Schoß der Erde, in den Tartaros. Und dann wird berichtet, wie der mächtigste der Titanen, der listenreiche Kronos, sich wider den Vater erhebt und ihn mit Hilfe einer eisernen Sichel entmannt; und aus der Nachkommenschaft des Kronos wird ein neues Göttergeschlecht geboren, das der olympischen Götter, dessen Hauptstammvater Zeus ist. Gaia bleibt jedoch die Ur- und Allmutter; und es gibt einen dem Homer zugeschriebenen Hymnus *An die Allmutter Erde*, der als Zeugnis einer Mutter-Erde-Religion im gesamten archaischen Griechenland gelten kann:

> Erde, du aller Mutter, du festgegründete, singen will ich von dir, uralte Nährerin der Geschöpfe, die du alles, was im Meer und auf heiligem Boden, was in den Lüften lebt, ernährst mit quellendem Segen; du nur lässt sie gedeihen so reich an Kindern und Früchten.
> Heilige Göttin, es steht bei dir, den sterblichen Menschen Leben zu geben, zu nehmen.
> O selig, wem du in Güte segnend gewogen, denn alles erblüht ihm in üppiger Fülle; schwellende Saat bedeckt ihm alle Felder und reiche Herden beweiden sein Land, sein Haus birgt Schätze in Menge.
> Und so herrschen sie denn in der Stadt voll lieblicher Frauen mild nach rechtem Gesetz, begleitet von Segen und Reichtum.
> Jünglinge schreiten stolz in junger, blühender Freude, Jungfrauen spielen fröhlich in blütenumschlungenen Reigen tanzbeselig dahin auf den weichen Blumen der Wiese:
> alle, die du gesegnet, du spendende, heilige Göttin. Heil dir, Mutter der Götter, du Gattin des sternübersäten Himmels. Für meinen Gesang gewähre mir glückliches Dasein.

Ich aber werde deiner und andrer Gesänge gedenken.[26]

Es ist die innewohnende Seele des Erdplaneten, Göttin Gaia, die hier besungen wird: „uralte Nährerin der Geschöpfe", „heilige Göttin" und „Gattin des sternübersäten Himmels" wird sie genannt. Die zuletzt erwähnte Bezeichnung verweist nochmals auf die mystische Ehe zwischen Gaia und Uranos, dem Himmelsvater und Beherrscher des Äthers; aus dieser Verbindung sind nach griechischer Theogonie alle Weltwesen hervorgegangen. Schließlich haben wir noch einen Orphischen Hymnus an die göttliche Erdenmutter. In diesem Rauchopfer-Hymnus wird unser Heimatplanet als „Göttliche Erde", als „Allgeberin", „Allernährein", als „blumenprangende Gottheit" und am Schluss noch einmal als „selige Göttin" bezeichnet:

Göttliche Erde,
Mutter der seligen Geister
Und der sterblichen Menschen,
Allgeberin, Allernährerin,
Erfüllende, Allesverderbende,
Wachstumssprossende, waltend der Früchte,
Prangend im Kreise der Zeiten,
Sitz des unvergänglichen Alls.
Farbig schillernde Jungfrau,
Du trägst in kreißenden Wehen
Die vielgestaltige Frucht;
immerwährende, ewig-reine,
Tiefbusige, Spendrin des Glücks;
Du erfreust mit duftender Saat.
Blumenprangende Gottheit,
Regenfreudige, um die sich rundet

Kunstvoll das Sternenall,
Unvergänglicher Art
Und in reißenden Strömen.
Auf denn, selige Göttin!
Mehre die reichen Früchte der Freude
Gütigen Herzens den Hochbeglückten
In der glücklichen Zeiten Kranz![27]

Die römische Tellus Mater

Mag Gaia auch eine griechische Erdgöttin sein, die Mutter Erde an sich ist eine uralte Gottheit, bei Römern, Kleinasiaten, Kelten, Germanen und vielen anderen Völkern des Altertums wohl bekannt. Die alten Italiker kannten übrigens eine der Gaia ganz ähnliche, die Erde verkörpernde Göttin mit dem Namen *Tellus Mater*, die in der Frühzeit große Bedeutung genoss, später aber völlig in den Hintergrund gedrängt wurde. Der Dichter Ovid kennt noch diese Göttin: „nährende Tellus" nennt er sie in seinen *Metamorphosen*, aber ihre Spuren verlieren sich im Dunkeln, da sie von den römischen Haupt- und Staatsgöttern wie Jupiter, Juno, Mars und Apollo schon früh abgedrängt wurde. Überall dieselbe Geschichte der Verdrängung, überall dieselbe Entmachtung, Verbannung der Erdgöttin – in Indien wie im antiken Europa.

In einer von Natur- und Ahnengeistern durchwobenen Welt erschien die personifizierte Erde den Alten Italikern als die *Terra* oder *Tellus Mater*, deren Kult ursprünglich weitverbreitet war, später aber zunehmend zurückgedrängt wurde. Tellus Mater war vor allem die Göttin des Saatfeldes, die den fruchtbringenden Samen in ihren Schoß aufnimmt und sein Wachstum veranlasst. Das Hauptfest der Mutter Erde fiel auf den 15. April nach Beendigung der frühjahrszeitlichen Aussaat, und wegen des dabei dargebrachten Opfers trächtiger Kühe (*fordae boves*) nannte man dieses Fest die *Fordicidia*. Vier Tage darauf, am 19. April, feierte man der *Ceres* als der Fruchtbarkeits-, Wachstums- und Vegetationsgöttin das Ehrenfest der *Ceralia*. Der Name der Ceres hängt zwar eng mit dem lateinischen *crescere* für Wachsen zusammen, die Person der Göttin ist jedoch eindeutig mit der griechischen Demeter gleichzusetzen, deren Kult im Jahre 496 v. Chr. in Rom eingeführt wurde.

Der Ceres-Dienst war nichts anderes als die Fortführung der Demeter-Mysterien auf italischem Boden; an dem Kult der Göttin wurde aber so wenig geändert, dass ihre Priesterinnen auch in Rom Griechinnen sein mussten. Daneben gab es noch einen Kult der *Fauna*, die der Tellus Mater durchaus gleichzusetzen ist: ihr angesehenes Heiligtum zu Rom, dessen Stiftung am 1. Mai gefeiert wurde, lag am Fuß des Aventin; ihr Hauptfest aber begingen die vestalischen Jungfrauen und die vornehmen Bürgerinnen Roms unter Ausschluss aller Männer Anfang Dezember im Hause eines Konsuls oder Prätors durch ein geheimes Opfer. Auf dem *Ara Pacis*, dem Friedensaltar des Augustus, findet man eine Darstellung der Tellus Mater, die sie als früchtespendende Göttin zeigt, umgeben von den Tieren des Waldes sowie von den Verkörperungen des Wassers und der Luft. Dies alles zeigt, dass auch Rom die Erdgöttin verehrte!

In Indien geht die Verehrung der Erdgöttin bis auf die vorgeschichtliche Industalkultur zurück, die mit der Ausgrabung der Ruinen von *Harappa* und *Mohenjo Daro* wieder freigelegt wurde. Die vedische Frühzeit Indiens war durchdrungen von einem Geist tiefreligiöser Natur- und Erdverehrung, und noch im nachvedischen Indien besaß die Erdgöttin eine große Bedeutung. Man verehrte sie als Göttin *Bhu* oder *Bhudevi*, die dem Mythos zufolge vor der Schöpfung auf dem Grunde des Urmeeres ruhte. Dort fand sie Brahma und hob sie an die Oberfläche empor in Gestalt einer Lotosblume *(Nymphaea stellata)* mit vielen Blumenblättern, die sich prachtvoll öffneten, sobald sie das Licht erreichten.

In der Kunst wird *Bhudevi*, die Erdgöttin, mit einem blauen Lotos in der rechten Hand dargestellt. Sie wird oft als eine Inkarnation von Lakshmi, Vishnus Gemahlin, angesehen. Auch als *Prithivi* wurde die Mutter Erde im klassischen Indien verehrt; als Gattin des *Dyaus*, Mutter des Indra und des Agni war sie die Erde selbst, vergleichbar mit der griechischen Gaia oder der römischen Tellus Mater. Manchmal wurde sie als Kuh dargestellt, die den Schutz Brahmas, des Schöpfers, sucht. Die Gaben, die sie den Menschen schenkt, sind Korn und Früchte. Von manchen wurde sie als die Mutter aller Götter betrachtet, aber sie ist auch die Mutter aller Menschen, Pflanzen und Tiere, sodass ihr Name Prithivi als gleichbedeutend mit „Natur" verwendet wird, da sie wie die römische Göttin *Natura* diejenige ist, die beständig Leben schenkt. Die Erdgöttin, einerlei unter welchem Namen sie auftritt, ist nicht nur eine der ältesten Gottheiten überhaupt, sondern auch eine weltweit verbreitete.

Dass die „Mutter Erde" auch im indianischen Glauben eine zentrale Rolle spielte, belegt das folgende Zitat: „Bei den Eingeborenen von Nordamerika, den Indianern, spielt die Erdmutter die größte Rolle. Den Comantschen ist die Erde ihre eigene Mutter, der große Geist ihr Vater. General Harrison rief den Häuptling der Shawnees, Tecumseh, zu einer Unterredung. ‚Komm her, Tecumseh, und setze dich zu deinem Vater!' ‚Du mein Vater?' sagte der Häuptling. 'Nein, die Sonne dort (nach ihr hinweisend) ist mein Vater und die Erde ist meine Mutter, ich will an ihrem Busen ruhen', und er setzte sich an ihren Busen."[28]

Gegen Ende des 20. Jahrhunderts hat Gaia eine unerwartete Popularität erlangt durch die sogenannte *Gaia-Hypothese*, die von Jim E. Lovelock 1979 erstmals der Öffentlichkeit präsentiert wurde. Lovelock hat als erster wissenschaftlich nachgewiesen, dass die Erde eine komplexe Ganzheit aus Ländern, Wäldern, Atmosphäre und Weltmeeren darstellt, und dass dieser Ganzheit eine *planetarische Intelligenz* zugrunde liegt. Diese zeigt sich in erster Linie als eine biologische Überlebens-Intelligenz, denn die Erde hat es vermocht, innerhalb der letzten 4½ Milliarden Jahre auf ihrer Oberfläche ein immer gleich bleibendes Lebensniveau aufrecht zu erhalten. Seit den Thesen von Lovelock ist Gaia zu einer der beliebtesten New-Age-Göttinnen avanciert, obwohl der Begründer der Gaia-Hypothese es gar nicht so esoterisch gemeint hat.

Uranos

Uranos, Allerzeuger, des Alls
Ewig unzerstörbarer Teil,
Erstgeborener, Anfang und Ende
Aller Dinge, Beherrscher der Welt,
Der in Kugelgestalt
Um die Erde sich rundet!
Orphischer Hymnus[29]

In der altindischen Religion, deren heilige Texte die Veden sind, gibt es einen Gott namens *Dyaus,* auch *Dyaus-pita* oder *Daus-pitri*, das heißt „Licht des Himmels" oder „Himmelsvater"; man kann ihn – gewiss auch mit Vorbehalten – mit dem griechischen *Uranos* gleichsetzen. Er ist der Urhimmelsgott schlechthin, denn „Uranos" bedeutet ja übersetzt soviel wie „Himmel". Uranos ist der gestirnte Himmel, das Weite, das Offene, das Weltall mit seinem Sternenkosmos. In der altindischen, vedischen Religion wird als seine Gattin *Prithivi* genannt, die Erde, die personifizierte Natur mit all ihrer Fruchtbarkeit, die dann wiederum mit der altgriechischen Gaia mit gutem Recht verglichen werden kann. Gemeinsam wird das Paar *Dyaus-Prithivi* genannt und als Stammeltern der Götter und Menschen betrachtet. Die Wesensverwandtschaft aller indoeuropäischen Religionen ist hier deutlich zu erkennen.

Uranos gilt als der Urvater des ersten und ältesten Göttergeschlechts auf Erden, der Uraniden; diesem folgt, von seinem Sohn Kronos begründet, das der Kroniden und zuletzt das der Olympier, auf Zeus zurückgehend. Diese Chronologie mag, was das Alter betrifft, sicher recht haben; denn, so schreibt Britta Verhagen: „Uranos ist ein sehr früher Name des Himmelsgottes, identisch mit dem Varuna der Indoarier und dem Ahura der Iranier. Dieser ‚Urahn' muss also in jener Zeit, als die Trennung zwischen Ost- und Westindogermanen stattfand, den Himmel beherrscht haben, denn beide Völkerkreise kennen seinen Namen als den des obersten Gottes."[30]

In den Hymnen des *Rigveda*, aus indischer Frühzeit, begegnet uns nun dieser Urahn der Götter sehr häufig unter dem Namen *Varuna*; ob dies ähnlich klingt wie Uranos, mag einmal dahingestellt bleiben. Varuna ist eine sehr vielschichtige Gestalt. In den ältesten vedischen Zeiten galt er noch als der König des Universums und des sternklaren Himmels sowie als der Spender des Regens, bis diese letztere Aufgabe ihm von Indra, dem Donnergott (mit Zeus vergleichbar) abgenommen wurde. Später wurden seine Aufgaben auf die eines Meergottes beschränkt; aber in seiner ursprünglichen Macht und Majestät erscheint er noch in dem folgenden Hymnus aus dem Rigveda:

> Den Himmel stützte der allweise Weltgeist
> Und hat der Erde Weiten ausgemessen.
> Er thront als König über alle Wesen,
> Denn Varunas sind alle Schöpfungswerke.

Lobsinge denn Gott Varuna,
Und bet' ihn an, den Weisen, den Uralten!
O schirm' er uns mit dreier Panzer Stärke!
Himmel und Erde, schenkt uns euern Schutz auch![31]

Was Uranos betrifft, so kommt er in der griechischen
Mythologie eher am Rande vor. Er ist derjenige, der mit
der Urgöttin Gaia die *Heilige Hochzeit* vollzieht; aber er
hasst seine Kinder und will sie in den Schoß der Erde
zurückstoßen. Ein schändliches Vergehen! Dafür wird
er von seinem ältesten Sohn Kronos kastriert und aus
dem Himmel gestoßen. Uranos ist also ein Gestürzter,
ein Verworfener. Andere Göttergeschlechter sind an
seine Stelle getreten. Alles, was von ihm blieb, ist eine
blasse Erinnerung. Und da es in klassischer Zeit keinen
Kult um Uranos gab, so existieren auch keine bildlichen
Darstellungen von ihm.

Kronos

Feurig Flammender,
Vater der seligen Götter und Menschen,
Fleckenloser, schillernd vom Rate,
Gewaltiger, wehrhafter Titan;
Alles verschlingst du, um selbst es zu mehren,
Du hältst die unzerreißbare Fessel
Um das unermessliche All.
Orphischer Hymnus[32]

Kronos ist als das jüngste Kind aus der Heiligen Hochzeit von Uranos und Gaia hervorgegangen; mit Rhea verheiratet, der Urmutter der Götter, gilt er seinerseits als der Vater der Hauptgötter Zeus, Hera, Pluton, Demeter und Hestia. Sein Name wird oft als *Chronos*, d. h. die Zeit gedeutet, weshalb er dann als Beherrscher des Zeitraums gesehen wird. Als Zeitherrscher ist er aber auch für die Vergänglichkeit aller Dinge, für die Endlichkeit allen Daseins verantwortlich – ein wenig angenehmer Nebenaspekt der Zeit. Er entsprach dem römischen Saturn und regierte das *Goldene Zeitalter*; später wurde er auf die *Inseln der Seligen* entrückt, wo die unsterblich gewordenen Menschen wohnten. Kronos ist ein glückloser Usurpator, der seinen eigenen Vater Uranos entthronte und sich an dessen statt selber das Herrscheramt aneignete; doch da er, der Sage nach, seine eigenen Kinder verschlang, ging es ihm ebenso wie seinem Vater: er wurde gestürzt und verbannt. Daher ist Kronos eine unglückliche und unsympathische Figur. Doch als erster war ja Uranos derjenige, der seine eigenen Kinder in den Schoß der Mutter Erde zurückstoßen wollte; folgen wir hier dem theogonischen Mythos, wie er uns von Hesiod berichtet wird:

> Denn von allen, die so aus Gaia und Uranos stammten, waren die schrecklichsten sie, verhasst dem eigenen Vater gleich von Anfang. Sobald einer von ihnen geboren, barg er sie alle und ließ sie nicht zum Lichte gelangen, tief im Schoße der Erde, sich freuend der eigenen Untat, Uranos. Aber es stöhnte im Innern die riesige Erde, grambedrückt und sann auf böse, listige Abwehr.[33]

Die List der Gaia bestand darin, dass sie plante, Uranos zu kastrieren, und die Tat sollte Kronos ausführen. Dieser erklärte sich auch dazu bereit, und so wurde ihm von Gaia eine große eiserne Sichel ausgehändigt (ein „graues Eisengebilde", wie es im Text heißt), mit der er dann jene Tat vollbringt, die für Gaia eine echte Befreiung darstellt:

> An kam mit der Nacht der gewaltige Uranos, sehnend, schlang er sich voller Liebe um Gaia und dehnte sich endlos weit. Da streckte der Sohn aus seinem Verstecke die linke Hand und griff mit der rechten die ungeheuerlich große

schneidende, zahnige Sichel und mähte dem eigenen Vater eilig ab die Scham und warf im Fluge sie wieder hinter sich. Sie entflog nicht eitel und unnütz den Händen.[34]

Kronos, nunmehr zum obersten Herrscher im Olymp aufgestiegen, wünschte natürlich nicht, dass irgendein anderer Gott nach ihm diese Stelle einnehme. Er hatte aber von seiner Mutter Gaia und von seinem gestürzten Vater, dem gestirnten Himmel, erfahren, dass es ihm bestimmt sei, von einem seiner Söhne gestürzt zu werden. Deshalb verschlang Kronos all seine Kinder, sobald sie aus dem Schoß der Rhea hervorkamen; eine grausame Tat zweifellos.

Als Rhea nun im Begriff war, Zeus zu gebären, den künftigen Herrscher im Olymp, wandte sie sich an Gaia, die nun wiederum eine List ersann. Den neugeborenen Zeus brachten sie unbemerkt nach Lyktos auf Kreta, wo er in einer Höhle des bewaldeten Berges Aigaion ganz im Verborgenen aufwuchs. Dem Kronos wurde aber statt des Kindes Zeus ein in Windeln gewickelter Stein gegeben, den dieser auch verschlang. Als Zeus dann herangewachsen war, gelang es ihm, Kronos zu besiegen, ja überdies zwang er ihn auch, die von ihm verschlungenen Kinder wieder auszuspeien. Zudem musste er auch die Kyklopen wieder freigeben, die von Kronos in den untersten Tartaros verbannt wurden; dankbar für ihre Befreiung stellten die Kyklopen dem Zeus ihre Waffen, Blitz und Donner, zu Verfügung.

Kronos, ein Gott, der seine eigenen Kinder verschlingt – ist er nicht fürwahr ein Monster? Nach neuester Forschung ist die Vorstellung, dass mehrere Götter-Generationen aufeinander folgen, eine orientalische. Davon abgesehen weist Kronos auch durchaus angenehme Züge auf. In Italien, wo er *Saturnus* hieß (ursprünglich *Saeturnus*, der Schutzherr des Säens), feierte man nach Beendigung der Herbstsaat ihm zu Ehren vom 17. bis zum 21. oder 23. Dezember das Fest der *Saturnalien* mit Festessen, gegenseitigem Beschenken und Befreiung der Sklaven von ihrer gewöhnlichen Arbeit. Die Wachskerzen, die sich regelmäßig unter den Gaben befanden, deuteten auf die nun zu erwartende Zunahme des Sonnenlichtes hin. So war Saturnus auch ein Gott der Wintersonnenwende, der auf das kommende Licht hinwies.

Nach seinem Sturz wurde Kronos auf die Insel der Seligen gebracht, die auch *Ogygia* genannt wird; sie liegt im „Kronos-Meer", worunter die antiken Schriftsteller die Nordsee verstanden. Auf dieser Insel Ogygia schläft Kronos in einer unterirdischen Grotte; jedoch klingt die Beschreibung der Insel nach Plutarch ziemlich phantastisch: „Denn wunderbar sei die Natur der Insel und die Milde der sie umwehenden Luft (...). Kronos selbst sei schlafend von einer tiefen Höhle aus goldfarbenem Gestein umschlossen; der Schlaf sei als Fesselung von Zeus über ihn verhängt; Vögel, die vom Gipfel des Felsen her hereinflögen, brächten ihm Ambrosia, und die ganze Insel sei von einem Wohlgeruch erfüllt, der sich vom Felsen her wie von einer Quelle verbreite. Jene Dämonen versorgten und bedienten den Kronos und seien seine Gefährten gewesen damals, als er über Götter und Menschen König war."[35]

Die Götter des Olymp

Nach dem Sturz des Kronos und der Verbannung der Titanen in den Tartaros schien die Herrschaft der Olympier endgültig gefestigt. Die *Olympier* – darunter versteht man das von Zeus und seinen Geschwistern begründete Göttergeschlecht, das seinen Namen deswegen trägt, weil es auf dem Olymp residiert. Der Olymp ist ein hohes Gebirge an der Ostküste Griechenlands, in Makedonien unweit der Ortschaft Litichoro, und der höchste Gipfel dieses ganz aus mesozoischen Kalksteinen bestehenden Massivs ragt bis zu einer Höhe von 2918 Metern auf. Sicherlich haben die alten Griechen nicht wörtlich geglaubt, dass auf diesen ewig wolkenverhangenen Gipfelhöhen des Olymp die Götter leben würden; vielmehr war der „Olymp" ein Metapher für den „Himmel", den ewigen Wohnort der Götter.

Dass die Götter auf den Gipfeln hoher Gebirge leben, war in der Mythologie der indogermanischen Völker eine durchaus gängige Vorstellung. Die Titanen, die Vorgänger der Olympier, hausten auf dem Berg *Othrys*, und in der indischen Mythologie haben wir den *Götterberg Meru*, der nach altindischer Kosmologie im Zentrum des Universums steht und Wohnort der Götter ist. Der Meru versinnbildlicht den stufenförmigen Aufbau der Welten, von den niedrigen, grobstofflichen bis zu den geistigen Ebenen – er ist der *Weltenberg* und somit ein Abbild des hierarchisch gestuften Universums. Auch der griechische Olymp ist als ein solcher „Weltenberg" anzusehen.

Bei den Griechen haben wir eine genealogische Abfolge von Göttern vorzuliegen; und Hesiod hat sie meisterhaft dargestellt. Unter den Olympiern im engeren Sinne versteht man die zwölf Hauptgötter: *Zeus, Poseidon, Hera, Demeter, Apollon, Artemis, Athene, Ares, Aphrodite, Hermes, Hephaistos* und *Hestia* – dies sind neben Zeus selbst seine vier Geschwister und sieben seiner Kinder. Eine Sonderstellung unter den Göttern nimmt *Hades* ein, der an sich zu den Geschwistern des Zeus gehört, jedoch in der Unterwelt regiert; auch *Dionysos* ist kein „echter" Olympier – er wurde von Zeus mit einer sterblichen Frau gezeugt.

Die Zwölfzahl der Götter war in der antiken Welt durchaus geläufig. In Rom gab es die *Dii consentes*, eine Gruppe von 12 Göttern, die ganz ihren griechischen Vorbildern glichen (der Dichter Ennius erwähnt sie im 3. Jahrhundert v. Chr.). Die den Römern benachbarten Etrusker kannten einen Götterrat von 12 Mitgliedern, an deren Spitze Tinia stand, ein Donner- und Gewittergott ähnlich dem Zeus. Und die germanischen Götter? Nach der *Snorra Edda* wohnen in Asgard 12 Asen, unter ihnen Thor, Odin, Balder, Freyr und Freya.

So entsteht hier unwillkürlich der Eindruck, dass die griechischen Götter eine Art archetypisches Muster darstellen, das sich auf andere heidnische Theologien übertragen lässt. Auch ägyptische Götter und die sonstiger Völker des Altertums lassen sich mit griechischen Namen benennen, und sie entsprechen weitgehend den hinter den Namen stehenden Wahrbildern. Dies führt uns zu der Konsequenz, dass die Götter etwas durchaus Universales sind, zeit- und kulturübergreifend, daher unmittelbar zur Gegenwart unserer heutigen Zeit sprechend. In diesem Sinne wollen wir jetzt die *Götter des Olymp* behandeln, nicht als etwas Vergangenes, Überlebtes, sondern als geistlebendige Gestalten, die zu uns sprechen und in denen wir uns selbst ober zumindest doch Teile von uns selbst zu erkennen vermögen. Hier die *olympischen Götter*:

Zeus – der klassische Donner- und Gewittergott, der Blitzeschleuderer, ein patriarchalischer Göttervater, ein unumschränkter Monarch; nur die Moiren stehen noch über ihm.

Hera – des Zeus Gattin und Schwester zugleich, auch sie ein Kind von Kronos und Rhea. Schutzgöttin der Ehe und Niederkunft.

Pallas Athene – Göttin der Weisheit, des Krieges und des Kunsthandwerks, Beschützerin der Städte.

Poseidon – ein Bruder des Zeus, Gott des Meeres; sein Symbol ist der Dreizack. Er ist aber auch der „Erd-Erschütterer"(ihm unterstehen die Erdbeben), im Losverfahren wurde ihm die Insel Atlantis zugeteilt.

Hades – Totengott und Beherrscher der Unterwelt, ein weiterer Bruder des Zeus.

Demeter – die Göttin der Erde, der Fruchtbarkeit und des Ackerbaus, nicht die Erde selbst (Gaia), sondern die durch Landwirtschaft kultivierte Erde; eine Schwester des Zeus.

Hestia – eine weitere Schwester des Zeus. Sie steht für das Opferfeuer, den häuslichen Herd und die Familieneintracht. Jungfräuliche Reinheit ist ihr eigen.

Apollo – der Licht- und Sonnengott, ihm wird auch die Heilkunst, die Poesie und das Lyraspiel zugeordnet; ein Sohn des Zeus und der Leto. Bruder der Artemis.

Artemis – die Göttin der Jagd, des Waldes und des Mondes; sie wird oft mit Pfeil und Bogen dargestellt; ihr heiliges Tier ist die Hirschkuh. Schwester des Apollon.

Aphrodite – Göttin der Liebe, der Schönheit und der sexuellen Anziehungskraft; aus den Blutstrophen des Uranos entstanden (nach anderer Version: aus einer Verbindung des Zeus mit der Titanin Dione), mit Hephaistos verheiratet.

Ares – der jugendliche Gott des Krieges, stets mit Schwert, Schild und Speer dargestellt; der heimliche Geliebte der Aphrodite, ein Sohn des Zeus und der Hera.

Hephaistos – der Gott des unterirdischen Feuers, der Vulkane sowie der Schmiedekunst; er ist auch in der Baukunst bewandert. Auch ein Sohn des Zeus und der Hera.

Hermes – Gott des Handels, Schutzpatron der Reisenden, aber auch ein Gott der Diebe und Betrüger. Ein Sohn des Zeus und der Nymphe Maia, wurde als Götterbote eingesetzt.

Dies also sind die Götter des Olymp – bei weitem nicht alle; es kommen noch zahlreiche halbgöttliche Wesen hinzu, weitere Nachkommen des Zeus, in den Himmel entrückte Sterbliche, mythische Wesen, Nymphen, ganz zu schweigen von den Titanen und den uralten vorolympischen Göttern, dem Chaos, der Nacht und dem Äther. Ich möchte im folgenden Teil dieses Buches daran gehen, all diese Wesen darzustellen, ungefähr so, wie ein Portraitmaler, der Bilder malt, manchmal aber auch wie ein Zeichner, der eine grobe Skizze hinwirft. Ein Anspruch auf Vollständigkeit wird dabei nicht erhoben; dieser Band ist eine Sammlung von Essays, aber kein systematisches Lehrbuch der Mythologie. Bei den Portraits und Skizzen wird sicher auch manch Seltsames und Bizarres zutage treten. Und wir beginnen unser Panoptikum natürlich mit *Zeus*.

Zeus ~ Dis Pater ~ Jupiter

Höchster der Unsterblichen,
viele Namen nennen dich,
ewig allmächtiger Zeus,
dich, Urquell allen Werdens,
der nach ewigen Gesetzen
herrscht im All, ich grüße dich, Zeus.
Ja, ich darf's. Allein von allem,
was da lebt und kriecht auf Erden,
ist ein Abbild er des Alls:
wir sind deines Geschlechtes.
Zeus-Hymnus des Kleanthes[36]

Unter dem Namen *Zeus* verehrten die Griechen das höchste göttliche Prinzip, einerlei ob als konkrete menschliche Person vorgestellt oder als allgemeines Weltgesetz. Zeus ist der „Vater Äther" in Hölderlins ergreifendem Hymnus, die alldurchdringende Lebenskraft; die Zeusnatur lebt aber auch in uns selbst, wie Kleanthes sagt (*„wir sind deines Geschlechts"*). Diesen Gedanken griff später der Apostel Paulus auf, als er den Athenern vom „unbekannten Gott" predigte: „Denn in ihm leben, weben und sind wir, wie auch einige der Dichter bei euch gesagt haben: Wir sind seines Geschlechts" (Apg. 17,28). Zeus kann sowohl theistisch als auch pantheistisch gedeutet werden; Hölderlin besingt ihn in seinem Hymnus *An den Äther* so:

> Himmlischer! Sucht nicht dich mit ihren Augen die Pflanze, streckt nach dir die schüchternen Arme der niedrige Strauch nicht?
> Dass er dich finde, zerbricht der gefangene Same die Hülse, dass er, belebt von dir, in deiner Welle sich bade, schüttelt der Wald den Schnee, wie ein überlästig Gewand, ab.
> Auch die Fische kommen herauf und hüpfen verlangend über die glänzende Fläche des Stroms, als begehrten auch diese aus der Wiege zu dir; auch den edlen Tieren der Erde wird zum Fluge der Schritt, wenn oft das gewaltige Sehnen, die geheime Liebe zu dir sie ergreift, sie hinaufzieht.[37]

In Zeus können wir nur allzu deutlich einen uralten indogermanischen Wetter- und Himmelsgott erkennen. Sein Name (altgriechisch Ζεὺς, neugriechisch Δίας oder *Dias*) leitet sich von dem Wortstamm *div-* für „leuchten" her und ist identisch mit dem Namen des höchsten Gottes im indogermanischen Pantheon. Auch die indischen Götter waren *Devas*, Leuchtende, und *dis* ist gleichbedeutend mit *theos* – Urform und Prototyp des Gottes überhaupt. Zeus ist *Dis Pater*, Gott-Vater, und somit *Jupiter* (im Lateinischen) oder *Dyaus Pitar* (vedisch). Der Name kennzeichnet ihn als den Gott des glänzenden, heiteren, hellen Himmels; er ist in erster Linie der Wettergott, der die Wolken versammelt, den Regen sendet, Gewitter heraufziehen lässt, oft den Donnerkeil schleudert und zuckende Blitze niederwirft, eine gefährliche

Waffe im Kampf gegen die Feinde des Olymp, die als Titanen oder chthonische Götter zu denken sind. Als Wettergott thront er im Himmel oder auf hohen Bergen, und als Regenspender und Träger der Fruchtbarkeit ist er der Kultgemahl der Mutter Erde, mit der er die „Heilige Hochzeit" vollzieht. Solche Gedankengänge verfolgt auch Pherekydes von Syros (den man üblicherweise zu den Vorsokratikern rechnet): „Zas (Zeus) und Chronos waren von Ewigkeit her, ebenso Chthonie; für Chthonie aber entstand der Name ‚Erde', da Zas ihr die Erde als Brautgabe zum Geschenk machte."[38]

Stellt man sich die Götter als Teile des Jahreskreislaufs vor, dann gehört Zeus in die Periode des Frühlings, denn Regen und Gewitter fallen in diesen Zeitabschnitt hinein; damit steht er in einer Reihe mit anderen indogermanischen Frühjahrsgöttern. Hier wäre etwa der baltische *Perkunas* zu nennen oder der bei den Slawen verehrte *Perun*: „Wie bei der Mehrheit der Indogermanen, so stand an der Spitze des slawischen Pantheons der Gott des Gewitters, Donners und Blitzes, unter dem Namen Perun bekannt", so Zdeněk Váňa in seinem Standardwerk über die slawische Mythologie[39]. Bei den Kelten haben wir in ganz ähnlicher Gestalt *Taranis*, den Donnerer, bei den Germanen den hammerschwingenden *Thor*, ein Feind der Riesen und der Midgardschlange. Selbst bei den Hethitern, dem ältesten indogermanischen Kulturvolk, ist diese Gottheit bezeugt: „Der König des Himmels und Herr des Hethiterlandes ist vielmehr der Wettergott, von dem wir auch nur den altertümlichen hattischen Namen Taru (...) kennen, aber nicht den hethitischen."[40]

So sehr Zeus ein indoeuropäischer Gott sein mag – er besitzt auch Bezüge zur kretisch-minoischen Kultur. Hierher gehört vor allem der Mythos, der besagt, dass

Zeus auf Kreta geboren und großgezogen wurde. Die Göttermutter Rhea, so die Erzählung, begab sich noch als Schwangere nach Lyktos auf Kreta und verbarg ihr Kind in einer Höhle des Berges Aigaion. Dort nahmen drei diktäische Eschennymphen, *diktaiai meliai*, das göttliche Kind in Empfang; als Amme des Kindes wird oft *Adrasteia* genannt, die das Neugeborene in eine goldene Wiege legte und ihm einen goldenen Ball schenkte, Symbole einer künftig zu erwartenden Weltherrschaft des Zeus. Und doch musste der Ort, an dem das Kind aufgezogen wurde, streng geheim gehalten werden. Denn der Vater aller Olympier, der Titanengott Kronos, trachtete Zeus nach dem Leben. Er hatte ja alle seine Kinder schon verschlungen, da er erwartete, von einem seiner Söhne gestürzt zu werden. Als Kronos aber Zeus verschlingen wollte, gab Rhea ihm stattdessen einen Stein: so wurde Kronos getäuscht und Zeus an jenen geheimen Ort gebracht, wo er aufwuchs.

Es gibt auf Kreta mehrere Höhlen, die für sich in Anspruch nehmen, Geburtsort des Zeus gewesen zu sein; auch werden verschiedene Personen als dessen Amme genannt. *Amaltheia* beispielsweise, die das Kind aus ihrem berühmten Horn trinken ließ, dem Horn eines Stieres übrigens, und wenn das Kind schrie, rief sie Knaben herbei, die mit ehernen Schilden und Lanzen Lärm schlugen und wild umhertanzten; so wurde das Schreien übertönt. Diese Knaben wurden *Kureten* oder *Kabiren* genannt; sie waren wohl eher Baumnymphen als Menschen (*Dryaden* vielleicht, Nymphen der Eichen), und später rankte sich ein Kult um sie auf der Insel Samothrake. Dass Zeus später dann, groß geworden, den Kronos mit einer eisernen Sichel entmannte und von seinem Thron stürzte, wurde bereits erwähnt.

Das sakrale Tier des Zeus war in erster Linie der *Adler*, sein heiliger Baum die *Eiche*, ein majestätischer Baum von ausladender Wucht, der Blitze anzieht. Sicherlich war mit Zeus ursprünglich auch ein Baumkult verbunden, und die älteste Mysterienstätte Griechenlands ist das dem Zeus geweihte Baumorakel von *Dodona*. Schon von Odysseus wurde behauptet, „er sei nach Dodona gegangen, um den Rat des Zeus aus dem Gipfel der Eiche zu lauschen" (*Odyssee* XIV, 327). Dodona – so heißt ein hochgelegener dichtbewaldeter Ort bei Epirus im Norden Griechenlands, wo einst ein heiliger Eichenhain stand, dem Hauptgott Zeus und der Titanin Dione geweiht. Die Eichen zu Dodona konnten jedoch weissagen, denn es hieß, dass im Rauschen ihrer Blätter die Stimme des Göttervaters ertönte und den Ratschluss der Götter verkündete.

Älter als das Orakel zu Delphi, älter noch als die Kultstätten des Zeus zu Olympia und Epidauros, älter vielleicht gar als die Mysterien von Eleusis und Samothrake, stellt Dodona zweifellos das älteste Orakel auf hellenischem Boden dar, „dessen Einzelheiten uns anmuten, als sprächen wir von einem nordischen alten Götterkult unserer eigenen Heimat" (von Scheffer)[41]. Priesterinnen weilten auch am heiligen Ort zu Dodona, drei an der Zahl, denen die Aufgabe zukam, die aus dem Rauschen der Eichbäume empfangene Stimme des Zeus so zu deuten, dass sie Sterblichen verständlich würde. Dieses Priesteramt in der Hand von weisen Frauen bildet wohl den Überrest einer matriarchalischen Urreligion, die vor der Einwanderung der indogermanischen Griechen etwa 1600 bis 1200 v. Chr. im gesamten südlichen Mittelmeergebiet sowie auf Kreta und in Kleinasien bestanden haben muss.

Das Orakel zu Dodona, in klassischer Zeit längst von anderen Orakelstätten – vor allem Delphi – verdrängt und zur Bedeutungslosigkeit herabgemindert, stellt das Überbleibsel eines ureuropäischen Eichenkultes dar, der zweifellos auf die unbekannte Religion der vorindogermanischen Bevölkerung Europas zurückgeht. Herodot nimmt daher ganz richtig an, dass Dodona einst den Pelasgern, den ursprünglichen Bewohnern Griechenlands, als Kultstätte gedient habe:

„Früher opferten die Pelasger den Göttern und beteten zu ihnen, wie ich in Dodona gehört habe, ohne sie bei Namen zu nennen; denn ihre Namen kannten sie noch gar nicht. Erst viel später lernten sie die aus Ägypten stammenden Namen der verschiedenen Götter kennen, und noch weit später den des Dionysos. Nachher befragten sie der Götternamen wegen das Orakel in Dodona, angeblich das älteste und damals das einzige Orakel in Griechenland. Ihre Frage aber, ob sie die aus der Fremde stammenden Namen der Götter annehmen sollten, bejahte das Orakel, und seitdem rufen sie bei ihren Opfern die Götter mit Namen an. Später haben das dann auch die Griechen von den Pelasgern angenommen."[42]

Auch in Olympia gab es ein Zeus-Orakel; auf Kreta nahmen Höhlenkulte Bezug auf seine Geburts- und Kindheitsgeschichte. Verehrt wurde Zeus als Allgott, als denkendes Feuer, das alles durchdringt, als Vater der Götter und Menschen, als Gott des Wetters, als Schicksalsgott. Seine Epiphanie aber war stets der *Blitz*. Er gehört ebenso zu seinen Charakteristika wie der Adler und die Eiche. So dichtet denn auch Kleanthes in seinem berühmten Zeus-Hymnus:

Dir gehorcht das Weltgebäude,
kreisend um den Erdenball.
Willig wandelt's in den Bahnen,
die Du weisest mit der Waffe
deiner Herrscherhand, dem spitzen,
leuchtenden, lodernden, nimmer
erlöschenden ewig lebendigen Blitz.
Und das All gehorcht erschaudernd,
wenn des Blitzes Kraft es trifft.[43]

Esoterisch steht der Blitz des Zeus für die göttliche
Feuerkraft, für den Funken göttlicher Elektrizität, der
als Lebensfluidum das All durchdringt. Dieser Blitz
kann sowohl zerstörend als auch aufbauend wirken; er
ist jene Urkraft der Schöpfung, die Helena P. Blavatsky
einstmals mit dem Begriff „Fohat" umschrieb. In ihrem
Hauptwerk *Die Geheimlehre* (3 Bde., 1888) beschreibt sie
Fohat als „das jedes Atom zum Leben elektrisierende
beseelende Prinzip"[44] und sagt über ihn: „Er geht wie
ein Blitz durch die feurigen Wolken"[45]. Dem Mythos
zufolge hat Zeus den Blitz von den Kyklopen erhalten,
die er mit den Hekatoncheiren (hundertarmige Riesen)
als Bundesgenossen im Kampf gegen die Titanen gewann. Auch ließ er den Kyklopen, um sie zu stärken
und sie mit göttlicher Kraft zu erfüllen, in reichem Maße *Ambrosia* zukommen, den Nektar der Unsterblichkeit
(in der indischen Mythologie: *Amrita*).

Was manchmal anstößig wirkt, sind die zahlreichen
Liebesaffären des Zeus, aus denen unzählige Kinder
hervorgehen, nicht nur Götter, sondern auch Nymphen,
Halbgötter und Sterbliche. Dabei konnte sich Zeus beim
Akt der Verführung zuweilen in ein Tier verwandeln,
vielleicht ein schamanisches Erbe der griechischen Religion. Beispiele gibt es hierfür genug: So verwandelte er

sich in einen Schwan, um Leda zu gewinnen, mit der er die Dioskuren Kastor und Pollux zeugte. In einen Stier verwandelt, entführte er die schöne Europa von der Insel Kreta, um mit ihr Minos, Sarpedon und Rhadamanthys zu zeugen. In Gestalt einer Schlange näherte er sich der Persephone, um mit ihr Zagreus zu zeugen. Bekannt ist auch, dass er mit Leto das göttliche Geschwisterpaar Apollon und Artemis zeugte, mit der Nymphe Maia den Götterboten Hermes. Mit Semele, einer sterblichen Frau, zeugte er Dionysos, und Pallas Athene gilt als Kind des Zeus und der Metis. Dass Zeus sich auch mit sterblichen Frauen einlässt, hängt wohl damit zusammen, dass viele Adelsfamilien großen Wert darauf legten, ihre Abstammung direkt auf Zeus zurückzuführen. Und doch wirkt Zeus in der Rolle des ewigen Casanova lächerlich und unangemessen; es passt nicht so recht in das Bild eines majestätischen Göttervaters. Der Philosoph Xenophanes (570–475 v. Chr.), den man zu den Vorsokratikern zählt, beklagt sich:

Alles hingen den Göttern sie an, Hesiod und Homer, was bei den Menschen als Schande gilt und Tadel hervorruft: Stehlen, Untreue gegen Gatten, einander Betrügen. Aber die Sterblichen wähnen, die Götter würden geboren, und sie hätten Gestalt und Tracht und Sprache wie sie.[46]

Hier hat eine weitgehende Entmythologisierung der griechischen Götterwelt stattgefunden. Doch wurde Zeus weiterhin, all seiner mythischen Attribute entkleidet, mit dem höchsten Weltprinzip gleichgesetzt. So spielt er noch in der späteren griechischen Philosophie eine bedeutende Rolle. Die Orphiker sahen ihn als den Weltgrund an, der Platoniker Xenokrates identifizierte ihn mit dem kosmischen *Nous* (Weltvernunft), in der Philosophie der Stoa wurde Zeus als die Urkraft oder kosmische Vernunft aufgefasst. In einem orphischen Fragment heißt es:

> Zeus wurde als erster geboren,
> Zeus vom leuchtenden Blitz ist der letzte;
> Zeus ist der Kopf, Zeus ist die Mitte;
> Durch Zeus ist alles vollendet;
> Zeus ist der Grund der Erde
> und des Sternenhimmels;
> Zeus wurde männlich geboren,
> der unsterbliche Zeus war ein junges Mädchen;
> Zeus ist der Hauch aller Dinge,
> Zeus ist der Eifer des unermüdlichen Feuers.[47]

Hera

Hera besing ich, die Tochter der Rheia, auf goldenem Throne, sie, die Königin, ja unsterblich in
ragender Hoheit, Zeus' Gemahlin und Schwester,
des grollend donnernden Gottes, herrlich ist sie,
die weit im Olympos die Seligen alle scheu verehren zugleich mit dem blitzerfreuten Kronion.
Homerischer Hymnus[48]

Hinter der Gattin des Donnergottes Zeus verbirgt
sich eine in Wahrheit sehr alte Gottheit: *Hera*
war ursprünglich wohl die Schutz- und Palastgöttin des mykenischen Heerkönigs von Argos; ihr Name darf als die weibliche Ergänzung zu Heros, Herr,
also als „Herrin" gedeutet werden. Sie war die Schwester und Gattin des Zeus; die Vorstellung der Geschwisterehe mag auf Ägypten zurückgehen, wo diese als besonders vornehm und Kennzeichen des Pharao galt.
Auch Isis und Osiris waren Geschwister. Der Einfluss
Ägyptens auf die Kulturentwicklung Griechenlands
war seit dem 7. Jahrhundert v. Chr. unbestritten groß,
und es ist gut möglich, dass auch in Hesiods *Theogonie*
ägyptische Vorstellungen eingeflossen sind. Hera ist –
als Archetyp – die Ehefrau, die ewige Gattin, allerdings

auch allzu oft die betrogene Gattin, aufgrund der zahlreichen Liebschaften und Seitensprünge des Zeus. Sie verfolgt die Affären des Zeus mit krankhafter Eifersucht und spielt im Olymp eine eher lächerliche und bedauernswerte Rolle. Den Geliebten des Zeus stellt sie nach, so etwa der Io, Semele, Kallisto, Leto; seinen unehelichen Kindern trachtet sie nach dem Leben, vor allem dem Herakles, Dionysos, Epaphos. Die ehelichen Kinder, die sie mit Zeus hatte, sind Ares, Hephaistos und Hebe, auch Eileithya gilt als ihre Tochter, wird zuweilen auch als einen ihrer Nebenaspekte betrachtet. Alles in allem ist Hera die Ehe- und Geburtsgöttin: die Opfer bei der Eheschließung wurden ihr dargebracht, die meisten Ehebräuche zu ihr in Beziehung gesetzt. Als Hüterin der Ehe verkörpert Hera die Macht des Weiblichen überhaupt; allerdings gerät sie in einer patriarchalischen Gesellschaft wie dem antiken Griechenland eher ins Hintertreffen. Dies war indes nicht immer so:

So wird Hera in Stymphalos / Arkadien je nach dem Stand ihrer Verehrerinnen als Mädchen, Frau oder Witwe angerufen: ein Hinweis auf die Dreifaltige Große Muttergöttin, die in prähistorischen Gesellschaften sicherlich große Macht besaß. Ihre Vermählung mit Zeus wurde in manchen Kulten, zum Beispiel in Knossos oder auf Samos, als „Heilige Hochzeit" begangen. Dies weist darauf hin, dass wir es hier mit einer uralten Fruchtbarkeitsgöttin zu tun haben, die erst in einer viel späteren Zeit als die ewig betrogene Gattin zur Karikatur gemacht wurde.

Von Homer haben wir die Beschreibung einer Heiligen Hochzeit von Zeus und Hera, hoch auf den Gipfeln des Ida-Gebirges:

Also sprach Kronion und schloss in die Arme die Gattin. Unten erblühte die heilige Erde von sprießenden Gräsern, tauigem Lotosklee und Hyazinthen und Krokos, dicht und üppig und weich ... (*Ilias* XIV, 346ff.)

Wenn also Zeus und Hera den sakralen Akt der Hochzeit miteinander vollziehen, erblüht unten die Erde! Interessant ist auch, dass Homer der Hera zuweilen den Beinamen „kuhäugig" gibt; dies ist keineswegs eine Diskriminierung, sondern lässt uns im Gegenteil an die Verehrung der heiligen Kuh in Indien denken. In die gleiche Richtung geht, wenn Hera mit dem Mond in Verbindung gesetzt wird, wohl wegen dessen Bezug zu dem in Phasen verlaufenden weiblichen Geschlechtsleben; in der Ikonographie wird indessen oft das Kuhgehörn als Mondsichel dargestellt, was man recht gut bei den zahlreichen Abbildungen der ägyptischen Isis sehen kann. So mag Hera auch als die *Große Mondgöttin* gelten. Ihre Entsprechung bei den Römern ist Juno, bei den Germanen Frigga.

Pallas Athene

Pallas Athene will ich besingen, die heilige Göttin, augenleuchtende, unerbittliche, weisheiterfüllte, reine Jungfrau, der Städte Erretterin, wehrhaft und mutig, Tritogeneia. Er selber gebar sie, Zeus der Berater, aus dem heiligen Haupt in vollem Schmucke der Waffen golden und weithinleuchtend. Die Götter sahen es staunend Alle. Doch ungestüm vor Zeus, dem Schwinger der Aigis, sprang die Göttin hervor aus seinem unsterblichen Haupte, schwingend den scharfen Speer ...[49]

In *Pallas Athene* begegnen wir einer sehr vielschichtigen Göttin: in erster Linie eine Göttin der Weisheit, tritt sie vollgerüstet als Kämpferin auf, daneben wurden ihr die Kunst, das Handwerk und die Handarbeit unterstellt; sie galt auch als Städtebeschützerin sowie als Namensgeberin der Stadt *Athen*. Ursprünglich war Athene wohl eine Palastgöttin der mykenischen Herrscher; als Patronin der Künste beschützte sie auch Spinner, Weber und andere Handwerker. In den großen Epen sehen wir sie als Schutzgeist des Odysseus wirken; auch bei Perseus und Herakles übte sie eine ähnliche Schutzengel-Funktion aus.

Der Name Athena ist offensichtlich vorgriechisch, jedenfalls nicht indogermanisch; ein aus Knossos stammendes Täfelchen mit Linearschrift B aus mykenischer Zeit (um 1500 v. Chr.) spricht von einer *atana potinija*, wobei letzteres Wort wie das griechische *potnia* wohl „Herrin" bedeutet. Noch interessanter sind die Beinamen der Athene: *Pallas* ist der bekannteste, nach der mythischen Kriegerin Pallas, einer Tochter des Triton, mit der zusammen Athene aufgezogen wurde; sodann haben wir *parthenos* – die Jungfrau, *promachos* – die Vorauskämpfende, die in vorderster Reihe Kämpfende, dann: *ergane* – die Schutzpatronin der Handwerker, und *glaukopis* – die „Eulenäugige", vielleicht auch einfach nur: „Helläugige". Aber tatsächlich hat es mit der Eule eine besondere Bewandtnis, denn dieser Nachtvogel ist das heilige Tier der Göttin.

Da Athene jungfräulich ist (wie Artemis) und zudem noch kriegerisch, trägt sie sehr viele männliche Anteile in sich, im Grunde genommen ist sie hermaphroditisch. Eine Frau in Kriegeruniform – das war bei den Griechen schon etwas Seltenes. Und doch wird sie auf Reliefs und als Statue meist mit Speer, Schild und Helm dargestellt. Ja, sie trug auch das *Aigis*, ein goldenes Ziegenfell, das üblicherweise Zeus benutzte, um Gewitter heraufziehen zu lassen; wenn man es schüttelte, versprühte es Blitze und donnerte. Alles in allem war Athene somit eine sehr „emanzipierte" Frau, wie man heute sagen würde: mitten im patriarchalischen Griechenland verschaffte sie sich Respekt und Anerkennung. Neben all diesem darf aber ihre Funktion als Weisheitsgöttin nicht vergessen werden.

Dies kommt am deutlichsten im Geburtsmythos der Göttin zum Ausdruck: Nach der Theogonie Hesiods war sie eine Tochter des Zeus und der *Metis;* diese steht philosophisch für den Scharfsinn, der als praktisches, komplexes Wissen zum Ausdruck kommt. Man kann Metis mit „Einsicht, Vernunft, Kenntnis" und ähnlichen Worten übersetzen. Zeus hatte die mit zwei Kindern von ihm schwangere Metis verschlungen, da ihm von Gaia und Uranos prophezeit wurde, dass Metis eine Tochter gebären würde, die ihm ebenbürtig sei, der Sohn aber werde ihn dereinst stürzen. Zeus zögerte nicht, sich die Metis einzuverleiben; als er danach jedoch unter Kopfschmerzen litt, ließ er den Schmied *Hephaistos* kommen (über ihn an anderer Stelle mehr), der ihm den Schädel spalten musste – und daraus entstieg in voller Rüstung Athena! Der Mythos lässt tief blicken: Athene war, im wahrsten Sinne, eine „Kopfgeburt" des Zeus; kein Wunder, dass sie als die Verkörperung des Geistes, der Weisheit und der Intelligenz galt.

Athene trug auch den Beinamen *Tritogeneia* – die von Triton Abstammende. Sie hieß deshalb so, weil der alte Meeresgott Triton ihr Ziehvater war, mit dessen Tochter Pallas sie aufwuchs. Athena tötete diese versehentlich während eines Kampfspiels mit Wurfspeeren. Zum Andenken schuf Athena eine Statue, das Palladion, und übernahm den Namen der Getöteten: Παλλὰς Ἀθηνᾶ – *Pallas Athēnâ.*

Es gibt zwei Attribute, die der Athene zugeordnet werden: die Eule und der Olivenbaum. Was zunächst den *Olivenbaum* betrifft, so gibt es einen Mythos, der die Bewandtnis erklärt. Demnach sollen sich Poseidon und Athene um die Schirmherrschaft über eine Stadt gestritten haben. Aber sie einigten sich auf einen Wettstreit: Wer der Stadt das nützlichere Geschenk gebe, der habe gewonnen. Poseidon gab sodann einen Brunnen, oder eine Quelle, die jedoch nur Salzwasser spendete; nach einer anderen Version gab er ein Pferd; Athenas Gabe war der Olivenbaum und damit dessen Holz und Früchte. So wurde Athena die Schutzgöttin der Stadt, die seitdem ihren Namen trägt: Ἀθῆναι – Athen. Der heilige Ölbaum stand lange Zeit exponiert auf dem Areal der Akropolis und soll laut Legende nach der Zerstörung des Tempels während der Invasion des Xerxes neu ausgeschlagen haben. Es wäre auch denkbar, dass dem Olivenbaum und seiner Zuordnung zur Göttin ein alter Baumkult zugrunde liegt; denn auch anderen olympischen Göttern wurden ja bestimmte Bäume beigegeben, etwa dem Zeus die Eiche, dem Apollo der Lorbeerbaum.

Und was die Eule betrifft, so muss diese wohl das Totemtier der Göttin gewesen sein. Jedenfalls erschien die Eule auch auf den athenischen Münzen – daher die seit der Antike bekannte Redensart *Eulen nach Athen tragen* für „etwas Überflüssiges tun". Als Sinnbild der Athena und als Vogel der Weisheit galt insbesondere der Steinkauz. Sein wissenschaftlicher Name ist *Athene noctua*, „nächtliche Athene".

Aphrodite

Nenne mir, Muse, die Taten von Aphrodite, der goldnen Kypris, die die Götter mit
süßem Sehnen beseligt und auch die Geschlechter der sterblichen Menschen be-
wältigt. Ja, auch alles Getier, die luftdurch-
fliegenden Vögel, Alles, was da rings dem
Land und dem Meere entsprossen: Kythe-
reia gehorchen sie alle, der prächtigbe-
kränzten.[50]

Aphrodite, von Homer immer wieder „Die Goldene" genannt, ist eine Göttin, die in vielerlei
Gestalt und unter vielen Namen in der religiösen Mythologie der antiken Völker aufgetreten ist, eine
facettenreiche Figur: sie ist die römische *Venus*, die
germanische *Freya*, im Orient aber die geheimnisvolle
Ischtar / Astarte, die einst so mächtige Muttergöttin aus
dem alten Mesopotamien. Tatsächlich ist Aphrodite
eine orientalische Göttin; sie wurde erst spät, von Osten
her kommend, in den Kreis der olympischen Götter
aufgenommen (wahrscheinlich um 1000 v. Chr.). Als
ihre Heimat gilt indes *Zypern*, griechisch *Kypris*, die
„Kupferinsel", die eigentlich zum Herrschaftsbereich

der Phönizier gehörte und schon immer eine Drehscheibe war zwischen Orient und Okzident.

Und wenn Aphrodite gemeinhin als die „Liebesgöttin" gilt, so erinnert dies nur wenig an die einstmals vielgestaltige, allmächtige Göttin, die im Laufe der Jahrhunderte immer mehr verflacht und auf das profane Attribut der geschlechtlichen Liebe reduziert wurde. In Skulpturen der archaischen Periode (8. bis 6. Jahrhundert v. Chr.) tritt uns Aphrodite noch in hohepriesterlichem Ornat entgegen, mit langem Gewand und Götterkrone geschmückt. Eine Terrakottastatue aus dem 6. Jahrhundert v. Chr. zeigt sie majestätisch auf einem Schwan stehen, was sie als „Herrin der Tiere", Große Göttin und Himmelskönigin ausweist. Später wurde der Schwan dem Sonnengott Apollon zugeteilt und Aphrodite als göttliche Hetäre in den Hintergrund gedrängt, gleichsam die Marylin Monroe des Olymp. In den Homerischen Götterhymnen (die nicht von Homer selbst stammen) finden wir sie immer noch als eine sehr machtvolle Wesenheit dargestellt, der Götter und Menschen, die Tiere des Landes, des Wassers und der Luft zu gehorchen haben.

Es werden zwei sakrale Inseln genannt, die dem Herrschaftsbereich der Aphrodite angehören, nämlich einmal *Kypris*, Zypern im Osten mit der legendären Tempelanlage von Paphos – und zum anderen die Insel *Kythera*, ganz im Westen der Ägäis gelegen, auch sie ein heiliger Ort, der im Zusammenhang mit der Geburtsgeschichte Aphrodites erwähnt wird. Götter haben ja nach griechischer Anschauung ihre je eigene Biographie: sie werden an einem bestimmten Ort geboren, haben demzufolge auch Vater und Mutter; sie begehen bestimmte Taten oder erleiden verschiedene Schicksale, ganz wie die Menschen auch, und am Schluss sterben sie oder gehen durch irgendeine Metamorphose hindurch. Denn den griechischen Göttern hängt nicht dieser Nimbus von absoluter Transzendenz an wie dem jüdischen Jahwe oder dem christlichen Gott; sie sind dem Menschen ähnlicher, stehen dem Menschen auch näher mit all ihren Fehlern und Schwächen. Alles in allem erscheinen sie wie ideale Menschen, größer, gewaltiger, mit mehr Schönheit und Macht ausgestattet; dadurch stehen sie aber auch in engerer Beziehung zur Menschenwelt als ein rein transzendenter Gott, von dem man sich kein Bild machen darf. Wenn die Götter also ganz menschliche Biographien haben – wie sieht dann eigentlich die Biographie der Aphrodite aus? Wo kommt sie her, welche Taten hat sie vollbracht, und was ist am Ende aus ihr geworden?

Den Griechen war wohl bewusst, dass Aphrodite als letzte in den Götterhimmel gekommen war; sie galt als die „jüngste Göttin". Über das Meer sei sie gekommen, von Osten her, und nur zögerlich wurde sie in den olympischen Götterkreis aufgenommen, in dem sie durchaus eine Sonderstellung einnahm. In der griechischen Mythologie wird die Herkunft Aphrodites jedoch in zwei unterschiedlichen Versionen dargestellt. Nach der einen, nämlich nach Homer, war sie eine Tochter des Zeus und der Titanin *Dione*, der ersten Gemahlin des Göttervaters, deren Stelle später Hera einnahm (vgl. *Ilias* V, 370: „Doch Aphrodite, die göttliche, sank in den Schoß der Dione, ihrer Mutter"). Doch dies ist deutlich als patriarchalische Umdeutung zu erkennen. Der ältere und wesentlich authentischere Bericht ist die *Theogonie des Hesiod*. Hiernach galt Aphrodite als die „Schaumgeborene", die den Meeresfluten entstieg und auf einer Muschel an die Gestade eines Eilandes antrieb, nämlich Kythera zunächst, von wo sie sich dann – quer durch die Ägäis – auf den Weg nach Zypern machte. Die Geburt der Aphrodite aus dem Meeresschaum, ihre Ankunft an den Ufern der Menschen, wurde zum Ausgangspunkt sakraler Frühlingszeremonien und Kulthandlungen. Das Geborensein aus dem Schaum entspricht übrigens auch der Etymologie, leitet sich doch der Name der Göttin von *aphros* (der Schaum) her. Durch die Reise von Kythera nach Kypris bekommt sie auch den Aspekt einer Meergöttin, daneben den einer Himmelsgöttin, da sie ja zumindest indirekt als eine Tochter des alten Himmelsgottes Uranos gelten kann, oder doch als ein Produkt von ihm. Hesiod beschreibt in seiner Theogonie, wie Uranos, der Kultgemahl der Erdgöttin Gaia, seine Kinder in die Erdentiefen verbannte und sie nicht ans Licht kommen ließ; Kronos aber, der jüngste seiner Kinder, entmannte den Uranos mit einer eisernen Sichel und warf das Geschlechtsteil ins Meer. Und nun geschieht folgendes:

> Aber sobald er die Scham mit der stählernen Sichel geschnitten, und sie vom Lande geworfen hinab in das brandende Weltmeer, trieb sie lange dahin durch die flutenden Wellen; da hob sich weißlicher Schaum aus unsterblichem Fleisch, es wuchs eine Jungfrau in ihm empor, sie nahte der heiligen Insel Kythere erst, doch gelangte sie dann zum ringsumflossenen Kypros. Aus stieg dort die Göttin, die hehre, herrliche; Blüten sprossten unter den Schritten der Füße, und Götter und Menschen nennen sie nun Aphrodite, weil sie aus Aphros, dem Schaume, aufwuchs, auch Kythereia, weil sie Kythere sich nahte, schaumgeborene Göttin und Kythereia im Kranzschmuck.[51]

Weiterhin erzählt der Geburtsmythos, wie Aphrodite bei ihrer Ankunft auf der Insel Zypern dort von den *Horen* empfangen wird; sie wird von ihnen auch bekleidet, denn nur bekleidet, bekränzt und geschmückt konnte sie in den Kreis der olympischen Götter eingeführt werden. Die Horen galten als die Töchter der *Themis*, Göttin heiliger Satzung, des in der Natur waltenden Rechts. Im übrigen ist die Themis eine sehr alte, vorolympische Göttin. In der bildenden Kunst der späteren Zeit wird diese Ankunftsszene reichhaltig ausgestaltet: Auf dem Renaissance-Bild Die *Geburt der Venus* (1483–1485) von Sandro Botticelli wird die Göttin auf dem Muschelboot von den beiden Windgeistern Zephir und Chloris ans Ufer geblasen, und dort erwartet sie Flora, die Göttin der Blumen, die ihr einen roten Blumenmantel umhängt. Dieses einmalige Gemälde ist wohl die bekannteste Darstellung der Geburt Aphrodites und darüber hinaus ein Meisterwerk der europäischen Malerei überhaupt.

Geboren aus dem Schaum eines im Meer schwimmenden Geschlechtsteils – noch deutlicher kann der sexuelle Charakter Aphrodites kaum ausgedrückt werden. Indem sie Liebesverlangen in die Herzen der Götter, Menschen und Tiere eingibt, wirkt die Göttin sowohl als *Aphrodite Urania*, als die „Himmlische", Vertreterin der höheren, vergeistigten Liebe, wie auch als *Aphrodite Pandemos*, als Verkörperung der rein irdischen Triebe und Leidenschaften. Als Aphrodite *Porne*, die „Geile", wurde sie in ihren Heiligtümern von Korinth, Byblos und auf dem Berg Eryx auf Sizilien verehrt, wo Hunderte von Frauen der Tempelprostitution nachgingen – ein für Griechenland eher untypisches, einzigartiges Phänomen. So tritt Aphrodite durchaus vielgestaltig in Erscheinung: die Hohepriesterin, die Himmelskönigin, aber auch die ewige Hure, die Verführerin, Ehebrecherin. Das Phänomen der Tempelprostitution erinnert natürlich an die gängige kultische Praxis im alten Mesopotamien, etwa den Kult um die Göttin *Ischthar*, wobei es sich dort allerdings um eine Form sakraler Sexualität gehandelt hat. Trotzdem geht die Gestalt der Aphrodite sowie ihr Kult eindeutig auf die vorderasiatische Ischthar zurück.

Ischthar, sumerisch *Inanna*, die Göttin der Liebe, der sexuellen Anziehung und des Krieges, wird in einem sumerischen Text als diejenige beschrieben, die selbst 120 Liebhaber nicht zur Erschöpfung bringen konnten. Unter verschiedenen Namen stieg sie in ganz Westasien zur wichtigsten Göttin überhaupt auf. Ihr heiliges Tier war der Löwe; sie wurde vor allem in Uruk, Kisch, Agade und Arba'il verehrt. Ihre Bedeutung kann gar nicht hoch genug veranschlagt werden: „Niemals vor ihr und niemals nach ihr gab es eine einflussreichere Göttin als die babylonische Ischthar. Ihre Ausstrahlung umglänzte die Welt der Antike und schimmert noch deutlich durch unsere Gegenwart. In vielfältiger Gestalt manifestierte sie sich bei den unterschiedlichsten Völkern des Nahen Ostens, war Astarte unter den Phöniziern, herrschte als Isis in Ägypten, ergriff unter dem Namen Aphrodite uneingeschränkten Besitz von Griechenland und dem ganzen hellenistischen Kulturkreis, beschenkte als Venus das Römische Weltreich mit ihrer Gunst. Römische Legionen trugen den Kult ihrer Verehrung in die Gebiete der iberischen Halbinsel und über die Alpen bis nach Gallien, Germanien, Britannien und Schottland."[52]

Auf dem berühmten Burney-Relief (etwa zwischen 2300 und 2000 v. Chr. entstanden) blickt uns die Göttin auf einem Löwen stehend frontal entgegen; das an einen Schmetterling erinnernde Flügelpaar und die Krone auf dem Haupt weist sie als die Herrin des Himmels und der Lüfte aus. Also durchaus auch eine astrale Göttin, die wie Aphrodite mit dem Morgen- und Abendstern (der Venus) assoziiert wurde. Die Nacktheit der Göttin ist sakral, geradezu eines ihrer Hoheitszeichen, und an ihrem Beispiel kann man auch sehen, was eigentlich *sakrale Sexualität* bedeutet. Sie ist nichts anderes als die *heilige Hochzeit*, die Vereinigung der Hohepriesterin mit ihrem Gott, die im Rahmen eines dafür eingeführten Kultes rituell vollzogen wurde.

In der sumerisch-babylonischen Kultur war die Stufenpyramide, auch bekannt als *Zikkurat*, der Ort eines solchen Rituals. Nach Arthur Schult sollten diese in sieben Etagen gegliederten Zikkurats die sieben Planetensphären darstellen: „Mehrfach wurden die Turmtempel in sieben Stufen erbaut, und jede einzelne Stufe stellte dann eine Planetensphäre dar. Aufsteigend bis zu einer Höhe von etwa 90 Metern verjüngten sich die Stufen nach oben hin. Die unterste, umfassendste Stufe stellte die Saturnsphäre dar, die ja auch alle anderen Planetensphären umschließt. Als zweite Stufe von unten folgte die Jupiterstufe, dann die Marsstufe, die Sonnenstufe, die Venusstufe, die Merkurstufe und zuletzt als oberste Stufe die Mondenstufe."[53]

Dann folgte das eigentliche Ritual der sakralen Vereinigung: „An einem bestimmten Fest führten die Priester eine jungfräuliche Priesterin auf den Turm. Die Jungfrau durchschritt da in feierlichem Kultus alle Planetenstufen. Auf jeder Stufe legte sie eines ihrer Gewandstücke ab. Siebenfach verhüllt ist das wahre Wesen des Menschen. Wer zur Einigung mit dem Gotte kommen will, muss seine sieben Leibeshüllen ablegen. (…) Im Tempel auf der obersten Turmspitze war für die

Priesterin ein wohl zubereitetes Bett gerichtet und ein goldener Tisch (Herodot I, 181). Dort verbrachte die Jungfrau allein eine Nacht unter sternenklaren Himmel, um als kosmische Jungfrau die Vereinigung mit dem Gott zu erleben."[54]

Dies also war der ursprüngliche Sinn der Heiligen Hochzeit, und die Gestalt der Aphrodite ist ihrer Herkunft nach auch im Umfeld solcher vorderasiatischen Ischthar-Astarte-Mysterien zu sehen. Aber Aphrodite wurde bei ihrer Einführung in Griechenland sogleich ins Profane gewendet; an die Stelle himmlischer, spiritueller Liebe trat die rein irdische, körperlich-triebhafte Liebe. Im Olymp jedenfalls betätigt sich Aphrodite nur noch als Verführerin, Kupplerin, Ehebrecherin: Niemand könne sich ihr entziehen, sagt Homer in seinem Hymnus, „weder der Seligen einer noch auch der sterblichen Menschen".

> Ja, sie berückte sogar den donnererfreuten Kronion, der doch der größte ist, der größten Ehre teilhaftig. Wenn sie es will, verblendet sie seine bedächtigen Sinne, und führt ihn gar leicht mit sterblichen Weibern zusammen, dass er Here sogar vergisst, die Schönste im Kreis der unsterblichen Götter.[55]

Das bedeutet, mit anderen Worten, an den zahlreichen Liebesaffären des Zeus ist im Grunde genommen nur Aphrodite schuld; sie hat ihn ja betört, ihn mit glühender Leidenschaft erfüllt, sodass er seiner eigenen Ehefrau Hera immer wieder untreu wurde. Der Aphrodite wird zwar auch die Domäne der Ehe zugeordnet, doch hat sie selbst die Ehe häufiger gebrochen als jede andere Gottheit im Olymp. Mit Hephaistos verheiratet, einem hässlichen, hinkenden Schmied, nahm sie sich den Ares zum Liebhaber, den jugendlichen gutaussehenden Kriegsgott; auch viele andere Affären hatte sie noch nebenbei. Die Sache mit Anchises verdient besondere Beachtung. Denn da Aphrodite so oft den Zeus mit „sterblichen Weibern" zusammen gebracht hatte, kraft ihrer Verführungskunst, so wurde im Olymp beschlossen, dass nun sie selbst mit einem sterblichen Menschen zusammen kommen soll, und dieser war der schöne Hirte *Anchises*, der seine Rinder auf den Höhen des Idagebirges weidete, unweit der Stadt Troja.

Als sich Aphrodite dorthin begibt, wird sie auf ihrem Weg durch die Berge von Tieren begleitet, von grauen Wölfen, Löwen, Bären und Leoparden, was sie als die „Herrin der Tiere" erkennen lässt, einstmals ein Attribut der „Großen Göttin". Und Aphrodite freute sich, dass es ihr gelungen war, diese an sich wilden Tiere so zu besänftigen, dass sie sich paarweise im Schatten der Bäume hinlegten (denn sie hatte ihre Herzen mit Liebe erfüllt) – dann aber zeigte sie sich dem staunenden Anchises, der gerade auf der Harfe spielte; dieser war sich wohl bewusst, dass ihm hier eine Göttin entgegen trat. Und so fragt er sie:

> Heil o Herrin! Wer von den Seligen naht meinem Hause? Artemis, Leto oder die goldene Aphrodite, oder die edle Themis, die augenleuchtende Pallas, oder kam von den Chariten wohl eine, die sich zu allen Göttern gesellen und die wir auch Unsterbliche nennen? Bist du eine der Nymphen, die hausen in lieblichen Hainen, oder von denen, die hier das schöne Gebirge bewohnen oder den Lauf der Flüsse und bachdurchflutete Auen?[56]

Anchises hatte also die Situation wohl begriffen, aber Aphrodite log ihn an, indem sie ihm erzählte, sie sei eine sterbliche Frau („Sterblich bin ich, mich hat eine irdische Mutter geboren"), eine Königstochter aus Phrygien, und es sei ihr bestimmt, Gattin des Anchises zu werden. Durch dieses Täuschungsmanöver erreichte sie, dass Anchises die Ehe mit ihr vollzog – was sonst nicht möglich gewesen wäre, denn eheliche Verbindungen zwischen Göttern und Menschen waren mit einem strengen Tabu belegt. Der Sohn, der dieser unerlaubten Verbindung entspross, war kein Geringerer als Äneas, der in Latium zum Stammvater der Römer wurde.

Bei der Geschichte um *Aphrodite und Adonis* geht es freilich um etwas ganz anderes. Adonis ist ein syrisch-phönizischer Fruchtbarkeits- und Vegetationsgott, der übrigens auch auf Zypern verehrt wurde, der Stammheimat der Göttin Aphrodite. Man erzählt, Adonis sei ein wunderschöner Jüngling gewesen, nicht von natürlicher Abstammung, sondern aus der Mitte eines Baumes herausgewachsen, nämlich eines Myrrhenbaumes; Aphrodite aber verliebte sich sofort in den schönen Hirten und wollte ihn ganz für sich behalten. Dann aber kam der eifersüchtige Mars herbei, in einen Eber verwandelt, und tötete kurzerhand den Liebhaber, dessen Blut dahinströmte und das Wasser des Baches Adonis im Libanon rot färbte, und rote Anemonen entsprossen ringsumher. Aphrodite beweinte den Tod des Geliebten; dieser aber entschwebte durch Luft und Meer, ging schließlich ein in das Reich der Toten, in das finstere Reich der Persephone. Doch auch die durfte den schönen Adonis nicht für sich behalten. Denn man ging einen Vergleich ein: ein Drittel des Jahres durfte Adonis bei Aphrodite blieben, ein anderes Drittel unten bei Persephone, und das restliche Drittel blieb er für sich allein.

Nun ist ganz offensichtlich, dass Adonis ein Vegetationsgott ist, der im Wechsel der Jahreszeiten zwischen
Unter- und Oberwelt hin- und herpendelt, dabei bedeutet sein Verweilen in der Oberwelt den Sommer, in der
Unterwelt den Winter. Jahreszeitfeste wurden begangen, um das Ankommen des Adonis in der oberen Welt
zu feiern und damit den Anbruch der Frühjahrs- und
Sommerperiode; Trauerfeste wurden gefeiert, um seines
Abgangs und des Beginns der kalten Jahreszeit zu gedenken. Dieser Kult war ein syrisch-phönizischer, und
das Zentrum des Adonis-Kultes lag nicht von ungefähr
auf der Insel Zypern, beim Heiligtum von Paphos, das
ja auch der Aphrodite geweiht ist. Hier sieht man deutlich die Adaption eines orientalischen Kultes, der sich
um das Götterpaar *Adonis-Astarte* rankte und in Babylo-
nien um das Paar *Thammuz-Ischthar*. Wieder geht es dabei um das ewige Mysterium des „Stirb und Werde".

Dass der Wirkungskreis der Aphrodite auch die *lesbische Liebe* umfasst, belegt das Beispiel der *Sappho*, der
wohl berühmtesten Liebesdichterin des Altertums, von
deren Werk leider nur wenige Bruchstücke überliefert
sind. Sappho lebte um 600 v. Chr. auf der Insel Lesbos,
floh nach dem Sieg der Volkspartei nach Sizilien, lebte
später in Mytilene als Leiterin eines die lesbische Aphrodite verehrenden Mädchenkreises, einer dichterisch-
religiösen Erziehungsgemeinschaft auf erotischer
Grundlage. Sappho schrieb erotische Gedichte, Hymnen, Götterlieder und Hochzeitsgedichte voll Glut und
Grazie. Sie hat ein gewaltiges Werk hinterlassen, das in
der Bibliothek von Alexandria als *Ausgabe in Neun Bü-
chern* verwahrt wurde, aber das einzige vollständig erhaltene Gedicht von ihr ist ein *Hymnus an Aphrodite,* aus
dem hier auszugsweise zitiert sei:

Bunt im Schimmer thronende Aphrodite,
Listenreiche Tochter des Zeus, ich bitt dich:
Nicht mit Ängsten, nicht mit Verzweiflung beuge
Herrin, den Mut mir!

Sondern hierher komm, wie du wohl schon einmal
Meinen Ruf im Ohre, von weiter Ferne
Mich erhörtest und aus des Vaters Hause
Kamest im goldnen

Angeschirrten Wagen; dich zogen schöne
Schnelle Finken über der schwarzen Erde
Mitten durch den Äther, vom Himmel nieder,
Schwirrenden Fluges.[57]

Wie Aphrodite hier im goldenen Wagen vom Himmel herabkommt – das ist regelrecht eine Vision, ja mehr noch, eine Theophanie, die Erscheinung einer Gottheit. Und tatsächlich haben die Lieder der Sappho, besonders die an die Liebesgöttin gerichteten, den Charakter von Evokationen. Man gewinnt geradezu den Eindruck, dass in der von Sappho geleiteten Gemeinschaft ein Aphrodite-Kult geübt wurde, mit Feiern und Anrufungen, ganz im Stil der antiken Mysterien. Und immer wieder versucht die Dichterin, die von ihr verehrte Göttin zum Herabsteigen zu bewegen:

Herab vom Himmel steige …
Komm hierher, zum unbefleckten Heiligtum
Von Kretern, in einen schönen Hain,
Von Apfelbäumen, darin auf den Altären
Weihrauchwolken verwehen.[58]

In der bildenden Kunst wurde Aphrodite immer wieder dargestellt, als Statue und auf Gemälden, auf

Vasenmalereien, daneben auch in der Dichtkunst, über Jahrhunderte hinweg, von der Antike bis in die jüngste Gegenwart hinein. Dies verleiht dieser Göttin etwas Zeitloses, Ewig-Gültiges. Es ist eine allgemein-menschliche Qualität, die sich in ihr offenbart.

Als vorbildliche Werke der Bildhauerkunst haben wir etwa die frühhellenistische *Aphrodite von Knidos*, und dann als Kopie davon die *Kapitolinische Venus*; an Gemälden neben Botticellis berühmter *Geburt der Venus* das gleichnamige Bild von Alexandre Cabanel (1865), dann *Das Venusfest* von Peter Paul Rubens, *Der Triumph der Venus* von Francois Boucher (1740) sowie die zahlreichen Variationen der *Schlafenden Venus* von Giorgione und Tizian (die *Venus von Urbino*).

Der flämische Maler Antoine Watteau hat in mehreren Varianten *Die Pilgerfahrt zur Insel Cythera* dargestellt, zuletzt 1719, dabei denkt er aber weniger an die reale Insel Kythera in der westlichen Ägäis, sondern Cythera ist ihm einfach die Liebesinsel der Aphrodite und daher ein mythischer Ort, eine Utopie im eigentlichen Sinne. In der Malerei des Rokoko trat bei Venus mehr das Laszive, das Sinnlich-Verführerische, zuweilen auch das Kokette in den Vordergrund; von der hohepriesterlichen Göttin mit Herkunft aus den vorderasiatischen Ischthar-Mysterien war hier nichts mehr zu spüren. Unter den Dichtern war es der geniale *Rainer Maria Rilke* (1875–1926), der noch im 20. Jahrhundert die Geburt der Aphrodite aus dem Schaum des Meeres und ihre Ankunft auf Zypern gefeiert hat; das Gedicht endet mit den Zeilen:

So landete die Göttin.
Hinter ihr, die rasch dahinschritt durch die Ufer,
erhoben sich den ganzen Vormittag

die Blumen und die Halme, warm, verwirrt,
wie aus Umarmung. Und sie ging und lief.
Am Mittag aber, in der schwersten Stunde,
hob sich das Meer noch einmal auf und warf
einen Delfin an jene selbe Stelle.[59]

Artemis ~ Diana

Artemis sing ich, mit goldenen Pfeilen, die
lärmende, wilde, reine Jungfrau, die bo-
generfreute, den Schrecken der Hirsche,
leibliche Schwester Apollons, des Gottes
mit goldenem Schwerte, die auf schattigen
Höhn und windigen Felsengebirgen froh
der Jagd ergeben, gespannt den goldenen
Bogen, schmerzliche Pfeile entsendet ....
Homerischer Hymnus[60]

Artemis, die jungfräuliche Wald-, Jagd- und
Mondgöttin, römisch *Diana*, stellt geradezu den
Gegentypus zu Aphrodite dar: denn Artemis ist
keine ewige Hetäre, kein lasziver Marilyn-Monroe-Ty-
pus, sondern sie bringt das Wilde, Ungezähmte, Kriege-
rische, Gewalttätige zum Ausdruck. Denn die Jagd ist
doch ein recht blutrünstiges Geschäft, das größte kör-
perliche Anspannung erfordert. Bei der Jagd geht es
ums Töten und Getötet-Werden, um das Erlegen lebens-
bedrohender wilder Tiere, um das ständige Schweben
in Gefahr. Zudem ist der Wald, das Terrain der Jagd,
ein Bereich außerhalb der Zivilisation, ein Bereich des
Wildwuchses, wo das Gesetz des Stärkeren gilt. Und

genau in diesem Bereich ist Artemis zu Hause! Vor allem hat sie ein ganz anderes Verhältnis zu Männern als die klassische Liebesgöttin Aphrodite. Ihre Jungfräulichkeit wird ja gerade betont, und man hat den Eindruck, dass sie sich aus Männern nichts macht; der einzige Mann, der ihr wirklich etwas bedeutet, ist ihr Bruder, der Sonnengott Apollon.

Als Tochter des Zeus und Bruder Apollons gehört Artemis zu den 12 wichtigsten olympischen Göttern; sie nimmt also einen hohen Rang in der Hierarchie der Götter ein. Ihre Mutter ist *Leto*, aus uraltem Titanengeschlecht, eine Tochter der Titanen *Koios* und *Phoibe*. Also eine Zeustochter, halb Titanin, halb Göttin – sie trägt etwas durchaus Amazonenartiges an sich. Man kann sie sich kraftstrotzend vorstellen, stets in Jägerkleidung, mit Pfeilen bewaffnet.

Ihr Name Artemis geht auf das mykenische Griechisch zurück und enthält die Wurzel *arktos*, was „Bär" bedeutet. Dies ist protoindogermanisch und kommt auch im Namen der gallischen Jagdgöttin *Artio* vor, ja selbst im Namen des König *Artus*, der offenbar wie Artemis mit einem Bärenkult verbunden war. Der Bär wird der Artemis ebenso zugeordnet wie der Hirsch und die Hundemeute. Einer ihrer frühen Beinamen, *Therasia*, wird mit „Göttin von Thera" übersetzt; vielleicht gab es eine Vorgängerin der Artemis im mykenischen Kreta, die als *Britomartis*, Göttin der Jagd und der Berge, verehrt wurde. Andere Zusammenhänge verweisen auf Kleinasien: in Lydien war *Artimus* an anderer Name für Artemis.

Man kann Artemis als Große Göttin und „Herrin der Tiere" deuten. Zu ihrem Jagdgefolge gehören vor allem die Nymphen, unter ihnen die schöne *Kallisto*, die von Zeus vergewaltigt und daraufhin von Artemis in eine

Bärin verwandelt wurde (da sie sich dem Gebot der Jungfräulichkeit widersetzt hatte); in dieser Gestalt, als Großer Bär, versetzte man sie in den Sternenhimmel (Sternbild *Ursa Major*). Man nimmt an, dass es einen ureuropäischen Bärenkult gegeben hat, allerdings vorwiegend bei nordischen Ethnien, wie auch im gesamten Kulturraum Sibiriens bis nach Korea und zu den Ureinwohnern Japans. Und die „Herrin der Tiere", oft in Bärengestalt, war die wichtigste Gottheit der animistischen Wildbeuter gewesen. Aber noch Homer nennt Artemis *potnia theron* – Herrin der Tiere; es könnte also sein, dass sich hinter dem Gesicht der klassischen Artemis eine uralte, vorgeschichtliche Göttin verbirgt, deren Verbreitungsgebiet sicher nicht auf das heutige Griechenland beschränkt war, sondern sich auf den europäischen Norden sowie auf die Weiten Asiens erstreckte (möglicherweise die „Urheimat der Indogermanen").

Von den Artemis-Sagen, die uns aus dem klassischen Altertum überliefert sind, stechen die Geschichten um *Aktaion* und *Orion* besonders hervor. In beiden wird das Jagdgeschehen thematisiert, und beide offenbaren die doch sehr ausgeprägte Männerfeindschaft der Göttin. Aktaion, ein Enkel des Kadmos, der ein leidenschaftlicher Jäger war, begab sich eines Tages bei großer Mittagshitze in ein schattiges Tal, das der Artemis geweiht war. Im Grund des Tales war eine mit Wasser angefüllte Grotte, in der die Göttin gerade badete. Als Aktaion die Badende unbekleidet sah, wurde er von ihr in einen Hirsch verwandelt, damit er nicht von der Begegnung anderen Menschen berichte. Daraufhin kamen seine eigenen Jagdhunde, die ihren Herrn nicht mehr erkannten, und zerfleischten ihn – ein grausamer Tod für einen Sterblichen, der eine Göttin sah.

Dem Hirsch kommt hierbei eine große Symbolbe-
deutung zu. Denn es wird vermutet, dass Aktaion einst
ein sakraler König war, der mit Artemis in Hirschgestalt
die Heilige Hochzeit vollzog und am Ende seiner Zeit
(vielleicht nach einem Jahr?) sterben musste. Die Sage
von dem Jäger Orion klingt ähnlich. Es wurde erzählt,
dass Orion ein großer Jäger war (wie Nimrod in der
Bibel), der alle wilden Tiere des Erdkreises töten wollte.
Dies konnte Artemis natürlich nicht zulassen. So brachte sie einen riesigen Skorpion hervor, der Orion tötete –
beide wurden daraufhin als Sternbilder in den Himmel
versetzt. Dann gibt es noch die Sage von dem *kalydonischen Eber*. Meleagros, aus königlichem Geschlecht
stammend, vergaß einmal, der Artemis zu opfern, obgleich er allen anderen Göttern die gehörigen Opfer
darbrachte. Darüber war Artemis so erzürnt, dass sie
den gewaltigen kalydonischen Eber losließ, der alle
Saatfelder verwüstete und die auf dem Feld Arbeiteten
allesamt tötete. Meleagros begibt sich, begleitet von
Atalante, auf die Jagd nach dem Tier. Atalante, eine
amazonenhafte Jägerin, ist eine der Artemis sehr ähnliche Figur: als Kind in den Bergen ausgesetzt, wurde sie
von Bären großgezogen; auch sie hat sich ewige Jungfräulichkeit geschworen. Bei Jägern aufgewachsen, ist
sie zur schnellsten Läuferin Griechenlands geworden.
Schließlich gelingt es, das Untier mit vereinten Kräften
zu bezwingen und zu töten.

Artemis galt nicht nur als die Herrin der Tiere, sondern auch der Pflanzen: unter diesen nämlich waren ihr
das Wermutkraut, die Zypresse, die Moorlilie und die
Palme geheiligt. Dies hängt auch zusammen mit ihrem
Aspekt als *Mondgöttin*; denn das Pflanzenwachstum
untersteht ja dem Mond. Sie ist die Schwester des Phoibos Apollon, des Sonnengottes, und wie er spielt sie die

Lyra (harfenähnliches Instrument), wie er liebt sie es, Pfeile auszusenden (Apollon galt als ein großer Pfeilschütze, bei ihm sind die Pfeile allerdings Symbole für die Sonnenstrahlen). Artemis stammt auch von der Insel Delos, wo sie wie ihr Bruder Apollon auf dem Berg Kynthos geboren wurde.

Die römische *Diana* stellt ganz und gar eine Nachbildung der griechischen Artemis dar, denn auch sie erscheint als Jagd- und Mondgöttin, auch als Fruchtbarkeitsgöttin, die in heiligen Hainen verehrt wurde. Der Diana-Kult war im Alten Europa weitverbreitet: auf der heutigen Halbinsel Krim kannte man eine *Diana von Taurus*, deren Priesterin Iphigenie wurde; im Alten Italien liebte sie als *Diana Nemorensis* vorzugsweise wasserreiche Haine; so hatte sie einen Kultort auf dem Berge Tisata bei Capua und besonders am Ufer des Kratersees von Aricia, den man auch den „Spiegel der Diana" nannte. Hier erhielt das Priesteramt derjenige, der den früheren Priester mit einem im Hain gebrochenen Ast erschlug, wohl eine Art Menschenopfer, das mit Hilfe der in ihren Bäumen anwesenden Göttin selbst vollbracht wurde. In Rom, wo ihr Kult von Aricia aus eingeführt wurde, lag ihr Tempel auf dem Aventin, und man feierte ihr zu Ehren in ganz Italien ihr Fest an den Iden des August.

Demeter ~ Persephone

Göttliche Mutter des Alls,
Deo, vielgerufene Gottheit!
Keusche, männernährende,
Freundliche Geberin Demeter!
Reichtumschenkende Göttin,
Ährennährerin, Allesgeberin,
Erfreut von den Werken des Friedens...
Orphischer Hymnus[61]

Demeter ist die Göttin der Fruchtbarkeit, des Ackerbaus und der Erde; als Tochter der Titanen Kronos und Rhea gilt sie damit als die Schwester von Hestia, Poseidon, Zeus, Hera und Hades. Mit Zeus hatte sie die Tochter Persephone, mit ihrem Geliebten Jason den Sohn Plutos, die Personifizierung des Reichtums. Der Name De-meter, Mutter De, wird oft mit „Erdmutter" übersetzt, wobei allerdings fraglich bleibt, ob „De" das gleiche wie „Ge" – nämlich Gaia, die Erde – bedeutet. Die Demeter-Mysterien von Eleusis kann man trotz ihrer lückenlosen Einbindung in die patriarchalische Kultur Griechenlands als die Mysterien der Großen Mutter bezeichnen, wobei die dort verehrte Muttergestalt die Züge einer Erden-, Todes- und Fruchtbarkeitsgöttin trägt. Zu den Demeter-Geweihten zählte offenkundig auch Homer, der größte Götterdichter der Griechen. Unter den ihm zugeschriebenen *Homerischen Götterhymnen* befindet sich auch ein *Hymnus an Demeter*, der uns tiefere Einblicke in die hier angesprochenen Zusammenhänge gewährt. Erzählt werden in dem Hymnus zwei miteinander verquickte Geschichten: der Raub der Persephone durch den Unterweltsgott Hades, und die Errichtung des der Demeter geweihten Mysterienortes in Eleusis.

Üppige Naturschilderungen stehen am Beginn der Geschichte. Die Erdgöttin Gaia lässt die Pflanzen in betörender Pracht aufblühen, als Demeters Tochter Persephone – auch Kore genannt – nichtsahnend über die Flur streift. Urplötzlich tut sich der Erdboden auf; der Unterweltsgott Hades taucht auf und zieht die schreiende Tochter zu sich hinab in die Tiefe. Demeter trauert um den Verlust der vielgeliebten Tochter. Rastlos zieht sie umher, fragt überall nach dem Verbleib der Persephone – bis sie schließlich von dem auf seinem Sonnenwagen einherziehenden Helios die Auskunft erhält, die Verschwundene sei in der Unterwelt die Gattin des Hades geworden. Daraufhin mied Demeter die Götterversammlung und weilte unerkannt unter den Menschen; in Eleusis angekommen, gab sie sich den dort Wohnenden zu erkennen und ließ sich von ihnen einen Weihort errichten. Sie selbst war es also, die den Bau des Tempels anordnete, indem sie sprach:

Doch einen mächtigen Tempel mit einem Altare darunter soll mir das ganze Volk bei Stadt und Mauer errichten über Kallichoros' Quelle auf weitvorspringendem Hügel. Selber lehr ich euch dann, die Weihen zu feiern, damit ihr heilig sie vollzieht und meine Seele besänftigt. (Homer, *Hymnos an Demeter*, 270-274)[62]

Aus Trotz gegen die Götter, die ja den Raub der Persephone gebilligt hatten, ließ Demeter, der Saat und Ernte unterstanden, eine gewaltige Hungersnot über das Land hereinbrechen. Der fruchtbringende Same verkümmerte im Boden; umsonst zogen die Ochsen den Pflug. Die Götter, die fürchteten, auf diese Weise um ihren jährlichen Erntedank gebracht zu werden, bemühten sich nun, Demeter umzustimmen. Doch die blieb unbeugsam: der Hungersnot werde sie erst dann ein Ende machen, wenn sie die geraubte Tochter zurückbekommen habe.

So kam es zu Verhandlungen, und schließlich einigte man sich auf einen Vergleich: Persephone sollte fortan ein Drittel des Jahres bei Hades in der Unterwelt bleiben, die restlichen zwei Drittel aber bei Demeter in der Oberwelt zubringen dürfen. Die Göttin willigte ein, und der Erdboden brachte seitdem den Menschen jedes Jahr reichhaltige Ernte. Ja noch mehr: Den *Triptolemos*, Sproß des ältesten mythischen Königsgeschlechts von Eleusis, der *Eumolpiden*, weihte Demeter nun als ersten in ihre Mysterien ein; und sie gebot ihm, von Attika aus alle Länder zu durchziehen, um den Menschen den Segen des Ackerbaus zu überbringen. Dazu schenkte sie ihm einen von geflügelten Drachen gezogenen Zauberwagen, der ihn durch die Lüfte trug. Die Eumolpiden aber versahen seitdem den Opferdienst zu Eleusis, ein erbliches Amt, das immer nur innerhalb der Familie weitergegeben wurde.

Aus der Geschichte geht hervor, dass Demeter nicht die Erdgöttin selbst ist, sondern eigentlich nur die fruchtbare Ackerflur, der Humus; weniger der Planet

Erde als vielmehr das Element Erde. Aber keine wild-titanische Elementarkraft, keine chaotische Naturkraft stellt sie dar; nicht die Natur im Rohzustand, sondern die gebändigte, gezähmte, durch menschlichen Einsatz in Plan und Ordnung gebrachte Natur. Eine Fruchtbar-keitsgöttin also, Hüterin des Ackerbaus, in der Hand eine blühende Kornähre tragend: so steht das Bild der Göttin Demeter vor unserem geistigen Auge. Persepho-ne, die im Wechsel der Zeit zwischen Unter- und Ober-welt hin- und herschwingt, verkörpert sinnbildhaft die Abfolge der Jahreszeiten: denn das eine Jahresdrittel, das sie an der Seite des Hades zubringt, ist der karge vegetationsarme Winter – die anderen zwei Drittel um-fassen Sommer und Herbst. So ist Persephone Herr-scherin im Totenreich und Vegetationsgöttin zugleich, wie überhaupt Tod und Leben untrennbar zusammen-gehören; sie beschließt in sich das ewige Daseinsgesetz des *„Stirb und Werde!"*.

Die Demeter-Mysterien von Eleusis

Angeblich sollen in Eleusis bereits in der frühen atheni-schen Königszeit um 1500–1300 v. Chr. Kultfeiern be-gangen worden sein, wahrscheinlich die ältesten Myste-rien in Griechenland. Aus der Archäologie wissen wir, dass der Ort Eleusis, 22 km nördlich von Athen, in der Bucht von Salamis gelegen, seit der Jungsteinzeit besie-delt war; erst um 750 v. Chr. wurde er der Polis Athen direkt angegliedert. In den Jahren 1883 bis 1930 hat man durch Ausgrabungen den Tempelbezirk von Eleusis mit seinen riesenhohen Mauern und seinen großen Propy-läen-Toren wieder freigelegt, eine wirklich eindrucks-volle Anlage, die fast eher einem Festungsbau als einem Tempel gleicht. Und doch war Eleusis eine Art gesamt-griechischer Wallfahrtsort, zu dem jährlich Tausende hin pilgerten, um sich in die Mysterien der „Großen Mutter" Demeter einweihen zu lassen.

Unter der Oberfläche der olympischen Götterreligion, die Allgemeingut und auch Volksglaube war, lag die verschleierte Religion der Demeter-Geweihten verborgen, die das Wissen um die Naturgeheimnisse, um den heiligen Jahreslauf, um Saat und Ernte, aber auch um das Fortleben nach dem Tode enthalten haben mag. Drei Stufen der Einweihung gab es:

- den *Neophyten*, den noch Einzuweihenden, Neuling und Anwärter auf die Weihen;
- den *Mysten*, d. h. den „Verschleierten", der streng an die Pflicht der Geheimhaltung gebunden war;
- den *Epopten*, den mit der Gabe der Schau Ausgestatteten, den hellsichtig Gewordenen.

Weiterhin unterscheidet man die Kleinen und die Großen Eleusinischen Mysterien, die zeitlich und örtlich unabhängig voneinander vollzogen wurden: die einen nämlich im Frühjahr, die anderen im Herbst. Die Kleinen Mysterien wurden im Monat Anthesterion, dem „Blütenmonat" (Februar / März) zu Frühlingsbeginn gefeiert, und zwar in Agrai am Flüsschen Ilissos am Südrand von Athen. Jeder Neophyt musste an der Kultfeier von Agrai teilgenommen haben, bevor er die eigentlichen Weihen in Eleusis erhielt. Die Teilnahme stand ursprünglich nur Eleusiniern offen; jeder Fremde musste sich zuvor von einem Einheimischen „adoptieren" lassen, um an der Kultfeier teilnehmen zu können. Daraus entwickelte sich später der Brauch, dass jeder Anwärter auf die Weihen sich einen geistlichen Führer, einen „Mystagogen", wählen musste, der ihn unterwies und mit ihm an der Einweihungsfeier teilnahm.

Die Großen Mysterien der Demeter fanden im Monat Boedromion (Sept./Okt.) statt, um den 21. September. Die Neophyten, die bereits im Frühjahr eine Vor-Einweihung empfangen hatten, versammelten sich unter dem sternklaren Nachthimmel; dann zogen sie – von Fackelträgern geleitet – in feierlicher Prozession den 22 km langen Weg von Athen nach Eleusis, welches in schützender Bucht gegenüber der Insel Salamis lag. Bis zu 3000 Menschen mögen an einem solchen Prozessionszug teilgenommen haben. Im Kultbezirk angekommen, begaben sie sich zu den Mysterienspielen; anschließend erhielten sie die Weihen. Vorher ertönte noch der Ruf des Hierophanten, des Oberpriesters, mit dem er die Mysten von den Uneingeweihten trennte; denn letzteren war der Zugang zum heiligen Bezirk bei Todesstrafe verboten! Der Oberpriester gebrauchte dazu (nach Aristophanes) etwa folgende Worte: „Euch allen sag' ich's zum erstenmal, zum zweiten- und drittenmal sag' ich's: Hebt auch all hinweg von dem mystischen Chor! Ihr andern beginnt die Gesänge, beginnt die heilige Feier der Nacht, geziemend dem Fest der Geweihten!"[63]

Streng abgeschieden war der zentrale Kultbezirk von Eleusis, das Telesterion, in dem – geschützt vor dem Zugang der Uneingeweihten – Hymnen erklangen, rhythmische Tänze und Weihespiele aufgeführt wurden. Heilige Mysterienspiele waren es, deren Sinn uns Heutigen verloren gegangen ist; und selbst unter den Damaligen hatten nur Wenige Zugang zu diesen Spielen. *Dromena* nannte man sie, und sie waren wohl eine Art Theaterspiel – aber kein weltliches Theater, sondern die sinnbildliche Darstellung und Aufführung höheren

Weltenwebens, das als bestimmend für das ganze Erden- und Menschheitsschicksal erkannt wurde. Den Höhepunkt der Spiele bildete das Erscheinen der Göttin Kore selbst; mit fremdartig-uralten Kultnamen wurde sie angerufen, die Herrin beider Reiche, der Unter- und Oberwelt, bis sie schließlich aus dem Dunkel der Erdentiefe ins strahlende Licht der Weihenacht hineintrat: eine geistige Schau war dies Erscheinen der Göttin, die dem Mysten den Grad des „Schauenden", des Epopten, verlieh.

Den Geweihten wurde nach Beendigung des Zeremonials eine frischgeschnittene Kornähre – Symbol und Hoheitszeichen der Göttin Demeter – ausgehändigt. Dennoch war die Einweihung in die Demeter-Mysterien zu Eleusis mehr als nur der agrarische Fruchtbarkeitskult einer altmediterranen Bauerngesellschaft, auch wenn viele Symboliken noch an diese Herkunft erinnern. Bezweckt wurde durch die Annahme der Weihen vor allem eine geistige Wiedergeburt des Mysten und ein besseres Weiterleben nach seinem Tode im Jenseits. Die Demeter-Geweihten, und zu ihnen gehörte auch Homer, hatten nach griechischer Vorstellung ein anderes Schicksal nach dem Tod als die Normalmenschen. Homer nennt in seinem Hymnus die Eleusinischen Weihen:

heilige Bräuche, die keiner verraten, verletzen, erforschen darf: denn heilige Scheu vor den Göttern bindet die Stimme. Selig, wer von den irdischen Menschen je sie gesehen! Wer aber unteilhaftig der Weihen, der findet ein andres Schicksal, wenn verblichen er weilt im dumpfigen Dunkel. (Homer, *Hymnos an Demeter*, 478–482)[64]

An ein ähnliches Schweigegebot hält sich Herodot, der den Demeter-Kult auf ägyptische Ursprünge zurückführen will: „Ebenso schweige ich von den Mysterien der Demeter, den Thesmophorien, wie die Griechen sie nennen, soweit es nicht erlaubt ist, davon zu reden. Die Töchter des Danaos waren es, die sie aus Ägypten mitbrachten und sie bei den pelasgischen Weibern einführten. Später, als die alten Einwohner des Peloponnes von den Doriern verdrängt wurden, hörten die Mysterien auf, und nur bei den Arkaden, den einzigen, die nicht auswanderten, sondern im Lande blieben, haben sie sich erhalten."[65]

Hestia ~ Vesta

Histia, Königstochter,
Aus des mächtigen Kronos Geschlecht,
Du wohnst inmitten des höchsten,
Unvergänglichen Feuers:
Weihe die reinen Mysten
Zum hochheiligen Weihedienst,
Immerblühend, reich an Segen,
Reinen Herzens und wohlgesinnt.
Orphischer Hymnus[66]

Hestia, römisch *Vesta*, galt bei den Griechen als die Göttin des häuslichen Herdfeuers, des Familien- und Staatsherdes, nicht zuletzt als die des Opferfeuers – eine sehr wichtige Göttin also, daher auch eine Schwester des Zeus und eine der 12 olympischen Götter. Sie war die älteste Tochter des Titanen-Ehepaares Kronos und Rhea, zugleich aber auch ihre jüngste, da sie als erste von Kronos verschlungen und als letzte wieder ausgespien wurde. Homer sagt von Hestia, dass sie in den „hohen, ragenden Häusern aller unsterblichen Götter und erdbewohnenden Menschen" ihren ewigen Wohnsitz und „ein gar herrliches Amt und hohe Verehrung"[67] habe.

Ähnlich wie Pallas Athene und Artemis hat sie sich der Jungfräulichkeit hingegeben. Es wird erzählt, dass sie von Zeus die Würde erbat, jungfräulich bleiben zu dürfen, und dass ihr dies von Zeus gewährt wurde. Vergeblich haben der mächtige Poseidon und Apollon um sie geworben; vergeblich hat ein phallischer Gott wie Priapos versucht, sie zu belästigen – es half nichts, Hestia blieb jungfräulich und hat sich keinem Mann hingegeben. Diese Jungfräulichkeit war wohl auch Ausdruck ihrer matriarchalischen Würde, und sie entsprach ihrem Status als Hohepriesterin. Sie erhielt als heiligen Platz die Mitte des Hauses, den Herd, was ja ihr Name schon sagt, und sie bekam nicht nur das erste, sondern auch das letzte Opfer bei jedem festlichen Zusammensein der Menschen.

Und Homer betont in den ihm zugeschriebenen *Homerischen Götterhymnen*: „...und keine Mahlzeit feiern die Menschen, dass nicht zu Anfang und Ende, Hestia, dir ein jeder die Süße des Weines gespendet"[68]. Darüber hinaus war der Hestia das Herdfeuer des *Prytaneions* geweiht, also des Regierungssitzes, der als sakrales Zentrum der Gemeinschaft stets in der Mitte des Stadtbezirks, nahe am Marktplatz, stand. Sie hatte dort einen Altar, auf dem ihr zu Ehren ein ewiges Feuer unterhalten wurde. Von diesem Altar nahmen die in die Ferne ziehenden Kolonisten Feuer mit für den Herd ihrer künftigen Niederlassung. Bei Gründung einer neuen Stadt sollte als erstes der Hestia ein heiliger Bezirk auf der Akropolis zugewiesen werden.

Der Altphilologe Thassilo von Scheffer bemerkt, dass die Kultstätte von Delphi ursprünglich nicht dem Apollon, sondern den drei Göttinnen: *Gaia, Themis* und *Hestia* geweiht war – ein Hinweis auf die dreifaltige Große Muttergöttin, die im vorindogermanischen Griechenland (bei den Pelasgern, wie man diese Ureinwohner später nannte) große Verehrung genoss. Über Kultstätten und Tempel der Hestia ist wenig bekannt, aber sie brauchte ja keine, da der private Herd im Mittelpunkt eines jeden Hauses ihr heiliger Bezirk war.

Der Philosoph Platon hat sich oft darum bemüht, den griechischen Göttern und Göttinnen einen tieferen esoterischen Sinn zu geben. So leitet er in seinem Dialog *Kratylos* in einer allerdings recht fragwürdigen Etymologie den Namen Hestias von *ousia* (οὐσία) her, was „wahrhaftes Sein, Wirklichkeit" bedeutet. Er begründet dies damit, dass ihr als Erste geopfert wird, denn die Essenz des Seins stehe natürlich an erster Stelle. Schon bei den Pythagoreern war Hestia das unsichtbare kosmische Zentralfeuer, um das die Planeten kreisen, einschließlich der Sonne, die durch diese Kreisbewegung die Sphärenharmonie erzeugen. In einer Inschrift aus Ephesos heißt es: *„Sie [Hestia] hat den Göttern bei ihren Mahlzeiten (Speise und Trank) gereicht, sie unterhält das blühende Feuer der Heimatstadt; liebste Göttin, Blüte des Weltalls, ewiges Feuer, Göttin, die du auf dem Herdaltar den Feuerbrand unterhältst, der vom Himmel stammt."*[69]

Eine Entsprechung des griechischen Hestia-Kultes ist der in Rom schon früh eingeführte *Priesterdienst der Vestalinnen*; sie waren geweihte Jungfrauen der Herdgöttin Vesta, die über ein ewiges, nie verlöschendes Feuer zu wachen hatten. Über die Riten des Vestakultes ist historisch wenig bekannt. Ursprünglich wohl der Kult einer Großen Göttin, vielleicht dem Ur-Matriarchat des frühen Etruskertums entsprungen, wurde der Vestalinnen-Dienst unter den Römern zu einem reinen Staatskult, indem die ewig brennende und nie verlöschende Flamme das Wohl des Staates symbolisieren sollte. Darin kann der eigentliche Sinn des Dienstes aber nicht gelegen haben. Vielmehr haben es die Römer ja gerade vermocht, jeden Mysteriendienst in einen Staatskult umzubiegen, womit alles Esoterische ins Äußerliche, Exoterische, Politische gewendet wurde. Darum kennen wir auch den Dienst der Vestalinnen nur in seiner römisch-verfälschten Form, nicht aber in der Form, wie er ursprünglich von König von König *Numa Pompilius* (715–627 v. Chr.) gestiftet wurde.

Aussagen zu diesem Thema, wenn auch dürftige, finden wir bei Plutarch (etwa 50 bis 125 n. Chr.). Dieser sagt nämlich: „Auch die Weihung dieser Jungfrauen (der Vestalinnen) und überhaupt die Pflege und die Verehrung des ewigen Feuers, das die Jungfrauen zu hüten hatten, schreibt man dem Numa zu, sei es, dass er die reine und unvergängliche Substanz des Feuers nur unberührten und unbefleckten Personen anvertrauen wollte (....). Denn auch wo in Griechenland nieverlöschendes Feuer unterhalten wird (wie in Delphi und Athen), führen allerdings nicht Jungfrauen, aber doch Frauen, die über die Jahre der Gebärfähigkeit hinaus sind, die Aufsicht darüber. Und wenn es einmal durch einen Zufall ausgeht – wie in Athen unter der Gewaltherrschaft des Aristion die heilige Lampe erloschen sein soll und in Delphi, als der Tempel von den Medern verbrannt sein soll, das Feuer mitsamt dem Altar verschwand –, so darf es nicht von einem andern Feuer her entfacht werden, sondern man muss ein neues und frisches machen, indem man von der Sonne her eine reine, unbefleckte Flamme entzündet....“[70]

Feuerkulte und Verehrung der heiligen Flamme muss es überall in der Antike gegeben haben. Der Vermerk, dass man das einmal erloschene Feuer nicht an einem anderen Feuer, sondern direkt an der Sonne wieder neu entfache, weist auf die Tatsache hin, dass es damals schon Brennspiegel oder Linsen gegeben hat – nur damit kann man Feuer direkt an der Sonne entzünden! Demnach müssen die Menschen der frühen Antike auch in technischer Hinsicht nicht so primitiv gewesen sein, wie man sie heute gerne hinstellen will.

Das Wenige, das wir über den Kult der Vestalinnen wissen, ist nur: dass Numa zuerst vier jungfräuliche Priesterinnen berief, welchen sein Nachfolger Servius Tullius – auch er ein etruskischer Sakralkönig! – zwei weitere hinzufügte, und dass es bis in die klassische Zeit hinein bei dieser Zahl von sechs Tempeldienerinnen blieb. Vom König wurde ihnen eine 30jährige Keuschheit vorgeschrieben: 10 Jahre lang erlernten sie die heiligen Weihen; 10 weitere Jahre lang übten sie den Kult; und die letzten 10 Jahre über bildeten sie selbst Novizinnen aus. Nach Ablauf all dieser Zeit konnten sie sich, sofern sie es wollten, ins Privatleben zurückziehen. Es stand ihnen dann auch frei, zu heiraten. In römischer Zeit stand der Dienst der Vestalinnen unter der Oberaufsicht des Pontifex Maximus; aber die Tempelfrauen genossen auch große Privilegien. Sie nahmen an zahlreichen öffentlichen Feierlichkeiten teil, besonders an den Festen der Fruchtbarkeitsgöttinnen *Tellus Mater*, *Ops* und *Bona Dea*, was nochmals auf den ursprünglich matriarchalen Charakter des Kultes hinweist. Die Institution der Vestalinnen hat den Sieg des Christentums bis zu Theodosius dem Großen überlebt.

Hermes ~ Merkur ~ Thot

Der griechische Gott *Hermes* zeigt sich als eine sehr komplexe, schillernde Gestalt – Wanderer, Magier, Kaufmann und Schelm zugleich. Der Mythos nennt ihn den Sohn des Zeus und der Nymphe Maia; ursprünglich war er wohl nur der Patron der Reisenden, worauf seine klassischen Attribute: Wanderstab, breitkrämpiger Hut und geflügelte Schuhe hinweisen sollen. Sein Name hängt etymologisch zusammen mit dem griechischen Wort *hermaion*, d. h. Steinhaufen. Solche Steinhaufen, die den Wanderern zur Orientierung überall aufgestellt waren, besonders an Wegkreuzungen, galten dem Hermes ebenso als geheiligt wie die vor den Häusern stehenden *Hermen*, pfeilerförmige Bilddenkmale mit menschlichem Kopf, die als Weg- und Grenzmale dienten, aber auch den Bewohnern der Häuser Schutz spenden sollten. Vermutlich entwickelte sich der Gott Hermes aus jenem Daimon, den man dem Steinhaufen innewohnen dachte; der spätere Hermes-Kult war wohl aus einem archaischen Steinkult hervorgegangen.

Hermes besitzt durchaus eine innere Zwiespältigkeit. Nach Homer ist es Hermes, der „den Werken aller

Menschen Anmut und Glanz verleiht"[71]; die *Homerischen Götterhymnen* nennen ihn hingegen den „verschlagenen, listigen Schmeichler, ihn, den Rinderdieb und Räuber, den Lenker der Träume, Hermes, den mächtigen Späher und Pfortenhüter"[72.] Dies bezieht sich darauf, dass Hermes seinem Bruder Apollon eine Rinderherde raubte; als der Diebstahl herauskam, schenkte er dem Sonnengott als Entgelt jene Leier, die er auf den Bergen Arkadiens einst aus dem Panzer einer Schildkröte geformt hatte. Als Gott der Hirten besaß er die magische Fähigkeit, die Herden zu vermehren. Sein Wanderstab konnte auch als Zauberstab gelten; er konnte die Menschen damit einschläfern und wieder aufwecken, wurde aber auch als Heroldsstab gedeutet.

Neben den Einzelaufgaben, mit denen ihn die olympischen Götter betrauten – vor allem die Funktion des Götterboten – führte Hermes als *Psychopompos* die Seelen der Verstorbenen ins Totenreich. In diesen Zusammenhang gehört es, dass man ihm am dritten Tag der Anthesterien, die als Frühlings- und Totengedenkfest begangen wurden, Töpfe mit Speisen hinstellte: als Opfergabe und zugleich zum Gedächtnis an die Toten. Als Seelengeleiter der Gestorbenen verschmolz Hermes mit der Gestalt des *Charon*, jenes Fuhrmanns, der die Toten über die Unterweltsflüsse Styx, Acheron usw. setzte und sie zu den Gestaden des Hades brachte. Dies brachte ihm auch den Beinamen *Chthonios* ein. Seit der klassischen Zeit stellte man sich den Götterboten Hermes in jugendlicher Gestalt vor; er wurde auch zu einem besonderen Schutzherrn der Jugend, der über ihre Gymnasien und Palästren waltete. Außerdem konnte er in der von Homer geprägten Gestalt in der Spätzeit als Gott der Beredsamkeit angesehen werden, als *Hermes Logios*, und von dort ist es nur ein kleiner Schritt bis zur völligen Gleichsetzung mit dem Logos in den spätantiken Mysterienreligionen. Im Synkretismus der hellenistischen Epoche konnte insbesondere der Hermes Logios mit dem ägyptischen Thot verschmelzen, der ja mit Wort, Schrift, Zahl und Buchstabe zu tun hat; die *Interpretatio Graeca* war ohnehin seit Herodot geläufig. Die Verschmelzung mit ägyptischen Vorstellungen bewirkte eine Erhöhung des Hermes, sodass er in der Gnosis als *Hermes Trismegistos* zum mystischen Allgott werden konnte.

Der ägyptische Einfluss im Hellenismus veränderte das Bild des Hermes grundlegend: Hermes wuchs in den spätantiken Mysterienkulten zunehmend zu einer Universalgestalt heran, Sonnengott und Weltenherrscher, Logos und Nous zugleich. Als Seelenführer setzte ihn der antike Synkretismus mit dem persischen Mysteriengott *Mithras* gleich, wie auf dem Grabmonument des Antiochus aus Kommagene auf dem Nemrud-Dagh dargestellt. Daneben tritt Hermes zuweilen immer noch als menschliche Person auf, als ein Eingeweihter und Weiser. In der älteren hermetischen Literatur gilt Hermes Trismegistos noch als Mensch, Prophet und Eingeweihter, zuweilen auch als Gottmensch, in dem sich menschliche und göttliche Natur untrennbar miteinander vermischen, wie etwa im Dialog *Asclepius*, wo er sagt: „Ich habe Euch alles dies im einzelnen erklärt, soweit es meine Menschennatur vermochte, meine Gottesnatur es wollte und zuließ". Eine bisher nie gekannte Steigerung seiner Gottnatur erfährt Hermes Trismegistos in dem hermetischen Nag-Hammadi-Text *Über die Achtheit*, wo Tat ihn als „göttliches Sein" und „Herrn des Universums" anspricht. Selbst zur Fixsternsphäre aufgestiegen, richtet Tat folgende Worte an Hermes: „Trismegistos, lass meine Seele nicht der Schau entbehren, göttliches Sein, denn Du hast Macht über Alles als Herr des ganzen Universums."

Damit ist Hermes nun endgültig zum gnostischen Universalgott, zur Personifizierung des Weltalls und erlösenden Heilsgestalt, aufgestiegen. In einem Zauberpapyrus aus der Spätzeit Ägyptens findet sich folgender Hymnus an den gnostischen Hermes:

> Hermes, Dich rufe ich an,
> der du das All umfassest,
> mit jeglicher Stimme, in jeglicher Sprache,
> dich besinge ich, wie dich zuerst besang
> den du bestelltest und dem du bewährtest
> all deine Kunde von dir.[73]

Der ägyptische Urgott Thot

In der ganzen hellenistischen Welt wurde Hermes Trismegistos auch *Thot-Hermes* genannt; dies weist darauf hin, dass zwischen diesen beiden Göttern eine weitgehende Wesensähnlichkeit besteht. In Ägypten galt der ibisköpfige Gott *Thot*, auch *Dschehuti* genannt, der im Neuen Reich (1559–1200 v. Chr.) in Paviangestalt verehrt wurde, als Gott des Wissens, der Schrift und der Sprache. In einer Inschrift auf dem Sockel des Gütervorstehers Cheriuf, die aus der Zeit des Königs Amenophis III. stammt, wird er als Lehrer aller möglichen Künste und Handwerke dargestellt:

„So priesen Götter und Menschen seine Weisheit, mit der er die Gottesdienste und Opfer eingerichtet hatte. Er hatte die Menschen das Schreiben gelehrt und die Kunst der Rede. Er hatte die Beamten angewiesen, wie sie die Tempel und Paläste für Götter und Könige zu pflegen hätten. So wurde nichts von seiner Weisheit vergessen, auch nicht die Kunst des Handwerkes im

Weben und Flechten, in Jagd und Ackerbau. Denn er war es, der die Menschen lehrte, wie die Grenzen der Äcker und der Lauf der Kanäle gezogen werden müssten, um die beiden Länder zu einem blühenden Garten zu machen. Endlich aber hatte er den Menschen auch den Weg nach Aminte, dem Land der Ewigkeit, gewiesen."[74]

Thot war auch ein Gott des Maßes und der Zahl, der Schrift, der bildlichen Darstellung und der Bibliotheken, ein Künder des Verborgenen und Verfasser geheiligter Schriften. Man schrieb ihm nicht nur die Erfindung der Buchstaben, sondern auch des Gottesdienstes, der Astrologie und der Musik zu, außerdem die Einteilung des Tages in zwölf Stunden. Als Lehrer der Isis erschien er als der eigentliche Inhaber der gesamten uralten Weisheit der Ägypter, die den Griechen dadurch nahe gebracht wurde, dass sie ihn mit ihrem Hermes gleichsetzten. Thot war später durchaus ein Mysterien-Gott, der nicht nur weltpraktische Dinge, sondern auch esoterisches Wissen zu lehren wusste. Den Griechen war er, wie Platon bezeugt, unter dem Namen *Theut* bekannt:

„Ich habe also gehört, in Ägypten sei einer von den alten Göttern gewesen, dem auch der Vogel, welcher Ibis heißt, geheiligt war; der Gott aber habe Theut geheißen. Dieser habe zuerst Zahl und Rechnung erfunden, dann die Messkunst und die Sternenkunde, ferner das Brett- und Würfelspiel, und so auch die Buchstaben. Als König in ganz Ägypten habe damals Thamuz geherrscht in der großen Stadt des oberen Landes, welche die Hellenen das ägyptische Theben nennen, den Gott selbst aber Ammon. Zu dem sei Theut gegangen, habe ihm seine Künste gewiesen und begehrt, sie mögen den andern Ägyptern mitgeteilt werden."[75]

In Thot sehen wir nicht nur den ägyptischen Ausdruck des griechischen Hermes, sondern auch den unmittelbaren Vorläufer des Mystagogen Hermes Trismegistos. Ausgangspunkt der Verehrung des Thot war wohl Hermopolis, der Hauptort des 15. unterägyptischen Gaues im Sumpfgebiet des nordöstlichen Nildeltas. Diese Lage lässt ihn schon früh zum „Herrn der Fremdländer" werden, was seine Funktion als Dolmetscher, Übersetzer, Deuter beinhalten mag. Daher unser heutiges Wort „Hermeneutik". In erster Linie bleibt Thot aber der Wissensvermittler; die ihm zugeschriebene Ibisgestalt legt das für ihn so charakteristische „suchende" und „findende" Stochern im Schlamm nahe, was im übertragenen Sinne das Aufspüren verborgener Schätze bedeuten mag. Thot wurde nun irgendwann im Alten Reich – mit Sicherheit erst belegt durch die Sargtexte – nach Hermopolis übertragen und dort zum Hauptgott erhoben; die Paviangestalt hat er wohl von einem unbekannten Ort mitgenommen.

Als Gott des Wissens erhält Thot verschiedene Rollen in den ägyptischen Mythen: er ist es, der Seth und Horus im Streit voneinander trennt; er berechnet aus den Mondphasen die Zeit und erscheint daher als derjenige, der den Mond „füllt", als Zeitgott und Mondgott gleichermaßen, der die Mondsichel mit der Dunkelmondscheibe auf dem Haupte trägt. So kommt zu seinem merkurischen Charakter durch die Zeitrechnung noch etwas Lunares hinzu. Dies Lunare, Mondhafte bleibt für Thot aber immer nebensächlich; er ist eigentlich ganz Merkur, und zwar im umfassendsten Sinn des Wortes. Er berechnet die Lebensjahre des Königs und schneidet sie in einen Kerbstock ein; als Erfinder der Schrift und der Sprachen wurde er ganz selbstverständlich zum Schutzgott der Schreiber; andererseits prädestiniert ihn seine Tätigkeit als Zusammenfüger auch zum

Restaurator der Leiche des Osiris. Von daher besteht eine Verbindung zur Heilkunst, und die enge Verbindung des Thot zum Heilgott Imhotep, dem Asklepios der Griechen, wird verständlich. Im Götterboot des Sonnengottes Re nimmt Thot die Stellung des Vesirs ein, und auf Grund seiner Schriftkenntnis wird er auch zum großen Zauberer, zum „Herrn der Gottesworte". Im Totenreich hat er die Aufgabe, als *Psychopompos* die Seelen der Gestorbenen vor das Osirisgericht zu führen; und manchmal sitzt er als Pavian auf der Seelenwaage, um deren rechten Gang zu gewährleisten.

Am 19. des 1. Monats wurde in Ägypten schon früh ein Thotfest begangen, an dem die Toten teilnahmen und das dem ersten Monat den Namen gab. Als Bild des Thot hat man in der Spätzeit Ibisse in unendlicher Zahl mumifiziert und beigesetzt, nicht nur in Saqqara, wo zwischen Thot-Hermes und Imuthes-Asklepios eine Identität hergestellt wurde, sondern auch in Hermopolis. In griechisch-römischer Zeit wandelte Thot sich zum allgewaltigen Hermes Trismegistos, dem Schöpfer einer Geheimlehre heidnischer Gnosis, der im Mittelalter gar als Begründer der Alchemie galt. Gab es im Alten Ägypten Thot-Mysterien, die in die spätere Hermetik einflossen? Gibt es eine ältere ägyptische Tradition, worauf die Hermetik der Spätzeit zurückgeht?

Gibt es geheime, bisher unbekannte, vielleicht verschollene Texte, dem Gott Thot und seinen Mysten geweiht? Es mag zu irgendeinem Zeitpunkt ein okkultes *Buch Thot* gegeben haben, aus dem alle spätere Hermetik sich herleitet. Der Neuplatoniker Jamblichos (250–330 n. Chr.) kennt nach seiner eigenen Aussage eine Sammlung hermetischer Schriften, die von einem gewissen Bitys aus dem Ägyptischen ins Griechische übersetzt wurde (De Myst. VIII/5). Wenn die Urfassung des

Corpus Hermeticum in der Tat eine ägyptische war, Geheimschriften des Gottes Thot vielleicht, dann könnte die Hermetik ein weitaus höheres Alter aufweisen als man bisher angenommen hat.

Einen Hinweis auf die ägyptische Herkunft der Hermetica finden wir im *Sendschreiben des Asclepius an König Ammon*. Dort wird über die hermetischen Schriften gesagt: „Und sie werden umso mehr in den zukünftigen Zeiten für verworren gehalten werden, insbesondere dann, wenn die Griechen darangehen werden, sie aus unserer Sprache in die ihrige zu übersetzen. Jede Übersetzung wird weithin den Sinn dieser Schriften zerstören und viel Verwirrung hervorrufen. In unserer Sprache ausgedrückt, wird die Lehre ihren klaren und eindeutigen Sinn beibehalten; und zwar auf Grund der eigenen Qualität der Laute. Wenn nämlich ägyptische Laute gesprochen werden, wirken die Energien der bezeichneten Dinge unmittelbar in ihnen. Daher, mein König, so es in Deiner Macht steht (und ich weiß, Du bist allmächtig), lasse diese Schriften unübersetzt, dass ihre Geheimnisse nicht den Griechen offenbart werden mögen; – und dass die griechische Art zu sprechen, die ebenso überheblich wie geistesschwach ist und ständig mit Wortspielereien aufprunkt, nicht die Sprachgewalt und zwingende Stärke unserer Worte bis zur völligen Nichtigkeit herabziehe. Denn die Sprache der Griechen, mein König, ist ohne jede Kraft der Überzeugung und die griechische Philosophie nicht mehr als bloßer Wortschwall. Aber unsere Sprache ist mehr als bloßes Reden; sie ist vielmehr eine mit Energien angefüllte Wesensäußerung."[76] Das ursprüngliche *Buch Thot* aufzufinden, die ägyptischen Urfassungen der späteren Hermetica ans Licht des Tages zu ziehen, diese Arbeit muss wohl den Ägyptologen überlassen bleiben. In den Sargtexten

des Mittleren Reiches – religiösen Sprüchen auf den Sär-
gen von Beamten – hören wir zum ersten Mal von einem *Gottesbuch des Thot*; und ein gewisser Amenophis
aus der Zeit Pharao Amenophis III., der die Aufstellung
der Menonskolosse leitete, sagt auf einer seiner Statuen
im Tempel von Karnak (um 1360 v. Chr.): „Ich wurde
eingeführt in das Gottesbuch, ich sah die Verklärungen
des Thot und wurde ausgerüstet mit ihren Geheimnis-
sen." Das Gottesbuch des Thot könnte somit durchaus
die hermetischen Urlehren enthalten haben.

Die Esoterik des Hermes Trismegistos

Thorwald Detleffsen nennt Hermes Trismegistos den
„Stammvater der Esoterik"[77], und dies nicht zu Unrecht.
Er war möglicherweise auch der Lehrer des Weisen Imhotep, griechisch Asklepios, dem er – wie in dem lateinischen Dialog *Asclepius* geschildert – die bevorstehen-
de Beherrschung Ägyptens durch Fremdvölker prophe-
zeite. Wenn Hermes Trismegistos der Lehrer Imhoteps
war, dann mochte er wohl unter der Regierungszeit des
Pharao Djoser gelebt haben. Das ganze Mittelalter über
hielt man Hermes Trismegistos, auf ein Wort des Kir-
chenvaters Augustinus hin, für einen Zeitgenossen des
Moses, der weitaus später als der Pharao Djoser, nämlich um 1250 v. Chr. gelebt hat; schließlich taucht recht
geheimnisvoll erst gegen Ende der Antike – nicht früher
als im 3. Jahrhundert n. Chr. – ein Corpus griechischer,
lateinischer und koptischer Schriften philosophischen,
mystischen und alchemistischen Inhaltes auf, die sich
auf Hermes Trismegistos als ihren Verfasser berufen.

Obgleich ohne Zweifel die Frucht einer Spätzeit, offenbaren diese hermetischen Schriften doch ganz deutlich ein voll ausgebildetes System ägyptisch-hellenis-
tischer Gnosis, das die Gottwerdung des Menschen

durch Selbst- und All-Erkenntnis zu erreichen trachtet. Diese philosophische Hermetik findet sich am präsisesten niedergelegt im *Corpus Hermeticum*, einer Sammlung von Dialogen in 15 Kapiteln, die nach dem Einleitungskapitel häufig mit dem Titel *Poimandres* benannt wird. Wir wissen nicht, wer der Verfasser dieser Schriften war, doch enthalten sie neben griechischer Philosophie auch eine Tradition geheimen theurgischen Priesterwissens, die in ihren ersten Anfängen bis in die Glanzzeit der ägyptischen Pyramidenkultur zurückreicht.

Einer der Grundgedanken des *Corpus Hermeticum* besagt, dass der Mensch den Göttern des Alls nicht nur gleich und ebenbürtig sei, sondern ihnen sogar überlegen; denn keiner der Götter steigt hinab in die Tiefen der Materie, und keiner durchmisst die Weite des Himmels so wie der Mensch: „Denn der Mensch ist ein wahrhaft göttliches Wesen; er kann nicht mit all den anderen Lebewesen auf der Erde, sondern allein mit den Göttern im Himmel verglichen werden. Ja, um die Wahrheit geradewegs ohne Furcht auszusprechen, der Mensch im eigentlichen Sinne steht sogar noch über den Göttern des Himmels, oder zumindest gleicht er in jeder Hinsicht ihrer Wirkmacht. Denn keiner der Götter des Himmels wird je den Himmel verlassen, seine Grenzen überschreiten, und hier auf die Erde herabkommen. Aber der Mensch steigt zum Himmel hinan, um ihn zu durchmessen, und was noch mehr ist als all dies, er besteigt den Himmel, ohne die Erde dabei zu verlassen; so groß ist die Entfernung, über die er seine Macht auswirkt. Wir dürfen nicht davor zurückschrecken, zu sagen: Der Mensch auf Erden ist ein sterblicher Gott, und ein Gott im Himmel ein unsterblicher Mensch!"[78]

Ein weiterer Grundgedanke aus der Einweihungslehre des Hermes Trismegistos besagt, dass „Gleiches nur von Gleichem" erkannt werden kann: „Und bevor du nicht selbst gottgleich geworden bist, wirst du Gott nicht erkennen können, denn Gleiches kann nur von Gleichem erkannt werden. Frei von allem Körperlichen sollst du voranspringen, und heranwachsen sollst du zu einer Größe, die jenseits allen Maßes liegt; über die Zeit sollst du dich erheben und ewig sollst du werden – und dann wirst du Gott erkennen. Denke stets daran, dass für dich nichts unmöglich ist: halte dich für unsterblich und fähig, alles mit deinem Geist zu erfassen, jedwede Kunst und Wissenschaft zu kennen; finde dich am Wohnort jedes Lebewesens zuhause; mache dich höher als alle Höhen und tiefer als alle Tiefen; bringe in dir alle Gegensätze der Qualitäten zusammen (....) ergreife in deinem Geist all dies zusammen; und dann wirst du Gott erkennen."[79]

Um zu einer solchen gnostischen Erkenntnis Gottes hinzuführen, weist Hermes Trismegistos einen Weg der alchemistischen Transmutation, auf dem die physische Leiblichkeit des Menschen schrittweise umgewandelt wird in eine Geistleiblichkeit; am Ende dieses Weges steht die vollkommene Gottwerdung des Menschen. Aus dem „Blei" des physischen Leibes soll das „Gold" des künftigen Geistleibes herausgeläutert werden: darin besteht jene Esoterische Alchemie, die das eigentliche Zentrum der hermetischen Einweihung darstellt; der „Stein der Weisen", der die Umwandlung zustande bringt, ist der *Nous* als der ewige unsterbliche Geist des Menschen. Hierbei geht es nicht etwa um eine Überwindung sondern um eine Transformation der Materie, die durch Vergeistigung geläutert, befreit, spiritualisiert, gottgleich gemacht werden soll.

Transformation der Materie – darum allein geht es in der *Alchemie*, die als Kunst der Stoffumwandlung ebenfalls aus dem späten Ägypten stammt; im Mittelalter hielt man Hermes Trismegistos für ihren Urheber, wegen der angeblich von ihm verfassten *Tabula Smaragdina*. Die Veredelung der Metalle und die Gewinnung von Gold stellt nur die äußere labortechnische Seite der Alchemie dar, die den inneren Prozess der Selbst-Transformation des Menschen symbolisch widerspiegelt. Doch kann das Äußere nicht ohne das Innere, die exoterische nicht ohne die esoterische Alchemie verstanden werden; die Läuterung des Stoffes und die Veredelung der Metalle ist nicht möglich ohne Selbst-Veredelung. Die Hermetik erstrebt eine Selbstveredelung des Menschen durch Geist- und Gottwerdung: aus dem Schoß der dunklen Materie soll der künftige Gottmensch geboren werden. In der Alchemie geht es um das Stoffgeheimnis, um das Mysterium der Materie – wobei „Materie" nichts anderes ist als „verdichteter Geist".

Hermetik und Alchemie – darin lebt das Ewige Ägypten weiter; darin erweist sich Ägypten als eine echte Weltkultur, deren Erbe in den Besitz der ganzen Menschheit übergeht. Das alte pharaonische Ägypten wandelt sich in Gestalt der Hermetik in eine überzeitliche Weisheit, die im Zeichen eines globalen Bewusstseinswandels auch in moderne Esoterik einfließen kann. Entstanden im multikulturellen Milieu der einstigen Welt-Metropole Alexandria, kann esoterischer Hermetismus auch in heutiger Zeit nur Toleranz und geistige Entwicklung bedeuten. Mit den Worten des namhaften Ägyptologen Erik Hornung: „Man spricht wieder zunehmend von der Aktualität der hermetischen Weltsicht, die einen Beitrag zur Sinngebung auch für unsere moderne Welt leisten kann, wobei sie unmittelbar an das Urwissen der ältesten Kulturen anzuknüpfen versucht, an die Kernidee aller Esoterik, wonach uralte

Weisheiten auch in einer gewandelten Welt immer noch gültig bleiben. Alle Hermetik ist ihrem Wesen nach tolerant, Hermes Trismegistos ist ein Gott des Ausgleichs, der Versöhnung und der Wandlung, der keine starren Dogmen verkündet. Darin ist er ein Heilmittel gegen jeglichen Fundamentalismus, den es zu überwinden gilt, wenn wir in Frieden leben wollen."[80]

Der germanische Odin (keltisch Lugh)

Eine der unheimlichsten und rätselvollsten Ausdrucksformen der Hermesgestalt ist der nordgermanische Magier-Gott *Odin*, bei den Südgermanen *Wodan / Wuodan* genannt, der – wie Hermes mit dem Planeten Merkur in Verbindung gesetzt – dem Mittwoch als dem Merkurstag, *dies mercurii*, zugeordnet wurde. „Kein Gott bei den verwandten Indogermanen gleicht Wodan mehr als Hermes-Merkur, der auf ähnliche Art wie Wodan aus einem Windgott zu einem Gott des Geistes sich entwickelte" sagt W. Golther in seinem *Handbuch der germanischen Mythologie*[81]. Wodan oder Odin ist gleichsam der Hermes Trismegistos des europäischen Nordens: ein Mystagoge auf dem Wege der Einweihung, ein Herr des Zauberwissens und Erfinder heiliger Schriftzeichen wie der ägyptische Thot, aber auch ein Kriegsgott, Schlachtengott („Walvater"), Totengott und Seelenführer der Gestorbenen im Jenseits. Doch gerade der Bezug zum Kriegswesen unterscheidet Odin von anderen „merkurischen" Göttern und verleiht ihm etwas besonders Schreckliches.

Auch äußerlich gleicht Odin nicht den jünglinghaften Hermesgestalten der griechischen Mythologie: ein alter Schamane, einäugig und vollbärtig, mit breitem Hut auf dem Haupte und einem langen wehenden Mantel angetan: so wird er dargestellt, wie er in wilden

Sturmnächten mit einer unheimlichen Heerschar von Geistern durch die Lüfte braust. Brachte Thot den Menschen einst die Hieroglyphen, so gab ihnen Odin die Runen, beides magische Glyphen, in denen Zauberkraft beschlossen lag. In den eddischen Runenliedern wird geschildert, wie sich Odin selbst einem mühevollen Einweihungsweg unterziehen musste, um das Runenwissen zu erwerben; ein Weg des Selbstopfers war hierfür vorgesehen. Das Beispiel Odins zeigt indes, dass es eine dem Thot-Hermes entsprechende Gottheit auch bei den Germanen gab (und bei den Kelten: der gallische *Lugus*) was nur allzu deutlich die Universalität des Hermes-Archetyps aufzeigt.

Dionysos

Von Dionysos sing ich, dem lärmenden, efeube-
kränzten, leuchtenden Sohne des Zeus und der
Semele, rühmlich gepriesen, den aus den Händen
des mächtigen Vaters die lockigen Nymphen
einst empfingen, am Busen bewahrten und sorg-
lich betreuten in den nyseischen Schluchten. Er
wuchs nach dem Wunsche des Vaters auf in der
düsteren Grotte, gezählt zum Kreise der Götter.
Homerischer Hymnus[82]

Dionysos – er gehört wohl zu den populärsten
Göttern Griechenlands, und doch nimmt er im
Kreis der Olympier eine bizarre Sonderstellung
ein: als Sohn des Zeus und der Semele, einer sterblichen
Frau, wurde er erst nachträglich in den Kreis der Götter
aufgenommen; außerdem hängt ihm etwas Fremdartig-
Unheimliches an, da er aus dem nördlich von Griechenland liegenden Thrakien stammte, aus der Fremde also,
ein Gott, den man aus dem Ausland importierte. Thrakien – dieses wilde zerklüftete Gebiet im Norden galt
den Griechen stets als etwas Fremdes, Fernes, Unge-
kanntes. Dionysos gehörte auch nicht in den Kreis der

eher lichten, kosmischen Götter, sondern er ist ein chthonisches Urwesen: ein Vegetations- und Fruchtbarkeitsgott, verbunden vor allem mit Wein, Rausch und Ekstase. Bacchantinnen, wild tanzende, ekstatisch verzückte Frauen, so hießen ursprünglich die Anhängerinnen des Dionysos-Kultes, die es verstanden, sich durch Tanz in einen Zustand rauschhafter Selbstvergessenheit hineinzusteigern.

Das also ist Dionysos. Bekannt sind auch die Darstellungen seiner Person: ein Wesen, vollbärtig, mit einem seltsam-maskenhaften Gesicht, von Efeu- und Weinranken umgeben, mit dem von Reben umkränzten Thyrsosstab und der Kantharos, einem becherartigen Trinkgefäß für Wein mit breiten, schlaufenartigen Henkeln, oft mit Panther- oder Tigerfell bekleidet. Man ahnt, dass ein orgiastischer Kult um seine Figur geherrscht haben muss, wobei der „Wein" auch als Symbol gesehen werden muss für mystische Ekstase. Es ist eine Art „heilige Raserei", die das Wesen des Dionysischen ausmacht. Es würde jedoch zu kurz greifen, in diesem von Nymphen im Verborgenen großgezogenen Gott einen bloßen Naturgott zu sehen. In der Orphik beispielsweise, in der griechischen Mystik, tritt er uns als ein universaler Weltengott entgegen, dem alle Kräfte des Lebendigen zu Diensten stehen. Dionysos ist, wie kaum ein anderer, ein Mysteriengott. Man nannte ihn auch den „Zweimalgeborenen", worüber ein Mythos Auskunft gibt:

Göttervater Zeus, in einen Drachen verwandelt, zeugte zusammen mit der Regentin der Unterwelt Persephone den Knaben *Dionysos-Zagreus*, der auserkoren war, dereinst künftiger Weltherrscher zu werden. Die finsteren Widersacher der Götter jedoch, die lehmigplumpen Titanen, lockten den göttlichen Knaben Zagreus in einen Hinterhalt, zerstückelten ihn, fraßen ihn auf – nur das Herz blieb übrig. Athene brachte es Zeus, der es verspeiste, woraufhin er zusammen mit Semele den *Dionysos-Bakchos* zeugte. Semele war die Tochter des Kadmos, des Gründers und Königs von Theben. Da Zeus sich ihr, auf Geheiß Heras, in seiner wahren Gestalt zeigte, trat er ihr als Blitzeschleuderer entgegen, sodass sie im Blitzesfeuer verbrannte. Zeus aber nahm das Kind, das sie bereits in ihrem Leib trug, und brachte es selbst zur Welt (der Embryo wurde in seinen Schenkel eingenäht, der als Uterus diente). Des neugeborenen Kindes Name aber sollte fortan Bakchos sein.

Somit haben wir zwei Dionysos: Zagreus ist der gemordete, Bakchos der wiedergeborene und neu auferstandene Dionysos! Die frevlerischen Titanen aber verbrannte der zürnende Zeus mit seinem Blitzstrahl zu Asche; aus der Asche formte er das Menschengeschlecht. Da die Titanen sich den Gottsohn Dionysos einverleibt hatten, waren sie auch voll göttlich-lichthafter Elemente, die in das neugeformte Menschengeschlecht eingingen. Daher tragen die Menschen seit urher zwei Seelenanteile in sich: einen irdisch-titanischen und einen göttlich-dionysischen. Somit wird Dionysos in der griechischen Esoterik zum Symbol für das Göttliche in uns. Und für den Mysten des Dionysos besteht das Ziel allen Strebens darin, die niedere titanische Natur zu überwinden und den göttlichen Funken, der noch unbewusst im Inneren schlummert, wachzurufen und freizusetzen.

Dionysos trägt, wie kaum ein anderer griechischer Gott, das Prinzip des *„Stirb und Werde!"* in sich. Es ist das Prinzip der mystischen Wiedergeburt. Was aber im Mittelpunkt der Dionysos-Geschichte steht, ist das *Bild des gemordeten Gottessohnes*, ein urheidnischer Mythos, der später dem Christentum Sinn und Inhalt geben wird. Dionysos als der Auferstandene ist dazu ausersehen, künftiger Weltherrscher zu sein, ähnlich wie der auferstandene Christus, dessen Kommen man am „Jüngsten Tag" erwartete. Und dennoch – welcher Unterschied zwischen Christus und Dionysos! Geradezu ein Gegensatz. Und am Ende des 19. Jahrhunderts wird Friedrich Nietzsche diesen Gegensatz noch stärker herausarbeiten und eine eigene, dionysische Religion der Daseinsfreude verkünden.

Dionysos bei Friedrich Nietzsche

Die erste Inspiration zu seinem dichterisch-philosophischen Hauptwerk *Zarathustra* hatte Friedrich Nietzsche (1844–1900) empfangen, als er sich im August des Jahres 1881 in dem Kurort Sils-Maria aufhielt. Und das Wort „Gott ist tot", das wohl verhängnisvollste und am meisten missverstandene Nietzsche-Wort, steht am Beginn der Zarathustra-Kündung. Aber der gestorbene Gott, im griechischen Mythos Dionysos, wird im Zukunfts-Übermenschen neu auferstehen: Zarathustra, dieser erste grandiose Erfüller des Übermenschentums, ist zugleich der neuerstandene Dionysos!

Das gängige Missverständnis, die übliche Verflachung dieses bahnbrechenden Nietzsche-Gedankens besteht darin, dass die Losung „Gott ist tot" Atheismus, wenn nicht gar noch Schlimmeres: moralischen Nihilismus, bedeute. Nietzsche ein Atheist? Der glühende Zarathustra-Prophet und Übermensch-Künder, der selbst einem protestantischen Pfarrerhaus entstammte, in Basel als Professor für klassische Philologie wirkte, auch durch die Schule der welt- und willensverneinenden Metaphysik Schopenhauers hindurchgegangen war, blieb immer eine mystische Feuerseele, er blieb ein vom Religiösen zutiefst Ergriffener. Man könnte Nietzsche sogar als einen Mystiker verstehen, aber seine Mystik bleibt immer Schöpfungs-Mystik, naturtrunken, diesseitsbejahend, kosmosverbunden, dionysisch, sinnenfroh, heidnisch – eine Mystik der Schöpfung, aber ohne Schöpfer. Nicht um Atheismus geht es Nietzsche, sondern um einen religiösen Paradigmen-Wechsel von grundlegender, elementarer Bedeutung: um die Überwindung der theistischen Weltkonzeption. Sturz aller Götzen und Ersatzgötter der Vergangenheit, damit das Zukünftige sich gestalten kann: Aufbruch, offenes Meer, Weite, Freiheit. Bejahung des Seins, des Lebens in allen seinen Aspekten, in seiner ganzen Fülle: nicht der „auferstandene Christus" steht im Mittelpunkt der Religion, sondern der „auferstandene Dionysos"! Im Begriff des *Dionysischen* hat Nietzsche die Höchstform der Seins- und Lebensbejahung zu fassen versucht: das heidnische *Ja zum Leben*, ein Ja ohne Wenn und Aber, das alle Höhen und Tiefen des Daseins umfasst, Glück und Leiden gleichermaßen.

Diese dionysische Bejahung allen Seins bildet bei Nietzsche den Kern einer heidnisch-kosmischen Schöpfungsspiritualität, die er als Ethos des Übermenschen an die Stelle der schöpfungs-*verneinenden* theistischen Hochreligionen setzen wollte. „Mit dem Wort 'dionysisch' ist ausgedrückt: ein Drang zur Einheit, ein Hinausgreifen über Person, Alltag, Gesellschaft, Realität, als Abgrund des Vergessens, das leidenschaftlich-schmerzliche Überschwellen in dunklere, vollere, schwebendere Zustände; ein verzücktes Jasagen zum Gesamt-Charakter des Lebens, als dem in allem Wechsel Gleichen, Gleich-Mächtigen, Gleich-Seligen; die große pantheistische Mitfreudigkeit und Mitleidigkeit, welche auch die furchtbarsten und fragwürdigsten Eigenschaften des Lebens gutheißt und heiligt, aus einem ewigen Willen zur Zeugung, zur Fruchtbarkeit, zur Ewigkeit heraus: als Einheitsgefühl von der Notwendigkeit des Schaffens und Vernichtens...“[83] So Nietzsche in seinem posthum erschienenen, in stark überarbeiteter Form aus dem Nachlass herausgegebenen Hauptwerk *Der Wille zur Macht* (1901).

In der dionysischen Zukunfts-Religion, deren Verkünder und erster Vollender Zarathustra ist, sollen nur noch „die jasagenden Affekte“ gelten: „Die *jasagenden* Affekte: – der Stolz, die Freude, die Gesundheit, die Liebe der Geschlechter, die Feindschaft und der Krieg, die Ehrfurcht, die schönen Gebärden, Manieren, der starke Wille, die Zucht der hohen Geistigkeit, der Wille zur Macht, die Dankbarkeit gegen Erde und Leben – alles, was reich ist und abgeben will und das Leben beschenkt und vergoldet und verewigt und vergöttlicht – die ganze Gewalt verklärender Tugenden ... alles Gutheißende, Jasagende, Jatuende – .“[84]

Dass Nietzsche übrigens ein durchaus „religiöser“ Denker war, der eine neue lebensbejahende Einheits-Religion mit einem nichttheistischen Gottesbegriff zu entwickeln bemüht war, geht recht deutlich aus dem folgenden Aphorismus hervor: „Und wie viele neue Götter sind noch möglich! Mir selber, in dem der religiöse, das heißt *gottbildende* Instinkt mitunter wieder lebendig werden will: wie anders, wie verschieden hat sich mir jedesmal das Göttliche offenbart! ... So vieles Seltsame ging schon an mir vorüber, in jenen zeitlosen Augenblicken, die ins Leben herein wie aus dem Monde fallen, wo man schlechterdings nicht mehr weiß, wie alt man schon ist und wie jung man noch sein wird ... Ich würde nicht zweifeln, dass es viele Arten Götter gibt (...) Ist es nötig, auszuführen, dass ein Gott sich jenseits alles Vernünftigen und Biedermännischen zu halten weiß?

jenseits auch, anbei gesagt, von Gut und Böse? (...) Und um für diesen Fall die nicht gering zu schätzende Autorität Zarathustras anzurufen: Zarathustra geht so weit, von sich zu bezeugen: ich würde nur an einen Gott glauben, der zu *tanzen* verstünde ..."[85]

Darin besteht also die „Umwertung der Werte": in der Abkehr von der Großen Verneinung, dem „europäischen Nihilismus", der Welt- und Lebensverneinung der traditionellen Religionen – und der Hinkehr zur Großen Bejahung, der heroischen Bejahung allen Seins, auch der scheinbaren Sinnlosigkeit des Leidens. Den Gegensatz zwischen dem sich gebärenden Neuen und dem Alten spitzt Nietzsche zu auf die Formel: „Dionysos gegen den Gekreuzigten"! Dionysos – ein tanzender Gott! – bedeutet für Nietzsche „die religiöse Bejahung des Lebens, des ganzen, nicht verleugneten und halbierten Lebens; – typisch: dass der Geschlechtsakt Tiefe, Geheimnis, Ehrfurcht erweckt"[86]. Daher: „Dionysos gegen den 'Gekreuzigten': da habt ihr den Gegensatz. (...) Man errät: das Problem ist das vom Sinn des Leidens: ob ein christlicher Sinn, ob ein tragischer Sinn ... Im ersten Falle soll es ein Weg sein zu einem seligen Sein, im letzteren gilt *das Sein als selig genug*, um ein Ungeheures von Leid noch zu rechtfertigen. – Der tragische Mensch bejaht noch das herbste Leiden: er ist stark, voll, vergöttlichend genug dazu. – Der christliche verneint noch das glücklichste Los auf Erden: er ist schwach, arm, enterbt genug, um in jeder Form noch am Leben zu leiden."[87]

In *Der Wille zur Macht*, dem posthum erschienenen Hauptwerk, sagt Nietzsche klar und deutlich: „Nicht 'Menschheit', sondern Übermensch ist das Ziel!"[88] Der Übermensch, das ist ein kühner Wurf des Menschen über sich selbst hinaus, die Geburt des Geist-, Gott- und

All-Menschen aus den Kräften seines Ich heraus: eine ganz und gar *prometheische* Tat der Selbsterschaffung. Was nutzt uns ein Gott, der außerhalb der Menschennatur thront, der über ihr schwebt wie ein äußerlicher Beherrscher? Aus uns selbst heraus müssen wir das Göttliche gebären! Und recht deutlich kommt die Prometheus-Natur des Übermenschen in folgenden Zarathustra-Worten zum Ausdruck: „Aber dass ich euch ganz mein Herz offenbare, ihr Freunde: *wenn* es Götter gäbe, wie hielte ich's aus, kein Gott zu sein!"[89] Der Übermensch allein ist es, der auch die Sinnlosigkeit der „Ewigen Wiederkehr des Gleichen" zu ertragen vermag, der mit seinen Brüdern, den „höheren Menschen", das folgende Lied, das *trunkene Lied* anstimmt:

O Mensch! Gib acht!
Was spricht die tiefe Mitternacht?
Ich schlief, ich schlief –,
Aus tiefem Traum bin ich erwacht: –
Die Welt ist tief,
Und tiefer als der Tag gedacht.
Tief ist ihr Weh –,
Lust – tiefer noch als Herzeleid:
Weh spricht: Vergeh!
Doch alle Lust will Ewigkeit –,
– will tiefe, tiefe Ewigkeit!' [90]

Dionysos-Feiern

Die Mänaden waren die wilden Frauen im Gefolge des Dionysos, des Gottes der Ekstase und des Orgiasmus, nach dessen Beinamen Bakchos sie auch Bakchen genannt wurden. Häufig werden sie auf Vasenbildern dargestellt, in langwallende Gewänder gekleidet, darüber tragen sie Rehfelle, das Haar flattert aufgelöst, und in den Händen tragen sie meist Thyrsosstäbe. Unter Geschrei, lärmender Musik und Tanz stürmen sie nachts bei Fackelschein durch die Bergwälder. Dieses ekstatische, unheimliche Schwärmen, das im Verschlingen des rohen Fleisches erjagter Tiere gipfeln konnte, hat bei den Griechen der historischen Zeit niemals Eingang in den offiziellen Kult gefunden. Vermutlich war das Mänadentum der Restbestand eines matriarchalischen Urkultes, der auf älteste, vorindogermanische Ursprünge zurückgeht, vielleicht auch mit uralten Fruchtbarkeitsriten in Verbindung steht. Auch um eine schamanische Ekstasetechnik könnte es sich handeln, um einen Versuch, mit dem verehrten Gott in rauschhafter Entrückung eins zu werden, in seinem Wesen ganz aufzugehen. Die Mänaden stellen eine Art urzeitliches Hexentum dar, und noch in der klassischen Antike gab es überall in Europa im Geheimen arbeitende weibliche Priesterbünde, in denen das Erbe eines matriarchalischen Kults gepflegt wurde.

Aus diesen rauschhaften Umzügen der Mänaden, ursprünglich wohl nur in Thrakien, entwickelten sich im Lauf der Zeit in Athen die sogenannten *städtischen Dionysien*. Aus den kultischen Gesangs-, Tanz- und Opferriten, die dort geübt wurden, ging die griechische Tragödie hervor. Das Dionysostheater von Athen war das wichtigste Theater im antiken Griechenland; es gilt als Geburtsstätte des Theaters und des Dramas überhaupt. Es lag am Südhang der Athener Akropolis. Später in Rom wurden die Dionysien als die *Bacchanalien* gefeiert, da Dionysos auf Lateinisch Bacchus heißt. Das Fest wurde bereits seit dem 2. Jahrhundert v. Chr. begangen und fand jährlich am 16. und 17. März am Hügel Aventin in Rom statt. Der Dionysos-Mythos hat seit der Renaissance zahlreiche Künstler inspiriert: Caravaggio, Guido Reni, Rembrandt, Rubens. Auch die Dresdener Semperoper ist dem Gott gewidmet. Auf der Exedra der Hauptfassade sieht man, wie er in Überlebensgröße die Ariadne auf einer von Panthern gezogenen Quadriga zu den Göttern führt.

Apollon

Herr von Delos, du hast
Das allsehende Auge,
Das den Sterblichen strahlt.
Goldhaariger, Du lässt erscheinen
Reine, weissagende Offenbarung:
Hör mich mit gnädigem Sinne,
Der für die Völker fleht;
Denn Du überschaust
Den ganzen, unermesslichen Äther...
Orphischer Hymnus[91]

In seiner Schrift *Die Geburt der Tragödie aus dem Geiste der Musik* (1871) hat der sehr umstrittene deutsche Philosoph Friedrich Nietzsche aus dem Gegensatz der beiden griechischen Götter Apollon und Dionysos zwei Grundhaltungen menschlichen Daseins hergeleitet: *das Apollinische und das Dionysische*, die in der Kunst zu ganz unterschiedlichen Ausdrucksformen kommen. In der genannten Schrift sagt er, „dass die Fortentwicklung der Kunst an die Duplizität des Apollinischen und des Dionysischen gebunden ist", und weiter: „Diese Namen entlehnen wir von den Griechen, welche die tiefsinnigen Geheimlehren ihrer Kunstanschauung zwar nicht in Begriffen, aber in den eindringlich deutlichen Gestalten ihrer Götterwelt dem Einsichtigen vernehmbar machen."[92] Dabei steht das Apollinische für Ordnung, Maß, Proportion, Harmonie, das Dionysische für das Wilde, Rauschhafte, Ekstatische, für gottbeseligte Raserei. Der Bewusstseinszustand des Dionysischen ist der *Rausch*, auch da, wo er in Verzückung übergeht; der des Apollinischen ist der *Traum*, und zwar insbesondere der prophetische Offenbarungstraum.

Denn die Gottheit, die diesem Bewusstseinszustand zugrunde liegt, der olympische Gott Apollon, altgriechisch Ἀπόλλων, wird unter anderem mit der *Sehergabe*, der *Prophetie* in Verbindung gebracht, daneben aber auch mit so unterschiedlichen Domänen wie der Musik, der Dichtkunst, dem Gesang, der Heilkunst und dem Bogenschießen. Doch hängen all diese Bereiche miteinander zusammen. Der Seher, der Prophet ist zugleich der wahre Dichter, der leierspielende Sänger und der Heilkundige. Und Apollon umfasst all diese Bereiche. Ihm war auch das Orakelzentrum von Delphi geweiht, wo über dem Eingangstor des Tempels die beiden apollinischen Sinnsprüche standen, die da lauteten: ERKENNE DICH SELBST (gnôthi seautón, γνῶθι σεαυτόν) und NICHTS IM ÜBERMASS (medèn ágan, μηδὲν ἄγαν)

Damit wird nochmals der Gedanke des Maßhaltens, der rechten Proportion und Harmonie zum Ausdruck gebracht. Darüber hinaus ist Apollon in höchstem Maße ein Vertreter des männlich-solaren Prinzips: sein Beiname *Phoibos* bedeutet „der Leuchtende", und als Sonnengott trat er die Nachfolge des alten Sonnen-Titanen Helios an. Apollon wurde so sehr mit der Sonne identifiziert, mit ihrem Glanz, ihren Strahlen, ihrer Lichtfülle, wie später Christus, der ja auch von sich sagt; „Ich bin das Licht der Welt". Im Bereich der Einweihungen kann man alle Licht- und Sonnen-Einweihungen als *apollinische Mysterien* betrachten, und diese stehen in einem unversöhnlichen Gegensatz zu den *dionysischen Mysterien*, die es mit dem Dunklen, Erdhaften zu tun haben, etwa der Schamanismus oder orgiastische Kulte. Dem Apollon eignet mit dem Solaren natürlich auch die Verstandeshelle, die Denkkraft, das mentale Prinzip. Es ist nicht nur das Licht der Sonne, sondern auch das Licht des Geistes, das in ihm zum Ausdruck kommt. – Der Gegensatz zwischen dem Apollinischen und dem Dionysischen ist also auch im Mysterienwesen deutlich erkennbar. Und es hat in Griechenland zwei bedeutende, dem Apollon geweihte Mysterienstätten gegeben – das Kultzentrum auf der Insel *Delos* und das berühmte Orakelzentrum von *Delphi*.

Gegensätzlicher können die Orte nicht sein: Delos, eine kleine, verlassene Kykladeninsel im Ägäischen Meer – Delphi, ein Gebirgsort an den Abhängen des Parnass. Entsprechend diesen zwei Orten gibt es auch zwei Hymnen an Apoll, nämlich den *An den Delischen Apollon* und den *An den Pythischen Apollon*. Beide stehen wie ein Anfangsfanal am Beginn der Homerischen Götterhymnen, und sie weisen (besonders der erste) ein sehr hohes Alter auf. Ob der Hymnus an den Delischen Apollon auf den Dichter Kynaithos im 6. Jahrhundert v. Chr. zurückgeht, mag hier einmal dahingestellt bleiben, ebenso die Frage, ob beide Hymnen ursprünglich ein einziger gewesen sind. Auf jeden Fall ist Delos eine uralte Kultstäte. Die Insel war ursprünglich von den Lelegern bewohnt, einem den Pelasgern verwandten vorindoeuropäischen Volk; die Siedlungsspuren gehen mindestens bis auf die Bronzezeit zurück.

Der *Hymnus an den Delischen Apoll* erzählt die Geschichte von Apolls Geburt und von der Gründung seines Heiligtums auf Delos. Apollon war wie seine Schwester Artemis ein Kind des Göttervaters Zeus; man sagt, die Mutter Leto habe ihre Kinder in Didyma bei Milet in Kleinasien empfangen. Aber Leto musste ihren Sohn Apollon im Verborgenen zur Welt bringen, da Hera, die eifersüchtige Gattin des Göttervaters, die Geburt zu hintertreiben versuchte, ja dem noch Ungeborenen nach dem Leben trachtete. Die schwangere Göttin Leto hatte auf ihrer Wanderung alle Berge und Inseln Griechenlands um Aufnahme angegangen, von Kreta bis Rheneia, aber alle weigerten sich: denn sie fürchteten sich, den mächtigen Gott, der hier geboren werden sollte, aufzunehmen. Und den Zorn der Hera wollten sie nicht auf sich ziehen. Sämtliche Inseln waren reicher als das kleine, unfruchtbare Delos, an das Leto sich zuletzt wandte. Sie versprach aber der Insel Reichtum, wenn dereinst so viele Verehrer des Gottes Apollon zu ihr kommen würden:

Delos, wolltest du meinem Sohne Phoibos Apolon eine Stätte gewähren, ihm und dem übrigen Tempel? Wird doch ein anderer kaum dich berühren, dich ehren, wähne ich doch, du seist nicht reich an Stieren und Schafen, trägst auch keinen Wein, zeugst nicht unzählige Kräuter. Hast du jedoch den Tempel des großen Schützen Apollon, kämen die Menschen alle und würden herrliche Opfer dir hierher geleiten, unendlich stiegen des Fettes Düfte dir empor, du bötest Weide den Herden, die dir andere bringen, doch heute bist du nur öde.[93]

Die Insel Delos willigt ein; sie befürchtet nur, dass der Gott Apollon die Insel verschmähen könnte, „denn ich bin steinig und öde"[94]. Tatsächlich ist die Insel nur ein schmaler Granitrücken, etwa 4,6 Kilometer lang und 1,2 Kilometer breit, mit dem Berg *Kynthos* als höchster Erhebung. Aber nach Einrichtung des Apollon-Heiligtums wurde die Insel zu einem Zentrum des expandierenden Ost-West-Handels zwischen Kleinasien, Syrien, Phönizien und Italien. Um das Jahr 130 v. Chr. mochten hier etwa 20.000 bis 30.000 Menschen gelebt haben. Das Heiligtum des Apollon, ein dorischer Bau von 29,49 m Länge und 13,55 m Breite, war ein Anziehungspunkt für die gesamte griechisch sprechende Welt. Stämme aus allen Teilen Griechenlands schickten Weihgesandtschaften hierher und brachten reichlich Opfergaben mit, und die Tempel der Insel füllten sich mit Schätzen. Auch gab es ein *Orakel*, das als eines der zuverlässigsten galt, und alle fünf Jahre fanden die *Delischen Spiele* statt mit Wettgesängen und Wettkämpfen aller Art, die ebenfalls von überall her Besucher anzogen und gleich nach den Olympischen Spielen als die wichtigsten panhellenischen Spiele galten.

Wenn wir nun den Hymnus an den Delphischen Apollon betrachten, so fällt zunächst auf, dass dort auf eine kleinasiatische Herkunft des Gottes verwiesen wird. Ja in der Tat, Apollon stammt, wie so manch andere olympische Gottheit, ursprünglich aus dem Orient! Der Hymnus nennt *Lykien*, eine Landschaft im Südwesten der heutigen Türkei, als Heimat des Apollon: „Herrscher, Lykien nennst du dein, das sanfte Maionien, auch Milet, die Stadt so lieblich am Ufer des Meeres…"[95] Dies sind alles Orte in Westkleinasien; Maionien ist in etwa Lydien oder ein Teil davon, Milet eine Hafenstadt an der türkischen Ägäisküste. Apollon wurde erst spät in den Kreis der olympischen Götter aufgenommen; er war offenbar ein wandernder Gott, *und er ging von Osten nach Westen, von Lykien über Delos nach Delphi.*

Delphi (altgriechisch Δελφοί, *Delphoí* ausgesprochen) war als Orakel- und Kultstätte noch weitaus bedeutsamer als Delos. Delphi liegt nördlich des Isthmus von Korinth in Mittelgriechenland, in etwa 700 Metern Höhe an den Steilabhängen des Berges Parnass. Der Name soll „Gebärmutter" bedeuten, was darauf hinweist, *dass sich dort ursprünglich eine Kultstätte der Erdmuttergöttin Gaia befand.* Auch nannte man Delphi den Nabel der Welt, und ein wuchtiger Megalith-Stein, der *Omphalos,* markiert die Stelle, an der sich dieses wichtige chthonische Zentrum befinden soll. Der Sage nach ließ Zeus zwei Adler von entgegengesetzten Richtungen aufeinander zufliegen, und wo sie sich trafen, war die Mitte der Welt. Dort hauste *Python,* ein weissagender Drache (eigentlich sogar *Drachin*), der offenbar das Kult-Tier der Erdgöttin war. Nach diesem weiblichen Drachenwesen hieß der Ort ursprünglich Pytho (Πυθώ).

Im Mittelpunkt des delphischen Geschehens steht die Tötung des Python-Wesens durch Apollon. Damit hat es folgende Bewandtnis: Hera, der anvertrauten Ehefrau des Zeus, wurde prophezeit, dass Leto, ihre Nebenbuhlerin und eine der Geliebten des Zeus, dereinst Zwillinge gebären würde, die größer und stärker als alle ihre Kinder sein würden. So schickte sie den Drachen Python los, um Leto zu verschlingen, noch bevor diese ihre Kinder zur Welt bringen konnte. Diese Intrige wurde von Zeus verhindert, und Leto gebar ihre beiden Kinder Apollon und Artemis auf der Insel Delos. Eine der ersten Taten Apollons war dann natürlich die Rache an Python für den Anschlag auf seine Mutter. So begab er sich auf Wanderschaft, von dem Wunsch beseelt, nicht nur Python zu bezwingen, sondern auch einen Ort für ein neues Kultzentrum zu finden.

Auf dem Weg begegnet ihm die Nymphe *Telphusa*, die über ein Quellheiligtum regiert, das Apoll als Stätte für ein künftiges Orakel zunächst ins Auge fasst; aber Telphusa rät ihm ab und verweist ihn an einen anderen Ort namens Krisa, der am Fuß des Parnassos liegt. Hier nun aber liegt der heilige delphische Bezirk. Es wird vermutet, dass das einstige Mutter-Erde- und Drachen-Orakel, das dort lag, um 800 v. Chr. von Invasoren übernommen und in eine „apollinische" Mysterienstätte umgewandelt wurde. Ein Symbol für diese Übernahme ist die Tötung des Drachen Python. Diese spielte sich an der Kastalischen Quelle ab:

> Nahe dabei fließt schön ein Quell. Der Herr-scher Apollon tötete dort die Drachin mit sei-nem gewaltigen Bogen, ein gar riesiges, feistes und wildes Untier, das vieles Elend schuf den Menschen im Lande ….[96]

Apollon gehört somit in den Kreis der mythischen Drachentöter. Der heldenhafte Drachenkampf findet sich in indoeuropäischen, vorderasiatischen, alttesta-mentlichen wie christlichen Mythologien; er scheint ein kulturübergreifendes Symbolbild darzustellen. Schon die Antike kannte Drachenkämpfe – Zeus gegen *Ty-phon*, Herakles gegen die berüchtigte *Hydra* von Lerna, Bellerophon gegen die *Chimaira*, Perseus bei der Befrei-ung der Andromeda. Der älteste Drachentöter, den wir überhaupt kennen, scheint der altindische Hochgott *Indra* gewesen zu sein. In den Gesängen des Rigveda, die immerhin bis auf die Zeit um 1800 v. Chr. zurück-gehen, wird er als der Götterkönig und Schirmherr aller

Krieger angerufen, als Gebieter über Blitz und Donner, der erlösende Gewitter herbeiführt, indem er *Vritra*, den Drachen der Dürre tötet.

Die weissagende Kraft, die dem Python innewohnte, wurde bei dessen Tötung über das ganze Gebiet von Delphi ausgebreitet; sie sickerte in den Boden ein und durchdrang die Aura des Ortes, sodass der Ort mehr als jeder andere dazu prädestiniert war, Griechenlands führendes Orakelzentrum zu werden. Und trotz der Übernahme durch einen patriarchalischen Gott wie Apollon blieb der matriarchalische Charakter des Ortes weitgehend erhalten. Dies zeigt sich etwa darin, dass die dort wirkende und Orakel gebende Person eine *Priesterin* war, die nach dem getöteten Drachen und seiner Wahrsage-Kraft die *Pythia* genannt wurde. Sie saß auf einem dreibeinigen Schemel über einem Erdspalt, aus dem Dämpfe quollen, die sie in Verzückung versetzten; sie stand also unmittelbar in Kontakt mit der inspirierenden Kraft der Erdmuttergöttin und ihrem vulkanischen Element. So blieb Gaia nach wie vor die Herrin über Delphi, wenngleich nur unter der Oberfläche. Es gab freilich auch Priester am Ort, denen die Aufgabe zufiel, die in Ekstase gestammelten Sprüche der Pythia in Hexameter und damit in eine rationale Form zu bringen.

Die ersten Priester von Delphi sollen von der Insel Kreta gekommen sein. Als diese auf einem Schiff das Meer befuhren, um Handel zu treiben, soll Apollon ihnen *in Gestalt eines Delphins* erschienen sein und sie genötigt haben, mit ihm nach Delphi zu gehen. Der Delphin ist das Kult- und Totemtier Apollons, ähnlich wie der Adler dem Zeus, die Eule der Athene, der Hirsch der Artemis geweiht war.

Das delphische Festjahr war so eingeteilt, dass Apollon nur von Frühjahr bis Herbst in Delphi weilte; in den drei Wintermonaten aber begab er sich zu jener geheimnisvollen „*Insel der Hyperboreer*", die nahe am Polarkreis liegt, wo auch schon seine Mutter Leto herkam. Über jene Hyperboreerinsel berichtet uns *Diodor von Sizilien* folgendes: "Jenseits des Keltenlandes liegt eine Insel im Ozean. (....) Auf dieser Insel soll Leto geboren sein, weshalb denn auch Apollon, der Sohn der Leto, vor allen anderen Göttern dort am meisten verehrt wird. Die Einwohner sind gleichsam als Priester des Apollon zu betrachten, weil dieser Gott jahraus, jahrein Tag für Tag von ihnen mit Lobgesang gepriesen und verehrt wird. Auch ein herrlicher Hain des Apollon ist dort auf jener Insel und ein berühmtes Heiligtum, das mit vielen Weihgeschenken geschmückt und im Schema der Sphären erbaut war."[97] Weist dies auf eine nordische Herkunft Apollons hin? War er gar ein urnordischer Lichtgott, der *Baldur* der Germanen oder der von den Kelten verehrte *Bel / Belenus*? Wie passt das damit zusammen, dass er auf Delos geboren sein soll, oder dass er aus dem Orient stamme? Apollon ist eine der widersprüchlichsten Figuren der griechischen Mythologie. Möglicherweise sind mehrere, ganz unterschiedliche Götter unter seinem Namen und in seiner Gestalt miteinander verschmolzen worden.

Poseidon

Höre Poseidon, dunkelgelockter
Erdumschlinger, der Rosse Gott,
Der den erzgeschmiedeten Dreizack
Führt in eiserner Hand,
Der in des tiefbusigen Meeres
Grundfesten haust, Beherrscher der See;
Meerbrausender, donnernder Erderschütterer,
Mildeblickender, Wogenentsprossener,
Des vierspännigen Wagens Lenker,
Der mit salzigen Wirbeln
Das bittere Wasser aufwühlt;
Der aus dem dreifachen Lose
Erlangte des Meeres tiefgründigen Schwall –
Orphischer Hymnus[98]

Poseidon galt seit jeher als der mächtige Wogenbe-
herrscher, als der Meeresgott, der mit dem Dreizack in der Hand über die Ozeane gebietet – Herr
über eine Heerschar von Nymphen, Nereiden und Okeaniden, ja über das wässrige Element überhaupt. In der
etruskischen Mythologie wurde er mit *Nethuns* gleichgesetzt, dem römischen *Neptun*. Seefahrer beteten zu
Poseidon für eine sichere Überfahrt und versenkten für
ihn Pferde im Meer. Wenn er gut gelaunt war, erschuf

Poseidon neue Inseln und ließ die See still und schiffbar sein. Wenn er jedoch ergrimmte, stach er mit seinem Dreizack in die Erde, verursachte Erdbeben, Überschwemmungen und brachte Schiffe zum Sinken.

Doch Poseidon ist in Wahrheit noch vielschichtiger. Die Tatsache, dass auch die Pferde seine heiligen Tiere waren, also ausgesprochene Landtiere, dass er mit Athene um die Oberherrschaft über Attika stritt, schließlich dass er einst der Kultgemahl der Erdgöttin Demeter war, der Mutter Erde – all dies weist darauf hin, dass er ursprünglich ein chthonischer Gott, ein Landgott gewesen sein muss, vielleicht sogar ein Unterirdischer. „Erderschütterer" nannte man ihn, also Herr über die Erdbeben und die in ihnen wirkende Vulkankraft; auch dies passt zu seinem chthonischen Charakter. Poseidon muss ferner eine uralte Gottheit sein, die in früherer Zeit noch viel mehr Bedeutung und Geltung besaß. Auf spätmykenischen Linear-B-Tontafeln aus Pylos wird er noch als oberster Gott bezeugt, dem Zeus ebenbürtig, vielleicht sogar überlegen.

Poseidon war zuerst ein mykenischer Landgott, der später das Meer zugeteilt bekam, wahrscheinlich als Entschädigung für eine ursprünglich viel größere Herrschaft. Erst durch seine Heirat mit der Nymphe *Amphirite* wurde er zum Meergott. Zu seinen Nachkommen zählen so wunderliche Wesen wie der Pegasus, die Medusa und der Kyklop Polyphem, außerdem der Riese Orion sowie – aus einer Ehe mit Gaia – der Riese Antaios. Ein Sohn von ihm war ferner Triton, ein seltsames Meerwesen, ein Mensch mit einem Fischschwanz, und dann gab es noch eine Tochter namens Rhodos, die mit der gleichnamigen Insel identisch ist oder zumindest mit ihr in Verbindung steht. Sie heiratete später den Sonnen-Titanen Helios, mit dem sie zahlreiche Kinder hatte. Poseidon, Zeus und Hades waren Brüder. Man sagt, dass die Welt zwischen ihnen aufgeteilt wurde; Poseidon erhielt daraufhin das Meer, Zeus den Himmel und Hades die Unterwelt. Es gibt eine Sage, wonach Poseidon und Athene um die Herrschaft über Attika stritten. Man einigte sich auf einen Vergleich: das Land sollte erhalten, wer ihm das schönste Geschenk darbrächte. Da ließ Poseidon in der Hauptstadt Attikas einen Quell entspringen, Athene pflanzte daselbst einen Olivenbaum. Letzterer wurde als das schönere Geschenk erachtet, und so erhielt Athene das Land.

Und bei Platon wird folgender Mythos erzählt: Als die Götter die Länder der Erde im Losverfahren unter sich aufteilten, erhielt Poseidon die Insel *Atlantis*, ein in der Mitte des Atlantischen Ozeans gelegenes, sehr fruchtbares Eiland. Poseidon zeugte mit der dort hausenden Urmutter Kleitho die 10 Hauptkönige der Insel, allen voran Atlas, den eigentlichen Begründer der atlantischen Königsdynastie. Hier der Text:

„Wie im vorigen von der Verlosung unter den Göttern erzählt wurde, dass sie die ganze Erde teils in großen und teils in kleinen Stücken unter sich verteilten und sich Heiligtümer und Opfer stiften ließen, so fiel nun auch Poseidon durch das Los die Insel Atlantis zu. Dort siedelte er seine Nachkommen, die er mit einem sterblichen Weibe gezeugt hatte, an einer bestimmten Stelle der Insel an, die etwa folgendermaßen aussah. Am Meere, etwa in der Mitte der ganzen Insel, lag eine Ebene; man sagt, sie sei die schönste aller Ebenen gewesen und von reichlicher Fruchtbarkeit. (...) An Nachkommen männlichen Geschlechtes erzeugte er fünf Zwillingspaare und zog sie auf. Und er teilte die ganze Insel Atlantis in zehn Stücke und gab dem älteren des ersten Zwillingspaares das mütterliche Haus mit seinem

Umschwung als Anteil; das war das größte und beste Stück. Auch setzte er ihn zum König über die anderen ein; diese machte er zu Statthaltern und gab einem jeden die Herrschaft über viele Menschen und über ein weites Landgebiet. Ihnen allen gab er Namen; dem ältesten und Könige aber jenen, von dem denn auch die ganze Insel und das Meer seine Bezeichnung hat; es wurde nämlich das atlantische genannt, weil der erste, der damals als König regierte, Atlas hieß."[99]

Im folgenden Teil beschreibt Platon genau Natur und Geschichte der Insel Atlantis — den überquellenden Reichtum der Insel; die Bewässerungsanlagen, die Hafenanlagen und die Hauptstadt mit ihrem weitläufigen Königspalast; auch die Natur des übrigen Landes, die Organisation des Heerwesens, die Regelung der Herrschaft, auf theokratische Weise durch 10 Könige, und die wichtigsten Gesetze. Und bis heute hat Platons *Kritias* die Gemüter erregt: die einen hielten das dort beschriebene Atlantis für eine bloße Fabel, die anderen für ein ganz reales Inselreich, ja für einen untergegangenen Kontinent und Stammheimat der gegenwärtigen Menschheit. In den esoterischen Traditionen wird die Insel Atlantis nach der Urheberschaft Poseidons auch *Poseidonia* genannt.

Das Herrschaftsgebiet Poseidons umfasst somit auch den Atlantischen Ozean, den die alten Griechen *Okeanos* nannten – das erdumgürtende Meer und zugleich ein uralter Titan gleichen Namens, der zusammen mit seiner Gattin Tethys zu den schöpferischen Mächten der ersten Weltenstunde zählt. Poseidon und Amphirite haben ihr Amt von Okeanos und Tethys übernommen; sie haben das Meer und all seine Gewalten von ihnen geerbt, als die nächste, nachfolgende Götter-Generation. So wurde Poseidon zum Herrn über die Gewässer und zum Schutzgeist der Seefahrer, die ihn in Not anriefen, etwa mit folgendem Gebet:

> Heil dir, Landumgürter Poseidon, du dunkelgelockter.
> Gnädigen Herzens, Seliger, hilf dem schiffenden Seemann.[100]

Hephaistos

Unter den Göttern des Olymp nimmt Hephaistos, der kunstfertige Schmied, durchaus die Position eines Außenseiters ein: von Geburt an kleinwüchsig, lahm, hinkend, hässlich, kann er mit den anderen kraftstrotzenden und in unvergleichlicher Schönheit erstrahlenden Göttern nicht mithalten, doch wird ihm die Domäne des Schmiedehandwerks zuerkannt, in der er Erstaunliches leistet.

An sich ist Hephaistos ein Kind der Hera und des Zeus. Aber die Sage geht, dass Hera das missgestaltete Kind, als sie es zum ersten Mal sah, sogleich von den Höhen des Olymp herunterwarf – auf die Erde, ins Meer, und dort wäre es ihm schlecht ergangen, wenn nicht die beiden Meeresnymphen Eurynome und Thetis den Fallenden in ihrem Schoß aufgefangen hätten; er wurde bei ihnen großgezogen, und neun Jahre blieb er bei den beiden Göttinnen, schmiedete für sie Schnallen und Spangen, Ohrgehänge und Ketten, irgendwo in einer Grotte am Okeanos. Und niemand wusste etwas davon. Erst viel später gibt Hephaistos sich zu erkennen; als legitimer Zeussohn besitzt er Ansehen, durch seine Schmiedekunst auch, doch erreicht er nie die Posi-

tion der anderen Götter. Verbittert erzählt er seine Geschichte, seinen Herauswurf aus dem Olymp, und zwar
bei Homer (*Ilias* XVIII, 305–405).

Hephaistos war auch ein Gott der Vulkane, daher
hieß er bei den Römern *Vulcanus*. Seine Werkstatt wurde ihm auf der Insel Lemnos eingerichtet, wohl wegen
ihres vulkanischen Charakters. Kyklopen mussten ihm
dort zur Hand gehen, auch die beiden Gehilfen *Bia* und
Kratos (*Kraft* und *Stärke*).

Unvergleichliches hat Hephaistos in der Schmiedekunst geleistet – er schmiedete den Donnerkeil des Zeus
und den Wagen des Helios, die Pfeile des Apollon und
den Bogen der Artemis, die Waffen des Achilles und
den Dreizack des Poseidon. Von ihm stammt die Rüstung des Ares, die Gestalt der Pandora (ein künstlicher
Mensch in Form einer Frau) und die Kette, mit der Prometheus gefesselt wurde. Und noch eine andere Geschichte wird von Hephaistos erzählt:

Einst schmiedete er einen Thron für seine Mutter
Hera. Als diese sich jedoch dort hinein setzte, wurde sie
plötzlich durch feine Bänder an ihn gefesselt. Allein
kam sie dort nicht mehr heraus. So ließ sich Hephaistos
in den Olymp rufen, um sie wieder zu befreien. Er war
übrigens mit Aphrodite verheiratet, der ewigen Hetäre,
die ihn mit Ares betrog. So fing er sie beide in einem
selbst geschmiedeten Netz ein; die Götter des Olymp
lachten darüber.

Als Schmiedegott kann Hephaistos mit dem finni-
schen *Ilmarinen* verglichen werden; auch eine Parallele
zu *Wieland dem Schmied* zeigt sich. In den *Orphischen
Hymnen* wird ein eher esoterisches Bild dieses Gottes
entworfen: er erscheint dort als ein Sinnbild des göttlichen Urfeuers, das Heraklit als die treibende Kraft des
Weltalls begriff:

Urgewaltiger, mächtig an Kraft,
Hephaistos, unversiegliches Feuer,
Leuchtend von lodernden Flammen,
Urwesen, das den Sterblichen glüht;
Lichtspender, kräftig an Faust,
Ewiger, Beleber der Kunst,
Werkfreudiger, Teil des Weltalls,
Unverwüstliches Element![101]

Wieland der Schmied

In der germanischen Mythologie begegnen wir *Wieland dem Schmied*, der dort unter dem Namen *Völundr* auftritt und als ein halbgöttliches Wesen erscheint; insofern mag man ihn mit dem griechischen Schmiedegott Hephaistos in Bezug setzen. Daneben ähnelt er auch ein wenig dem Ikarus, da er sich mit einem von ihm selbst geschmiedeten Flugapparat in die Lüfte erhebt und so der Gefangenschaft entkommt.

Die Urfassung der Geschichte findet sich in der Thidreksaga sowie in der *Völundarkviða*, dem *Völundlied* der Lieder-Edda. Die Geschichte ist kurz und grausam:

Den zauberkundigen Schmied Wieland ließ König *Nidung* gefangensetzen und ihm die Beine lähmen, weil er nicht wollte, dass so ein guter Schmied ihm abhanden komme. Wieland aber rächte sich, indem er des Königs beide Söhne tötete und deren Schädel in goldene Pokale für des Königs Tafel einarbeitete. Dann vergewaltigte er des Königs Tochter *Badhilde*, die den Wittich gebar, der in der deutschen Heldensage als Gefolgsmann Dietrichs von Bern in Erscheinung trat. Der lahme Wieland befreite sich, indem er sich ein Federkleid schmiedete und damit entfloh. Auf dem berühmten *Runenkästchen von Auzon* (8.Jahrh.) sind einige Szenen der Wielands-Sage dargestellt.

Ares ~ Mars

Ares, du Übergewaltiger, du Wagenstreiter im Goldhelm, stolzer, gerüstet in Erz mit dem Schilde, Beschützer der Städte, speergewaltiger Hort des Olymp, unermüdlich und handstark, Beistand der Themis, du Vater der glücklich kämpfenden Nike, Zwingherr widriger Mächte, du Führer gerechtester Männer, König des männlichen Muts, du Schwinger des flammenden Rades unter des Äthers Gestirnen, den siebenbahnigen, wo dich immer im dritten Kreise wild feurige Rosse dahinziehn .... *Homerischer Hymnus*

Ares, der mit dem römischen Kriegsgott *Mars* gleichgesetzt wurde, gehört als legitimer Sohn des Zeus und der Hera zu den 12 hauptsächlichen olympischen Göttern, doch ist er einer der unsympathischsten. Wenig beliebt infolge seines aufbrausenden und gewalttätigen Wesens, richtet selbst Zeus der Göttervater Worte der Verachtung an ihn: „Wahrlich du bist mir verhasst von allen olympischen Göttern! Immer hast du den Zank doch geliebt und Kampf und Befehdung!" (*Ilias* V, 890-91). Denn Ares ist der Gott des wil-

149

den, unbändigen Krieges; er liebt Waffengeklirr und Kampfesgetümmel, Mord, Plünderung und Gewalttat; kein Wunder also, dass er bei den anderen Göttern nur wenig Sympathie findet. Während *Pallas Athene*, soweit sie mit dem Kriegswesen zu tun hat, die Göttin der geordneten Schlachtreihe und des maßvollen, klugen, strategischen Vorgehens ist, zeigt sich Ares nur als blinder Draufschläger: nicht der Krieg an sich, sondern das planlose Massaker ist seine Domäne.

Trotzdem wird auch ihm eine Liebesbeziehung unter den Olympiern nachgesagt: die mit der Liebesgöttin *Aphrodite*. Diese, von Natur aus untreu, war mit dem kleinen, hässlichen, hinkenden Schmied Hephaistos verheiratet. An Ares liebte sie dessen entschlossenes männliches Auftreten, und der kleine geflügelte Liebesgott Eros ist der Verbindung dieser beiden im Grunde so ungleichen Gottheiten entsprungen.

Der Unbeliebtheit des Artes ist es zu verdanken, dass es in Griechenland nie einen Kult um seine Person gegeben hat. Als seine geographische Heimat wird das wilde, nördliche Thrakien genannt; auch die dort angesiedelten Amazonen standen unter seiner Obhut. In künstlerischen Darstellungen wird er oft mit seinen Symbolen: brennende Fackel, Hund und Geier sowie Helm, Schwert und Schild gezeigt. Wenn er waffenlärmend auftritt, dann oft in Begleitung seiner beiden kleinen Nebengottheiten *Phobos* und *Deimos* (Furcht und Schrecken); zu seinen natürlichen Verbündeten gehören *Hades*, der Beherrscher der Unterwelt, *Ker*, die Göttin des gewaltsamen Todes, und *Ate*, die Göttin der Verblendung. Mit Ares, dem Furchtbaren, verlassen wir nun den Kreis der olympischen Götter und wenden uns den Urgöttern zu.

Die Urgötter

Bei der Betrachtung der *Theogonie* von Hesiod haben wir bereits gesehen, dass der hellen, klaren, lichten Religion der olympischen Götter eine ältere Religion chthonischer Urgötter zugrunde liegt. Streng genommen gab es zwei parallel verlaufende Schöpfungs-Prozesse: einmal die Urzeugungsehe zwischen *Uranos* und *Gaia*, Himmel und Erde, der die Schar der Götter und Titanen entsprang – und dann jene Schöpfungs-Ordnung, die aus dem *Chaos* hervorging. Aus dem Chaos, hieß es, gingen die Nacht und der Erebos hervor, und aus der Ehe beider der Tag und der Äther. Die Kinder der Gaia haben letzten Endes nichts mit den Kindern des Chaos zu tun; letztere sind Urschöpfungs-Mächte, die im Untergrund wirken, und sie werden zu Recht die Erstgeborenen der Schöpfung genannt, denn sie waren eher da. Selbst die olympischen Götter, diese kleine elitäre Schar von 12 Gottheiten männlichen und weiblichen Geschlechts, stellen nur die jüngste Generation in der Abfolge der Götter dar. Andere, ältere Geschlechter waren schon vor ihnen da.

Zu den „Urgöttern" wollen wir alle jene rechnen, die nicht zu den Olympiern gehören. Also auch die Titanen, die ja im stärkeren Maße das Erdhafte, Naturhafte ver-

körpern. Vermutlich waren sie die Naturgötter einer altmediterranen Bauerngesellschaft, die von den später
eingewanderten Indoeuropäern und ihren Licht- und
Sonnengöttern überlagert wurde. Zwischen dieser mediterranen Erdreligion und der indoeuropäischen Licht-
religion bestand von Anfang an ein Gegensatz, der die
gesamte Religion und Mythenwelt des Griechentums
durchzieht. Dieser Gegensatz, so schreibt der Altphilologe Thassilo von Scheffer in seinem Buch *Hellenische
Mysterien und Orakel*, bestand darin, „dass die neu über
Hellas ausgedehnte Religion, die wir die olympische
nennen können und die uns als solche geläufig ist, eine
Religion des Lichtes und der Höhe war, voll plastischer
Schönheit und ausdrucksfähiger Anschauung, eine Religion in Dur, gegenüber dem dunklen Moll eines anderen verschleierten Glaubens der Tiefe, auf den sie stieß.
Die Götter des Himmels trafen hier auf ein weit älteres
Anrecht der Urmächte der Mutter Erde, und die Verschmelzung zweier so ganz entgegengesetzter Glau-
benssysteme brauchte Jahrhunderte, um zu jener harmonischen Zusammenfügung zu gelangen, die, im Gegensatz zum unaufhörlichen weltlichen Streit, auf geistigem Gebiet den kosmosfrohen Griechen (Kosmos auch
im ursprünglichen Sinn von Schmuck und Ordnung)
ein Bedürfnis war."[102]

Zu den Urgöttern Griechenlands gehören ferner all
die Monster und Schreckgespenster, Ungeheuer und Fabelwesen, vor denen Sokrates (im Dialog *Phaidros*) sich
so sehr fürchtet, da er sie rational nicht einordnen kann;
er nennt unter anderem „die Kentauren (...) und her-
nach die Chimaira, und dann strömt ihm herzu ein ganzes Volk von dergleichen Gorgonen, Pegasen und anderen unendlich vielen und unbegreiflichen wunderbaren
Wesen"[103], mit denen ein Philosoph wie Sokrates nichts

zu tun haben möchte. Diese Wesen gehören jedoch auch zur griechischen Religion! Sie stellen ihre dunkle, unheimliche, magisch-traumhafte Seite dar, die durch das Olympische, Helle, Rationale nur mit Mühe verdrängt und in Schach gehalten wurde. Mit diesen schattenhaften, untergründigen Mächten der Tiefe wollen wir uns nun näher beschäftigen. Dabei gehen wir wieder ganz zu den Anfängen der Urschöpfung zurück: *„Aus dem Chaos entstanden die Nacht und des Erebos Dunkel / Aber der Nacht entstammten der leuchtende Tag und der Äther"*. Wir betrachten somit einen Kosmos, in dem es nur so wimmelt von Dämonen, Hexen, Fabelwesen, und mit Nikolaus Lenau (1802–1850) können wir sagen:

> Weil auf mir, du dunkles Auge,
> Übe deine ganze Macht,
> Ernste, milde, träumerische,
> Unergründlich süße Nacht!

> Nimm mit deinem Zauberdunkel
> Diese Welt von hinnen mir,
> Dass du über meinem Leben
> Einsam schwebest für und für.[104]

Nacht ~ Nyx ~ Nott

Nacht, dich feiert mein Lied,
Der Götter und Menschen Gebärerin.
Aller Wesen Ursprung ist Nacht,
Und sie sei Kypris benannt.
Höre, selige Göttin,
Bläulich funkelnde, sternentflammte,
Du erfreust dich der Ruhe
Und schlafspendender Einsamkeit.
Orphischer Hymnus[105]

D ie Nacht, vielfach von Dichtern besungen, zeigt sich uns als eine Stätte der Vorbereitung, wo ganz im Geheimen verborgene Werde-Keime wachsen, die erst mit Anbruch des Tages in ihre volle Wirklichkeits-Gestalt eintreten. So kann man in gewisser Hinsicht sagen, dass die Nacht den Tag gebärt; denn alles im Tag Verwirklichte ist in der Nacht schon *in statu nascendi* (im Zustand des Geboren-Werdens) enthalten. Der Tag bringt nur ans Licht, was die Nacht vorher in unerkanntem, untergründig-geheimem Wirken „ausgebrütet" hat. Die Nacht steht im Zusammenhang mit Vorgängen des Vorbereitens, Hervorbringens, Ausbrü-

tens, Gebärens; darum wird sie auch als weiblich gedacht, denn es heißt ja schließlich: *die* Nacht! Novalis
nennt sie in seinen *Hymnen an die Nacht* die „Weltköni-
gin" und „Pflegerin seliger Liebe"[106].

Gegenüber der weiblich-gebärenden Nacht wurde
der Tag stets als männlich vorgestellt. Der Tag ist „Fülle", und zwar Fülle des Verwirklichten; die Nacht aber
ist Dunkelheit und Leere. Aber die Nacht ist eine schöpferische Leere, die alle Möglichkeiten künftiger Fülle
schon in sich trägt. Die Nacht ist ein tiefdunkler Welten-
Schoß, der alles in sich aufnimmt, Alles im Verborgenen
umgestaltet, und Alles neu hervorbringt. Im Schlafes-
Zustand findet stetige Erneuerung statt: wir regenerie-
ren uns; jede Nacht im Schlaf erschaffen wir uns neu.
Die Nacht ist Schaffendes, der Tag Geschaffenes; die
Nacht Werdendes, der Tag Gewordenes. Im Tag-Nacht-
Rhythmus offenbart sich ein ähnlicher Wechselschritt
von Erhalten und Neugestalten wie im Rhythmus von
Leben und Tod; denn auch der Tod ist eigentlich nur
Umgestaltung und Vorbereitung auf etwas Neues.

Dass die Nacht gegenüber dem Tag das Frühere, Ur-
sprünglichere, Vorrangige ist – das wurde von den in
inniger Naturnähe lebenden Völkern des Altertums, etwa den Ägyptern, Griechen und Römern, aber auch den
Kelten und Germanen, schon intuitiv vorgeahnt. So berichtet Tacitus von den Germanen: „Sie berechnen (übrigens) nicht wie wir die Zahl der Tage, sondern die der
Nächte. Danach setzen sie ihre Zusammenkünfte fest,
danach verabreden sie sich: die Nacht führt sozusagen
den Tag herauf"[107]. Ähnlich sagt Cäsar über die Kelten:
„Die Geburtstage, den Beginn der Monate und Jahre berechnen sie so, dass erst auf die Nacht der Tag folgt."[108]

Die zur Göttin erhobene Nacht (griech. *Nyx*, lat.
Nox), stets weiblich gedacht, spielte als Werde-Schoß

155

der Welt in den Schöpfungsmythen der antiken Völker eine ursprünglich wohl zentrale Rolle. Von einem Schöpfungsmythos der Orphiker, einem Mysterienbund in Griechenland, auf den legendären Orpheus zurückgehend, wird etwa berichtet: „Aber die Orphiker sagen, dass die schwarzgeflügelte Nacht, eine Göttin, vor der selbst Zeus in Ehrfurcht stand, vom Wind umworben wurde, und dass sie ein silbernes Ei im Schoß der Dunkelheit legte; und dass Eros, den manche Phanes nennen, diesem Ei entschlüpfte, und das All in Bewegung setzte."[109] Wer ist nun diese „schwarzgeflügelte" Göttin Nacht, vor der „selbst Zeus in Ehrfurcht stand"? Sie legte das Welt-Ei, brütete es in tiefnächtlicher Dunkelheit aus, bis Phanes / Eros als der Beweger des Alls ihm entschlüpfte. Im altindischen Mythos ist der Weltengott Brahman ebenfalls einem Ur-Ei entsprungen; legte auch dieses die Göttin Nacht? Nach dem Zeugnis des Hesiod hat die Nacht, selbst aus dem schöpferischen Chaos hervorgegangen, den Tag und den Äther erschaffen:

> Aus dem Chaos entstanden
> die Nacht und des Erebos Dunkel;
> Aber der Nacht entstammten
> der leuchtende Tag und der Äther.
> Schwanger gebar sie die beiden,
> von des Erebos Liebe befruchtet.[110]

Die germanische Welt- und Naturanschauung kennt eine Göttin der Nacht namens *Nott*. Allnächtlich fährt sie auf ihrem Himmelswagen, der von einem Götterpferd namens *Hrimfaxi* gezogen wird, über das sternenglänzende Firmament. Die Nachtgöttin stammt von *Nör* ab, heißt es in der Edda, und mit dem Morgentau, dem Gott *Delling*, erzeugte sie den Tag:

Delling heißt er,
von diesem stammt der Tag,
doch Nör hat die Nacht gezeugt;
Vollmond und Neumond,
den Völkern zum Zeitmaß,
schufen gütige Götter einst.[111]

Zu den urmütterlichen Mächten der Dunkelheit und der Tiefe, die Licht und Leben hervorbringen, zählt neben *Nyx, Nox* und *Nott* schließlich auch die ägyptische Göttin *Nuth*. Sie ist die göttliche Himmelskönigin, das nächtliche, die Welt überwölbende Himmelszelt, und sie sagt von sich: „Das Seiende und das Zukünftige und das Gewordene bin ich. Meinen Schleier hat keiner gehoben. Die Frucht, die ich gebar, war die Sonne."[112]

Geb und Nuth, Erde und Himmel, so erzählt der ägyptische Weltschöpfungsmythos, zeugten zusammen die vier Hauptgötter Isis und Osiris, Seth und Nephthys. Dies entspricht genau der griechischen Vorstellung im Sinne der hesiodischen Theogonie; denn Geb und Nuth sind deutlich wiederzuerkennen als Erebos und Nyx!

Der Tag bildet den Sinnlichkeits-Pol der Welt; die Nacht stellt ihren Geistes-Pol dar. Jede Nacht treten wir mit unserem Astralkörper aus dem physischen Leib heraus; jede Nacht wendet sich die Welt erneut ihrem Geistes-Pol zu. Im Tag-Nacht-Rhythmus offenbart sich eine Polarität von „Materie" und „Geist". Wenn die Nacht dabei die Geistes-Seite der Welt verkörpert, dann ist klar, dass die Nachtgöttin auch als inspirierende Weisheits-Göttin gesehen wurde. Denn die Nacht bedeutet immer Entgrenzung, Inspiration, Aufgehen im Geistes-Kosmos. Züge der ägyptischen Nachtgöttin Nuth sind daher auch auf die spätere Himmels-, Monden- und Weisheits-Göttin Isis übergegangen, die einer ihrer Eingeweihten, der Römer Apuleius, in einer Vision folgendermaßen beschreibt:

„Und allmählich (...) erschien mir aus der Mitte der See ein göttliches, verehrungswürdiges Antlitz, angebetet selbst von den Göttern. Dann meinte ich, nach und nach, die ganze Gestalt ihres Körpers zu erschauen, strahlend und weithin über das Meer ragend stand sie vor mir (...). Vor allem besaß sie eine große Fülle von Haaren, die in Wellen und Strahlen um ihren göttlichen Nacken flossen und wallten (...) Ihr Gewand war von feinstem Leinen, in verschiedenen Farben leuchtend, dort weiß und strahlend, dort gelb wie die Krokusblüte, dort rosenrot, dort hell flammend; und ihr Mantel (der meine Augen und meine Seele verwirrte) war ganz dunkel und finster, mit leuchtender Schwärze bedeckt (...). Hie und da funkelten an dessen Rändern und über seine Oberfläche verstreut die Sterne, und inmitten zwischen ihnen stand der Mond in halber Fülle".[113]

Es ist hier klar und deutlich: Die Isis trägt den sternengeschmückten Himmelsmantel, und ihr Hoheitszeichen ist der nächtliche Mond! Isis ist also ganz und gar eine Nachfolgerin der Nachtgöttin Nuth, der verhüllten Göttin von Sais, deren Schleier niemand heben durfte, und wie Nuth ist sie die Sonnengebärerin, Mutter des Sonnenknaben Horus. Wie die Nacht aus ewig-dunklen Tiefen den Tag gebar, so der Mond die Sonne, die Dunkelheit das Licht. Würde man die Nachtseite der Welt verleugnen wollen, indem man nur noch das Helle, Lichte verehrt, so würde man sich an jenen untergründigen Schöpfermächten vergreifen, denen gerade das Apollinisch-Lichthafte sein Dasein verdankt.

Seit dem Sieg des rationalen Verstandesbewusstseins trug die Nacht das Signum des Unheimlichen, Dämonischen; eine furchterregende Geisterschar bildete fortan ihr Gefolge. In der griechischen Mythologie, die in ihrer klassischen Herausbildung sehr geprägt war von der Macht des Rationalen und des Apollinischen, galt die Nacht als Mutter furchteinflößender Traum- und Todesgottheiten wie *Thanatos*, *Hypnos* und *Moros*; im übrigen trat sie als Göttin ganz in den Hintergrund, obgleich wir sie noch auf dem hellenistischen Pergamon-Altar im Kampfesgeschehen abgebildet finden. Selbst noch in den mitternächtlich auftretenden Friedhofsgeistern des deutschen Volksaberglaubens, so lächerlich und naiv sie heute erscheinen mögen, kommt der dunkel-dämonische Aspekt der Nachtgöttin zum Ausdruck: die Nacht als Verkörperung finsterer Todesmächte!

Der Romantik blieb es vorbehalten, die Nacht von dieser ihr zu Unrecht widerfahrenen Dämonisierung zu befreien: Hinter der widerwärtigen Maske der alptraumsendenden Finsternis- und Todesgöttin vermochten die großen Dichter der Romantik das erhabene Antlitz einer weltenschaffenden Himmelsgöttin der Nacht wiederzuentdecken. Und zusammen mit der Nacht wurde auch ihr unheimlicher Verwandter, der Tod, ins Positive gewendet: nicht bloß beklagenswerte Vernichtung und Jammer sollte der Tod sein, sondern wie die Nacht mystische Entgrenzung, Eingehen in etwas Höheres. Nachtverehrung und Todessehnsucht, beides unlöslich miteinander verknüpft, wurde damit zur Grundstimmung romantischer Lebenshaltung. Ja man glaubt geradezu das heilige Antlitz der Isis über den Wassern schweben zu sehen, wenn man die geistverklärte Nacht in dem folgenden Gedicht von Eduard Mörike (1804–1875) heraufsteigen sieht:

Gelassen stieg die Nacht ans Land,
Lehnt träumend an der Berge Wand;
Ihr Auge sieht die goldne Waage nun
Der Zeit in gleichen Schalen stille ruhn.
Und kecker rauschen die Quellen hervor,
Sie singen der Mutter, der Nacht, ins Ohr
      Vom Tage,
      Vom heute gewesenen Tage.

Das uralt alte Schlummerlied – –
Sie achtet's nicht, sie ist es müd;
Ihr klingt des Himmels Bläue süßer noch,
Der flüchtgen Stunden gleichgeschwungnes Joch.
Doch immer behalten die Quellen das Wort,
Es singen die Wasser im Schlafe noch fort
      Vom Tage,
      Vom heute gewesenen Tage.[114]

Hekate

Ich preise, die an den Wegen thront,
Des Kreuzwegs Schattenherrscherin Hekate,
Himmelskönigin, Erdenfürstin,
Meeresgöttin im Safrangewand.
Herrin der Gräber, mit Seelen der Toten,
Fahrend im nächtlich schweifenden Zug;
Perseia, Freundin der Einsamkeit,
Von schnellfüßigen Hirschen erfreut.
Freundin der nächtlichen Meute,
Furchtbare Herrscherin! (…)[115]

Als eine Erscheinungsform der Dunklen Urmutter scheint die „stygische Hekate" für alles Unheimlich-Dämonische zuständig zu sein. Eine Unterweltsgöttin, gilt sie als die Herrin der Seelen, die den Leib verlassen, aber auch derjenigen, die im Begriff sind, sich zu verkörpern. Als gespenstische Erscheinung fährt sie nachts mit den Seelen in einer „wilden Jagd" durch die Luft; zu ihrem Schwarm gehören vor allem die Seelen der Unbeerdigten, der gewaltsam und vor der Zeit Getöteten. Dämonische Hunde begleiten sie auf ihrem Zuge, sie begegnet einem oft an Kreuzwegen, ruft zuweilen auch angstvolle Träume und Alpdrücken hervor. Sie ist die eigentliche Göttin des weiblich-matriarchalischen Hexenkults. Der römische Dichter Ovid gedenkt ihrer in seinen *Metamorphosen*, wo er die Zauberin Kirke (*Circe*) auftreten lässt. Kraft ihrer magischen Gewalt verwandelt sie den Jüngling Picus in einen Specht, weil er ihre Liebe verschmähte; und als dessen Gefolgsleute ihre Speere auf sie richten, rettet sie sich mit Hilfe von Giften, Beschwörungsformeln und einer Anrufung der Hekate:

> Jeder bestürmt mit gerechter Beschuldigung, fordert den König wieder und drohet Gewalt und erhebt feindselige Waffen. Circe sprengt ihr graues Gemisch und die Säfte des Giftes; und mit der Nacht die Götter der Nacht aus der Höll' und dem Chaos ruft sie, und Hekate her mit magischem Jammergeheule. Plötzlich entsprangen dem Ort, o Wundererscheinungen! Wälder: und laut stöhnte die Erd', in der Näh' erblassten die Bäume: Rings auch troffen die Kräuter gesprengt mit blutigen Tropfen; und es erhub das Gestein, so schien's, dumpfbrüllende Laute, und ein Gebell, wie der Hund'; es wühleten schwärzliche Nattern durch das Gefild' und es schwebte von luftigen Schemen der Toten.[116]

Mit ihrer Rute, ihrem Zauberstab, verwandelt Circe ihre Bedränger allesamt in Tiergestalten, wie sie es nach Homer schon mit den Gefährten des Odysseus getan hatte. In Szenen wie der obigen, von Ovid in aller Dramatik geschildert, kommt die – von den Römern sicher gefürchtete – Macht weiser Frauen und Hekate-Priesterinnen zum Ausdruck. Im antiken Griechenland finden wir Zeugnisse zu Magie und Zauberei erstmals in ho-

merischer Zeit. Die homerischen Epen kennen primiti-
ven Zauber zu Schadens-, Schutz- und Heilzwecken, sie
kennen auch die Schwierigkeit, magisch wirksame
Pflanzen zu gewinnen, aber Spuren einer Technik feh-
len noch völlig. In der Odyssee hören wir zum ersten
Mal von der Besprechung einer blutenden Wunde: „Ab-
er Odysseus' Wunde, des edlen, göttlichen Jünglings,
banden sie wohl und stillten das Blut mit Beschwö-
rung" (*Odyssee* X, 456-457); solche Formen ärztlicher
Heilmagie müssen also durchaus gängig gewesen sein.
Die Odyssee berichtet auch von der großen Magierin
Kirke, Tochter des Helios und der Okeanide Perse; ihr
Bruder ist Aetes, der dunkle Magier von Kolchis, und
zusammen mit Medea zählt sie zu den bedeutendsten
Zauberinnen der Antike! Sie überredet Odysseus zur
Unterweltsfahrt (*Odyssee* X, 504-540), und Hermes gibt
ihm die Pflanze Moly als Heilmittel gegen ihre Ver-
wandlungskunst:

> Also sagte Hermes und gab mir die heilsame
> Pflanze, die er dem Boden entriss, und zeigte
> mir ihre Natur an: ihre Wurzel war schwarz,
> und milchweiß blühte die Blume, Moly wird sie
> genannt von den Göttern. Sterblichen Men-
> schen ist sie schwer zu graben, doch alles ver-
> mögen die Götter.[117]

So scheint es, dass in homerischer Zeit die Magie
noch ganz den Göttern vorbehalten blieb; sie allein
konnten ohne Worte, nur durch den gedachten Willen
magische Handlungen vornehmen, sich verwandeln oder unsichtbar machen. Erst vom 5. Jahrhundert v. Chr.
an mehren sich die Hinweise auf eine von Menschen
rege ausgeübte Magie. Sie vertrug sich durchaus mit

dem olympischen Götterglauben und blühte besonders ungestört in abgelegenen Gebieten wie Thessalien, wo die zauberkundigen Frauen den Mond zur Erde herunterzwangen. Dies hängt sicherlich zusammen mit dem Eindringen fremdländischer Einflüsse aus dem Orient: so kam aus Karien die dunkle Göttin *Hekate* nach Griechenland, um hier die Herrin des nächtlichen Geisterschwarms und gefürchtete Zaubergöttin zu werden. Mit den Perserkriegen wurde dieser östliche Einfluss noch verstärkt; Persien mit seinem Zoroaster galt ja ohnehin als das Ursprungsland der Magie, und für die Übergabe okkulten Wissens an die Griechen machte die Tradition (Plin. nat. 30,8) *Ostanes* verantwortlich, den Meister der Magie, Astrologie und Alchemie, Begleiter des Königs Dareios. Den priesterlichen *magoi* aus Persien verdankt jedenfalls der griechische *magos* seinen schon bei Sophokles berüchtigten Namen.

Auch Platon spricht in seinem Dialog *Alkibiades* von der „geheimen Weisheit des Zoroaster" (Alkib. I 122 A), und er nennt sie „Götterverehrung" (ebd.); Zoroaster muss ihm als ein großer Weiser gegolten haben. Aus ganz anderen Quellen, wahrscheinlich ureuropäischen oder autochthon-griechischen, speiste sich die Hexenmagie der thessalischen Frauen. In Thessalien muss es tatsächlich eine Gilde magietreibender Frauen gegeben haben, die den Mond als Göttin verehrten. Hierüber berichtet uns Theokrit (um 270 v. Chr.) in seinem Gedicht *Die Zauberin*, das hier (in der Übersetzung Mörikes) auszugsweise zitiert sei:

> Auf! Wo hast du den Trank? wo, Testylis, hast
> du die Lorbeern? Komm und wind um den Becher die purpurne Blume des Schlafes.

Dass ich den Liebsten beschwöre, den Grausamen, der mich zu Tod quält.

Ach zwölf Tage schon sind's, seitdem mir der Bösewicht ausbleibt, seit er fürwahr nicht weiß, ob am Leben wir sind oder gestorben!

Nie an der Türe mehr lärmt mir der Unhold! Sicherlich lockte anderswohin den flatternden Sinn ihn Eros und Kypris.

Morgenden Tags will ich zu Timagetos' Palästra, dass ich ihn seh und, was er mir antut, alles ihm sage. Jetzo mit Zauber beschwör ich ihn denn. –

O leuchte, Selene, hold! Ich rufe zu dir in leisen Gesängen, o Göttin! Rufe zur stygischen Hekate auch, dem Schrecken der Hunde,

wann durch Grüfte der Toten und dunkeles Blut sie einhergeht. Hekate! Heil! du Schreckliche! Komm und hilf mir vollbringen!

Lass unkräftiger mein Werk nicht sein als wie der Kirke ihres, Medeias auch, und als Perimedes, der blonden. Roll, o Kreisel, und zieh in das Haus mir wieder den Jüngling! Mehl muss erst in der Flamme verzehrt sein! Testylis, hurtig, streue mir doch! wo ist dein Verstand, Törin, geblieben? Streu und sage dazu: Hier streu ich Delphis' Gebeine!

Roll, o Kreisel und zieh in das Haus mir wieder den Jüngling! Mich hat Delphis gequält; also verbrenn ich auf Delphis den Lorbeer.

Wie sich jetzo das Reis mit lautem Geknatter entzündet, plötzlich sodann aufflammt und selbst nicht Asche zurücklässt, also müsse das Fleisch in der Lohe verstäuben dem Delphis.[118]

Ganz eindeutig wird hier eine Praktik der Analogie-Magie dargestellt; ja wir werden in allen Einzelheiten zu Zeugen eines *Liebeszaubers* gemacht, der den schönen Jüngling Delphis in das Haus der Zauberin zurückbringen soll. Der Analogiezauber besteht darin, dass der Lorbeer, der verbrannt wird, den untreuen Liebhaber darstellen soll; es wird kraft der geheimen Sympathie aller Dinge eine Relation zwischen ihm und dem Lorbeer hergestellt, über welche der Zauber wirken soll. Dass es sich hierbei um eine der übelsten Praktiken der *Schwarzen Magie* handelt, bedarf wohl keiner Erklärung. Fast obligatorisch ist auch hier die *Anrufung des Mondes* in Gestalt der Selene oder der „stygischen Hekate".

Was den *nächtlichen Geisterumzug der Hekate* betrifft, so ist dieser auch aus anderen Kulturkreisen überliefert. Im nordisch-germanischen Bereich gehört diese Vorstellung zum weitverbreiteten Volksglauben; man spricht in diesem Zusammenhang von *„Wode und dem wütenden Heer"*. Ich zitiere W. Golther: „Über das gesamte germanische Gebiet geht die Sage von einem gespenstischem Heere, das in stürmischen Nächten durch die Lüfte braust. Die Erscheinung wird teils als Heerzug, teils als Jagdtross gedacht. Der einsame Wanderer scheut seine Begegnung, denn oft wird er auf Nimmerwiedersehen in die wilde Schar entrückt. (...) Im Geisterheere ziehen die Seelen derer, die gewaltsamen Todes verstarben oder auf denen Fluch und heidnisches Wesen lastet, also gefallene Krieger, Gerichtete, Ungetaufte u.dgl. In höchstes Altertum reicht diese Vorstellung herauf, und bis auf die Gegenwart hat sie sich erhalten."[119] Schon im Mittelalter ist im deutschsprachigem Bereich die Bezeichnung *„wütiges Heer"* nachweisbar, und der Anführer des Geisterzuges *Wode* ist niemand anderer als *Wuotan*, der Hauptgott der Germanen, der im Norden *Odhin* hieß. Er verkörpert wie Hekate das Unheimlich-Dämonische, die schrecklichen Unterweltsmächte. Man könnte auch einen Vergleich ziehen zwischen der griechischen Hekate und der keltischen *Ceridwen*; denn auch sie ist eine Hexengöttin, sogar eine mit wirkmächtigem Zauberkessel!

Die keltische Hexengöttin Ceridwen

Ceridwen ist eine altwalisische Natur- und Fruchtbarkeitsgöttin; sie steht wohl mit der griechischen *Kore* und der römischen *Ceres* in Verbindung, deren Namen alle die indogermanische Wurzel *ker* für „wachsen" enthalten. Sie ist die Gattin des hochgeborenen Tegid von Llyn Tegid, dem sagenumwobenen Bala Lake im Norden von Wales, unter dessen Fluten sich ihre Anderswelt-Wohnung befindet. Nach einem Dreispruch soll sie neben Arianrhod und Gwenn eine der drei schönsten Frauen der Britischen Insel gewesen sein. Am bemerkenswertesten aber sind ihre Kinder – eine Tochter, Creiwy, „die schönste Frau der Welt", ein Sohn mit Namen Morvan und ein anderer namens Afangdu, dessen Hässlichkeit unbeschreiblich gewesen sein muss.

In der Geschichte von *Ceridwens Kessel* begegnet uns ein nicht nur keltischer, sondern europäischer Urmythos. Als mythisches Urbild bedeutet der Kessel der Ceridwen den Zauberkessel, gefüllt mit dem Trank der Inspiration und des Wissens – der magische Kessel der Wiedergeburt, wie ihn später einige irische Hochgötter besaßen (zum Beispiel Bran oder Dagda), der in Gestalt zahlreicher Weihgefäße nachgebildet wurde (denken wir nur an den berühmten Silberkessel von Gundestrup!) und zuletzt in der christlichen Mythologie als wundertätige Gralsschale in Erscheinung tritt. Ja, man kann regelrecht von einem ureuropäischen Kessel-Mysterium sprechen, dokumentiert durch die zahlreichen Weihekessel seit der Bronzezeit.

Eines Tages, so berichtet das walisische *Buch Taliesin*, beschloss Ceridwen, für ihren Sohn Afangdu „einen Trank der Inspiration und des Wissens" in einem „Zauberkessel" zu bereiten, damit der Sohn als Ausgleich für seine Hässlichkeit ein großer Weiser und Seher werden würde: „Sie begann in dem Kessel zu kochen, und das Gebräu durfte nicht aufhören zu sieden für ein Jahr und einen Tag, erst dann erhielt man jene drei Tropfen, in denen sich alles Wissen versammelt hat. Sie stellte Gwion Bach (...) an, um den Kessel zu rühren, und ein blinder Mann, der Morda hieß, musste darauf achten, dass das Feuer darunter nie ausging. Sie selbst aber sammelte genau zu den Stunden, die das Buch der Sternenkundigen vorschreibt, all jene zauberkräftigen Kräuter, die in das Gebräu geworfen werden mussten."[120]

Ein höchst interessanter Text! Er lässt deutlich erkennen, dass von den Druiden und Druidinnen seit ältester Zeit eine mit Sternenwissen verbundene Pflanzenmagie betrieben wurde. Ein Jahr und einen Tag lang sollte der Zaubertrank in Ceridwens Kessel sieden. Aber kurz vor Ablauf dieser Zeit verbrühte sich Gwion Bach an drei Tropfen aus der brodelnden Sud den Finger – er steckte den Finger in den Mund und wurde von dem Augenblick an ein Erleuchteter, der um Vergangenheit, Gegenwart und Zukunft wusste. So ahnte er auch die Gefahr, die ihm von Ceridwen drohte, denn nun war die ganze Arbeit vergebens gewesen. So floh er, den berstenden Kessel hinter sich lassend – und nun beginnt eine abenteuerliche, metamorphosenreiche Verfolgungsjagd:

Ceridwen nahm die Verfolgung auf. „Als er sie sah, verwandelte Gwion sich in einen Hasen und floh weiter. Sie aber verwandelte sich in einen Windhund, der den Hasen einzuholen schien. Dieser aber lief zum Fluss und wurde ein Fisch. Da nahm Ceridwen die Gestalt eines weiblichen Otters an und jagte ihn unter Wasser, bis es ihm einfiel sich in einen Vogel zu verwandeln. Sie verfolgte ihn als Falke und ließ ihm keine Ruhe. Gerade, als sie auf ihn herabstoßen wollte und er schon vor Todesfurcht zitterte, sah er einen Haufen ausgedroschenen Weizen auf dem Boden einer Scheune und verwandelte sich in eines der Körner. Da wurde sie eine schwarze Henne, stolzierte zwischen dem Weizen umher, scharrte mit ihren Krallen, bis sie das Korn gefunden hatte und fraß es auf."[121] Von dem Korn wurde Ceridwen jedoch schwanger, und neun Monate später gebar sie ein wunderschönes Kind – sie gab ihm den Namen *Taliesin*, das bedeutet der „strahlende Stern".

Ceridwens Kessel muss nicht nur die Gabe der Zukunftsschau, sondern auch die Fähigkeit des Gestaltenwandels enthalten haben; das typisch keltische Motiv der Metamorphose tritt uns hier entgegen. Der Kessel der Ceridwen ist *das* Ursymbol des esoterischen Druidentums, aber der magische Urkessel befindet sich in der „Anderswelt", dem keltischen „Jenseits"; kein Fürst der Anderswelt kommt ohne ihn aus. Der Kessel der Ceridwen – später wird er uns noch wiederbegegnen als jener zaubermächtige Kessel der Wiedergeburt, der in der walisischen Mythe *Branwen die Tochter des Llyr*, einem der *Vier Zweige des Mabinogion*, an entscheidender Stelle vorkommt. Dort heißt es: der Eigentümer des Kessels ist der Riese Bran; gefallene Krieger, die man dort hineinwirft, kommen lebendig wieder hinaus. Auf einer Platte des Silberkessels von Gundestrup sehen wir dieselbe Szene: ein seltsamer Aufzug von Kriegern; und vor ihnen steht eine übergroße Gestalt, die einen der Krieger kopfüber in einen Kessel taucht.

Ein Kultkessel gehörte seit jeher zu den Hoheitszeichen eines Druiden; in Irland regelte das Brehongesetz, wem ein Kessel zustand. Interessant ist, dass noch St. Patrick, seines Zeichens christlicher Missionar in Irland, von dem Territorialfürsten Daire von Armagh einen großen Kessel als Geschenk erhält. Als Kultgegenstände und Grabbeigaben sind kunstvoll gearbeitete Kessel der verschiedensten Art seit der älteren Hallstattzeit im gesamten keltischen Siedlungsgebiet archäologisch belegt. Ein besonders markantes Beispiel hierfür ist der 1,64 m hohe, 208 kg schwere *Bronzekrater aus dem Grab der Fürstin von Vix*, der 1.200 Liter fasste und damit als das größte antike Prunkgefäß überhaupt gilt. Erschreckende Fabelbilder finden sich auf diesem Gerät dargestellt: unter den beiden Henkeln sitzen zwei furchterregende, riesenäugige, schlangenbeinige Gorgonen, die Zunge herausstreckend, wobei in den extrem breit auseinandergezogenen Mündern je ein spitzes Fangzähnepaar sichtbar wird. Die mit spitzen Klauen bewehrten Hände sind unheilabwendend erhoben, und von hinten windet sich je eine Schlange um die Gestalt herum, um sich züngelnd aufzurichten. Wie die britische Boadicea war die Fürstin von Vix nicht nur eine weltliche Herrscherin, sondern auch eine Priesterin – eine *Druidin*.

Die Titanen

Titanen, herrliche Kinder
Des Uranos und der Gaia;
Altvordern unserer Väter,
Wohnend tief in der Erde
In des Tartarus Erdschlucht;
Uranfänge und Quellen
Alles mühseligen, sterblichen Seins,
Was da schwimmt auf dem Meere,
Was fliegt, was wohnt auf der Erde;
Denn es rinnet aus euch
Alle Zeugungskraft durch das All.[122]

Die Titanen, chthonische Mächte der Erdentiefe, sind aus der mythischen Urschöpfungs-Ehe zwischen Uranos und Gaia hervorgegangen, das erste und älteste Göttergeschlecht, älter noch als die lichten Götter des Olymp, von diesen entthront und zurückgestoßen in die Erdentiefen. Von Uranos befruchtet, gebar die Urmutter Gaia einst ihre titanischen Kinder: „den tiefaufgewirbelten Okeanos, den Koios, den Kreios, den Hyperion, den Iapetos, die Theia, die Rheia, die Themis, die Mnemosyne, die goldbekränzte

Phoibe und die liebliche Tethys. Nach diesen entstand als der jüngste der hinterlistige Kronos, das schrecklichste unter den Kindern."[123]

Um zwölf Gottheiten handelt es sich also, je zur Hälfte männlichen und weiblichen Geschlechts; dabei bilden die Geschwister untereinander Ehepaare, denen weitere Weltwesen entspringen. Der ägyptische oder überhaupt orientalische Ursprung dieser kosmogonischen Vorstellungen gilt mittlerweile als erwiesen; hierauf weist vor allem die Geschwisterehe der Götter hin, die in Ägypten ein durchaus übliches Motiv war, ja als besonders geheiligt galt.

Die Titanen sind allesamt Naturgötter, wenn nicht den Naturphänomenen unmittelbar einwohnend, so doch zumindest symbolisch mit ihnen assoziiert. So ist Okeanos der Gott des wogenden Weltmeers, Tethys die Göttin der Gewässer und Flüsse, Phoibe der matt glänzende Mond; aus der Ehe von Okeanos und Tethys gehen die Okeaniden hervor, das Geschlecht der Meergeister; Asteria – die Tochter der Phoibe – ist der Sternenhimmel; Astraios, der von Kreios abstammt, wurde zum Vater der Winde. Man sieht hier deutlich, die Theogonie ist im Grunde reine Naturpoesie, auch Astralmythen (mesopotamischen Ursprungs?) sind mit eingewoben. Es verwundert daher nicht, dass ein so mancher naturmystisch fühlender Poet sich vom mythischen Stoff der hesiodischen Theogonie unwiderstehlich angezogen fühlte.

Die Titanen hatten ein tragisches Schicksal zu erleiden. Der Mythos vom *„Titanenkampf"* erzählt davon: nach dem Sturz des Kronos war Zeus zum alleinigen Herrscher im Olymp aufgestiegen. Aber schon seit 10 Jahren lagen die olympischen Götter mit den Titanen im Kampf, jenen ewigen Rebellen, die ihre alte Vormachtstellung nicht aufgeben wollten. Dann aber kam es zur Entscheidungs-Schlacht. Und Zeus gelang es, die drei Hekatoncheiren, hundertarmige Riesen, Kinder der Gaia, als Bundesgenossen zu gewinnen. Sie hießen, wir erinnern uns, Kottos, Briareos und Gyges. In ihre insgesamt dreihundert Hände nahmen sie Steine, und so überschütteten sie die Titanen mit einem Hagel an Steinen und bereiteten ihnen ein Ende. Zudem hatte ja Zeus von den Kyklopen die Blitze erhalten. Diese gaben den Titanen noch den Rest. So wurden sie besiegt und in die Tiefen des Tartarus verbannt.

Die Titanen haben durchaus so etwas wie literarische Unsterblichkeit erlangt. Für Goethe etwa stellte die Titanen-Begeisterung, wie sie im Prometheus-Gedicht von 1773 so treffend zum Ausdruck kommt, eine entscheidende Triebfeder seines Dichtens dar, besonders in seinen Jugendjahren des *„Sturm und Drang"*.

Über den „himmelstürmenden Sinn" der Titanen äußerte sich Goethe später so: „Doch auch die kühneren jenes Geschlechts, Tantalus, Ixion, Sisyphus, waren meine Heiligen. In die Gesellschaft der Götter aufgenommen, mochten sie sich nicht untergeordnet genug betragen (...) und sich eine traurige Verbannung zugezogen haben. Ich bemitleidete sie, ihr Zustand war von den Alten schon als wahrhaft tragisch anerkannt."[124] Goethe nennt neben Tantalus zwei andere Titanen, Ixion, den Vater der Kentauren, und Sisyphus, den Gründer Korinths – alle drei gelten als Vertreter derselben himmelstürmenden Gesinnung, die ihnen ähnliche Strafen in der „traurigen Verbannung" des Tartarus einbrachte.

Die Sympathie mit den gebannten Titanen war für Goethe ein nicht nur philosophisches, sondern gleichermaßen auch dichterisches Bekenntnis, in dem er sein eigenes Genie-Erleben zum Ausdruck brachte. Und es spannt sich ein Bogen vom Prometheus der frühen Dichtung von 1773, der sagt: „Hast du nicht alles selbst vollendet, heilig glühend Herz?", bis hin zum „Übermenschen" Faust, der nach den Worten des Erdgeistes „eine Welt in sich erschuf".

Die Titanen, Prometheus und Faust stehen somit als Sinnbilder für die genialische Produktivität des wahren Künstlers, zumal des Dichters, der allein in der Lage ist, Welten und Wirklichkeiten, Gestalten und Schicksale aus dem eigenen Inneren heraus neu zu erschaffen. Später, in fortgeschrittenem Lebensalter, hat Goethe dann eher die Machtlosigkeit und Kleinheit der Menschen gegenüber den Göttern betont, zum Beispiel in seinem Gedicht *Grenzen der Menschheit*.

Atlas

Japetos führte die schönfüßige Okeanos-
tochter Klymene heim und bestieg mit ihr
das gemeinsame Lager. Sie gebar ihm den
Atlas, einen unerschrockenen Knaben.

Hesiod, *Theogonie*[125]

Atlas galt bei den Griechen als Sohn des Titanen *Japetos* und der Okeanide *Klymene*, auch als Bruder des Prometheus, und er hatte die Aufgabe, das Himmelsgewölbe zu stützen. Die Alten sahen in ihm bald die Personifizierung der Weltensäule, bald den legendären König von Atlantis, nach dem Bericht Platons, bald den großen Astronomen, Mathematiker und Philosophen. Seine zahlreichen Töchter teilen sich in drei Gruppen: die Plejaden, die Hyaden und die Hesperiden. Zu seinen Töchtern gehört auch Maia („Mutter"), die Mutter des Götterboten Hermes, dessen Vater Zeus ist. Zuweilen wird Atlas mit dem Atlasgebirge in Nordafrika in Verbindung gebracht, vielleicht weil dessen höchste Erhebung, der Berg Toubkal mit 4167 Metern, den Himmel zu stützen scheint, ähnlich wie der Titan des Mythos.

Eine Sage späteren Datums erzählt, wie Atlas zu diesem Gebirge wurde. Nachdem Perseus im Land der Hyperboreer die Gorgo Medusa, deren schrecklicher Anblick jeden zu Stein erstarren ließ, enthauptet hatte, gelangte er auf seiner Weiterreise zu Atlas. Da dieser ihm aber die gastliche Aufnahme verweigert hatte, hielt Perseus ihm das Medusenhaupt entgegen; darauf erstarrte der Titan und verwandelte sich in ein gigantisches Felsengebirge, eben in das Atlasgebirge.

Da Atlas mit seinem Bruder Menoitios zu den Verlierern im Kampf der Titanen gegen die Olympier zählte, bekam er den Zorn des allmächtigen Zeus zu spüren: er wurde dazu verdammt, am westlichen Rand der Erde zu stehen und dort den Himmel zu stützen, damit Himmel und Erde – Uranos und Gaia – nicht mehr ihre Urzeugungs-Ehe fortsetzen können. Seine Töchter, die *Hesperiden*, heißen dem Wortsinn nach „die Westlichen" (von *hesperos*, der Westen). Den Hesperiden wurden die goldenen Äpfel der Unsterblichkeit anvertraut, die an einem Baum wachsen, der von dem Drachen Ladon bewacht wird. Der Baum selbst ist ein Hochzeitsgeschenk, das die Erdgöttin Gaia einst der olympischen Göttergattin Hera vermacht hat. Zu den Arbeiten des Herakles gehörte es, die goldenen Äpfel der Hesperiden zu beschaffen, und er bekam sie auch, wenngleich mit einer List: Atlas bot sich nämlich an, für Herakles die Äpfel zu pflücken, wenn dieser ihn beim Tragen des Himmels ablöste. Der Held bedankte sich und lud die Himmelssphäre auf seine Schultern, während der Titan die goldenen Äpfel besorgte. Nun war Atlas aber des Tragens überdrüssig und wollte mit den Äpfeln davongehen. Doch Herakles bat ihn, für einen Moment die Last wieder zu übernehmen, damit er sich ein Stoffpolster auf die Schultern legen könne. Atlas willigte ein, doch Herakles machte sich mit der Beute auf und davon. Diese Sage klingt recht naiv; Atlas erscheint dort als ein dummer Riese, von der Art, wie sie später in den Volksmärchen vorkommen: es ist leicht, so jemanden zu überlisten, doch erscheinen die hier handelnden Personen wie Karikaturen.

Darüber hinaus besitzt Atlas durchaus eine esoterische Bedeutung. Als Träger des Himmelsgewölbes ist er die personifizierte Weltachse, die *axis mundi*, die in den Schöpfungsmythen der alten Völker eine so große Rolle spielt. Hesiod gibt als Ort des Atlas *„das furchtbare Haus der finsteren Nacht"* an: „Vor diesem hält der Sohn des Japetos den weiten Himmel, stehend, mit Kopf und unermüdlichen Händen, unentwegt, wo die Nacht und der Tag sich näherkommen und miteinander reden"[126] – möglicherweise ein Hinweis auf die taghellen Nächte im Lichte der Mitternachtssonne. Die Himmelssäule des Atlas wandelte sich später zum *immergrünen Lebensbaum*, zum *Weltenbaum*. Die Sachsen verehrten die *Irminsul*, die in Eresburg in Westphalen aufgestellt war, in Gestalt einer hohen Baumsäule. Der alte Weltenstützergott Atlas wurde bei den germanischen Völkern *Er*, *Yr*, *Ir*, *Ermin* oder *Irmin* genannt; daher die Bezeichnung „Irminsul". Yr scheint ein Beiname des altgermanischen Himmelsgottes *Tyr* gewesen zu sein.

Das Reich des Atlas befindet sich am Rande der Welt, im äußersten Westen; deshalb macht Platon ihn zum ersten König der Atlanter. Der Gott Poseidon habe die Insel Atlantis im Losverfahren erhalten, und dort fand er ein Urelternpaar vor, Euenor und Leukippe. Die hatten eine einzige Tochter namens Kleitho. Mit ihr zeugte Poseidon die zehn Urkönige von Atlantis, deren ältester Atlas hieß. Und der Atlantische Ozean trägt deswegen seinen Namen, „weil damals der älteste König den Namen Atlas führte" (*Kritias* 114 a/b).

Prometheus

Wer half mir
Wider der Tyrannen Übermut?
Wer rettete vom Tode mich,
Vor Sklaverei?
Hast du nicht alles selbst vollendet,
Heilig glühend Herz?
Goethe, Prometheus[127]

In der griechischen Mythologie erscheint Prometheus als eine Wesenheit, die das Geistesfeuer vom Himmel herabbringt, die den Menschen inspiriert, selber gottgleich zu sein: das Göttliche in sich selbst durch freie Schaffenskraft zu entbinden! Prometheus wirkt als Inspirator der Ich-Entwicklung in der Menschheitsgeschichte. Denn das „Ich" des Menschen birgt einen heiligen Geistesfunken in sich, den Keim eines künftigen Gottes; und gerade Prometheus ist es, der diese im Menschen dumpf schlummernde Göttlichkeit zu erwecken versucht. Der Name *Prometheus* bedeutet wörtlich übersetzt „der Vorherdenkende, der Vorausdenkende"; sein Bruder Epimetheus heißt wörtlich „der Hinterherdenkende, der Danachdenkende". Prometheus heißt deswegen der Vorausdenkende, weil er als der Geist-

Erwecker im Menschen stets der Weltentwicklung vorauseilt, Künftiges vorwegnimmt, Zukunfts-Impulse schon im Hier und Jetzt der Gegenwart vorbereitet.

Prometheus ist ein revoltierender Gott, der sich gegen Zeus – den Herrscher im Olymp – auflehnt, aber ein tragisches Schicksal erleidet. Der griechische Mythos nennt ihn einen Nachfahren des uralten Göttergeschlechts der Titanen, das von Zeus entthront wurde. Aber Zeus und Prometheus sind dessen ungeachtet eng miteinander verwandt, denn Zeus gilt ja als Sohn des Kronos, den er stürzte, um sich des Olymp zu bemächtigen; und Prometheus stammt ab von Japetos, einem Bruder des Kronos. Schon Japetos hatte sich als Rebell gegen den Usurpator Zeus hervorgetan. Nach der Überlieferung führte er jene Titanen an, die sich gegen Zeus auflehnten, in der Titanenschlacht aber besiegt und in den Tartaros geworfen wurden. Dort, in den Gefilden der Unterwelt, weilt seitdem Japetos, und über ihm bildete sich der Sage nach eine von Menschen bewohnte Insel. Die Titanen sind ein stolzes, wildes, freies Geschlecht erdgeborener Götter, das keine fremde Herrschaft über sich duldet.

Als Abkömmling eines urzeitlichen Titanen-Geschlechts trug Prometheus noch kosmische Urzeit-Weisheit in sich; deshalb wusste er auch, dass im Erdboden göttliche Himmels-Samen schlummerten. Und so nahm er denn Ton vom Erdboden, vermengte ihn mit dem Wasser des Flusses, knetete ihn und formte Lebewesen daraus nach dem Ebenbild der Götter. Um diesen Lehmgebilden eine Seele einzuhauchen, nahm er von den Tierseelen gute und böse Eigenschaften, und die schloss er in die Brust seiner Menschengeschöpfe ein. Dann kam Pallas Athene, die Göttin der Weisheit, bewunderte die Schöpfungen des Titanensohnes, und blies den halbbeseelten Lehmgebilden lebendigen Geist – göttlichen Atem – ein. Prometheus, der Menschen-schöpfer, wollte ein ihm ähnliches Geschlecht halbgött-licher Wesen hervorbringen. Der römische Dichter Ovid hat in seinen *Metamorphosen* die Menschenerschaffung durch Prometheus wie folgt dargestellt:

> Und es erhub sich der Mensch: ob ihn aus göttlichem Samen schuf der Vater der Ding', als Quell der edleren Schöpfung;
> Oder ob frisch die Erde, die jüngst vom er-habenen Äther los sich wand, noch Samen enthielt des befreundeten Himmels.
> Aber Japetus Sohn, mit fließender Welle sich mischend, bildete jen' in Gestalt der allversorgenden Götter.
> Und da im Staub vorwärts die anderen Le-ben hinabschaun, gab er dem Menschen erhabenen Blick, und den Himmel betrach-ten lehrt' er ihn, und empor zum Gestirn aufheben das Antlitz.
> Also ward, die neulich noch roh war und gestaltlos, umgeschaffen die Erde zum Wunderbilde des Menschen.[128]

Der Prometheus-Mythos enthält, wie die meisten an-tiken Mythen, tiefe esoterische Weisheit. Er betont die Doppelnatur des Menschen – einerseits „aus Lehm" ge-formt, andererseits ein Abbild der Götter. Der Mensch trägt zwar wohl Bestandteile der animalischen Tierseele in sich, aber auch jenes höhere Geistprinzip, das ihn mit der Welt des Göttlichen verbindet: den „göttlichen Atem" der Pallas Athene.

Prometheus hat die Menschen nach seinem Bilde geschaffen. Die Schöpferkraft und Göttlichkeit, die ein Bestandteil seiner eigenen Natur sind, möchte er auch dem Menschen zukommen lassen. Deshalb lehrt er ihn den aufrechten Gang und den himmelzugewandten Blick, er lehrt ihn also die Kunst des Menschseins! Als Kulturbringer, als Inspirator menschlicher Künste und Wissenschaften tritt Prometheus auf; kein anderer Gott hat sich der Sterblichen und ihrer Nöte so sehr angenommen wie er. Gestirnbeobachtung, Mathematik, Schrift, Nutztierhaltung und Viehzucht, Schifffahrt, aber auch Heilkunst, Wahrsagerei, Traumdeutung, Vogelflugschau und Opferschau: dies alles lehrte Prometheus einst die Menschen. Und mehr als nur dies: Er brachte ihnen das von Zeus missgönnte Feuer, indem er einen Stängel markigen Riesenfenchels nahm, ihn in die Nähe des Sonnenwagens hielt, worauf sich der Stängel entzündete – mit dem glimmenden Zunder kam er dann auf die Erde herab, und bald loderte das erste Feuer im Herd.

Das gestohlene Himmelsfeuer, am vorüberfahrenden Sonnenwagen entzündet, steht als Symbol für die Geistkraft, für jenen Teil im Menschen, der den nie verlöschenden Funken menschlichen Selbstbewusstseins in sich birgt. Prometheus erweist sich somit als Evolutions-Helfer des menschlichen Geistes. Das zur Eigenständigkeit erwachte menschliche Denken bildet den Ursprung und Quellgrund menschlicher Freiheit und Autonomie. Weil Prometheus den *freien Menschen* heranbilden will, fordert er den Zorn des Zeus heraus, der stellvertretend für eine auf Gewalt und Unterdrückung beruhende Machtordnung dasteht. Das Zeusprinzip ist das blanke Machtprinzip, denn der Herrscher im Olymp gebärdet sich ebenso machtbesessen und eifersüchtig wie der biblische Jahwe des Alten Testaments, und ebenso wie jener hasst er die Stimme, die zum Menschen sagt: *„Und ihr werdet sein wie Gott"* (1. Mose, 5/3). Zeus und Jahwe sind autoritäre Vatergötter, eifrig darauf bedacht, den Menschen nur ja niederzuhalten, und patriarchalische Unterdrückungs-Religionen sehen in Prometheus lediglich einen Anstifter zu Hybris und kreatürlicher Selbstüberhebung.

Die Rebellion des Prometheus gegen die festgefügte Zeusordnung trägt etwas zutiefst Titanisches, Chthonisches, Wild-Elementarisches, Heroisches, Heidnisches an sich; denn Prometheus als Titan zählt ja selbst zu den der Erde entstammenden Göttern: das Geschlecht der Titanen ging aus der Ehe zwischen Uranos und Gaia, Himmel und Erde hervor. Als ein Sprössling aus der Sippe Gaias steht Prometheus in näherer Verwandtschaft zum Menschen als zu den olympischen Göttern, die in fernen Ätherhöhen wohnen; der Mensch wurde ja schließlich selbst aus Lehm gebildet. Er besitzt Anteil sowohl an der stofflichen Erdennatur als auch an der Geistnatur der Götter. Seine Berufung kann nur darin bestehen, das in ihm verborgen schlummernde Göttliche, den von Prometheus angefachten Feuerfunken des Geistes, freizusetzen und in schrittweiser Höherentwicklung zu vervollkommnen. Die Unterdrückungs-Religionen freilich, monotheistisch auf einen strengen Vatergottglauben gegründet, haben bisher immer den Anteil des Menschen an der göttlichen Natur abgeleugnet. Hemmend stellen sie sich der Höherentwicklung des Menschen in den Weg.

Stellt Prometheus als der „Vorausdenkende" die fortschrittsgerichteten Freiheits- und Entwicklungskräfte der Welt-Evolution dar, so repräsentiert sein Bruder Epimetheus als der „Hinterherdenkende" die hemmenden, retardierenden Kräfte. Zeus nämlich, über die Prometheus-Tat zutiefst empört, sann auf Rache. Die Menschheit galt es zunächst für die empfangene Wohltat des Feuers grausam zu strafen. So schufen die Götter ein Standbild aus Stein, eine Jungfrau namens Pandora mit einem Füllhorn in der Hand, hauchten ihm künstliches Leben ein und schickten es hinab auf die Erde. In ihrem Füllhorn trug die steinerne Jungfrau alle Übel der Welt, nur eine gute Gabe war darin: die Hoffnung. Epimetheus öffnet nun die Pandorabüchse, und alle Übel verbreiten sich, die Menschheit heimsuchend, über den Erdkreis. Bevor die Hoffnung aus der Pandorabüchse entweichen kann, wird diese auf Geheiß des Zeus wieder geschlossen. Und deshalb heißt Epimetheus der „Hinterherdenkende", weil er alles von Prometheus Geschaffene wieder zunichtemacht. Er ist derjenige, der auf Grund seiner Dummheit und Langsamkeit der Menschheits-Evolution hinterherhinkt und sie dadurch aufhält. Somit wirken Prometheus und Epimetheus im gänzlich entgegengesetzten Sinne auf die Menschheits-Evolution ein, der eine vorwärtsdrängend, beschleunigend – der andere verlangsamend, dem Fortschreiten entgegenwirkend.

Stolz wohnt in der Titanenbrust des Prometheus, ein Wissen um die eigene Würde, die selbst von Gewaltherrschern nicht zerstört werden kann; und dieser Stolz des Prometheus zeigt sich selbst noch im Leiden seiner Bestrafung. Nachdem Zeus, der Sachwalter einer auf Macht und Gewalt gegründeten Weltordnung, die Bestrafung der Menschheit vornahm, indem er ihr die Pandora-Büchse mit allem Leid darin zuschickte, verfügte er die Bestrafung des Prometheus, den er durch seinen Schmied Hephaistos an die Gipfelgebirge des Kaukasus anketten ließ. Unterstützt wurde diese Arbeit durch zwei Schergen, *Bia* und *Kratos*, das heißt: Gewalt und Zwangsmacht. Schon diese beiden Namen lassen den Charakter der Zeusherrschaft als reiner Gewaltherrschaft deutlich erkennen. Prometheus aber verhöhnt seine Bezwinger; selbst schon angekettet, prophezeit er das Ende der von Zeus ausgeübten Tyrannenherrschaft:

> Verehre, beug dich, schmeichle dem, der jeweils herrscht, ich aber kümmre minder mich um Zeus als nichts. Er tu's, er herrsche diese kurze Zeit wie ihm beliebt. Nicht lange wird er Herr der Götter sein.[129]

Prometheus, ein Abkömmling der Sippe des Kronos und Japetos, widersetzt sich der Zeusherrschaft, weil er das Recht der neuen Götter nicht anerkennen will. Aber er ist kein Verneiner, der Auflösung und Chaos anstrebt. Er erkennt vielmehr, dass die neuen Götter ihre Herrschaft nur durch Vatermord, Usurpation und Krieg errungen haben; und dagegen rebelliert er! Seine Ankettung an den Gipfel des Kaukasus erinnert an etwas zutiefst Verwandtes aus der nordisch-germanischen Mythologie: die Fesselung des *Loki* durch die *Asen*. Auch die Asen sind ungerechte und despotische Weltherrscher; auch Loki war an der Weltschöpfung beteiligt, als er dem ersten Menschen lebendigen Geist einhauchte, und wie Prometheus wird er zum Rebell gegen die Asenordnung. Loki und Prometheus sind somit in jeder Hinsicht Parallel-Figuren.

In esoterischer Hinsicht ist es ein und dieselbe Geist-Wesenheit, die hinter den mythischen Bildern „Loki" und „Prometheus" als machtvolle archetypische Gestalt sichtbar wird. Beide Götter stehen in engem Bezug zu den chthonischen Mächten der Erdentiefe; beide sind aber auch Geister des Feuers, wobei „Feuer" hier ein Synonym ist für „Geist". Loki hat dem Menschen bei der Weltschöpfung einen unsterblichen Geistfunken eingehaucht. Der Name Loki, zuweilen auch *Lodur*, kommt von *Lohe*: Loki ist also die persönlich gedachte Feuer-Lohe, ein rebellischer Feuer-Geist, der das Fackellicht der Geist-Erkenntnis in die Menschheits-Geschichte hineinwirft, ein Lichtbringer wie Prometheus! Im Bündnis mit den Elementargewalten des Feuers, mit dem Feuer-Riesen *Surtur*, wird er dereinst den großen Weltbrand entfachen, in dem die Asenordnung ächzend zusammenbrechen wird!

Als Feuer-Geist ist Loki auch Lichtbringer; deshalb meint W. Golther (*Handbuch der germanischen Mythologie*, 1906), dass Loki-Lodur „in der Hauptsache nichts anderes ist, als der in die nordische Göttersage und Weltlehre übersetzte Lucifer"[130]. Nun heißt *Lucifer* ja nichts anderes als Lichtträger: Prometheus, Loki und Lucifer sind – esoterisch gesehen – ein und dieselbe Wesenheit. Dass die Gestalt des Lucifer, ein Titan, Lichtbringer, ewiger Rebell gegen die Götterordnung, einer Unterwerfungs-Religion wie dem Christentum zutiefst fremd und zuwider bleiben musste, ist offensichtlich. Darum wurde diese Gestalt zum „Teufel" gemacht, der auch als ein Beherrscher unterirdischer Feuerkräfte gilt. Der Teufel wird im Christlichen als böse, verschlagen und hinterlistig dargestellt; die Gestalt eines rebellierenden Gottes, der den Menschheits-Fortschritt fördert, ist nicht mehr erkennbar.

War der antike Prometheus noch ein redlicher Rebell gegen ungerechte Herrschaft, so finden wir den nordischen Loki erheblich negativer als ewigen Lügengeist dargestellt. Unter zweifellos christlichem Einfluss wurde Loki, der Empörergeist und Erwecker menschlicher Ich-Kräfte, dämonisiert und moralisch abgewertet. Alles was dazu verhilft, das Göttliche im Menschen freizusetzen, muss in christlicher Sicht als ein Aufstand des Geschöpfs gegen den Schöpfer gewertet werden. „Demut" und „Gehorsam" gelten in einer solchen Religion als die höchsten Tugenden; dagegen werden Eigensinn und Eigenwille, als Ausdruck des luciferischen Ich-Prinzips, gebrandmarkt. Es ist jedoch deutlich genug erkennbar, dass diese Unterdrückung der Ich-Kräfte dem Sinn der Menschheits-Entwicklung entgegensteht. Prometheus, Lucifer und Loki, dämonisiert zwar von den jeweils Herrschenden, erfüllen eine durchaus positive und segensreiche Funktion im Entwicklungsgang der Menschheit als Erwecker des menschlichen Ich-Bewusstseins und Fackelträger der Freiheit.

Im antiken Griechenland muss Prometheus wohl ein archaischer (vielleicht gar vorindogermanischer) Gott gewesen sein, der durch Feueraltare und kultischen Fackellauf verehrt wurde. Aber erst durch die Tragödien-Dichtung des Aischylos (525–456 v. Chr.) wurde er zur Weltgestalt. Die Dichtung hat ursprünglich als Trilogie bestanden, aber nur der Mittelteil blieb erhalten, *Der gefesselte Prometheus*, eine Tragödie im Stil feierlich-archaischer Würde. In der Moderne gewann der Prometheus-Mythos neue Kraft, literarisch verarbeitet etwa von Shaftesbury, Goethe, Herder, Shelley, D'Anunzio und Spitteler. Als Symbol selbsttätiger Schöpferkraft wurde er insbesondere mit dem Geniebegriff verknüpft; überhaupt trägt die Moderne etwas zutiefst Prometheisches, Faustisches. Titanisches in sich. In gewisser Weise zeigt sich dieser Geist der Moderne sowohl in dem Schauerroman *Frankenstein* von Mary Shelley wie auch in dem lyrischen Drama *Der entfesselte Prometheus* ihres

Ehemannes P. B. Shelley (1820 aus dem Geist englischer Romantik entstanden). Shelley legt, auch darin modern, das Schwergewicht auf die Befreiung des Prometheus. Denn nicht ewig bleibt der Empörergott an den Kaukasus geschmiedet, nicht ewig frisst der Adler des Zeus an seiner Leber, sondern eines Tages erscheint der Halbgott Herakles auf der Weltbühne, erschießt den gierigen gefräßigen Zeus-Adler mit seinem Pfeil und löst den gefesselten Prometheus aus seinen Banden. Dieser zeigt Herakles daraufhin den Weg zu den paradiesischen Inseln der Glückseligen im Westen, wo die Hesperiden über die Äpfel der Unsterblichkeit wachen.

Es wird berichtet, dass Aischylos zu seiner Prometheus-Dichtung inspiriert wurde, als er (vermutlich um das Jahr 470 v. Chr.) auf Sizilien einen Vulkanausbruch des Ätna miterlebte. Unter den Wurzeln des Ätna dachte man sich den Drachen *Typhon*, auch er ein Rebell, ein Freund und Bundesgenosse des Prometheus, der von Zeus besiegt und in erdentiefe Abgründe verbannt wurde. Die „Empörung Typhons" nannte man daher den Ausbruch des Ätna. Der Drache Typhon, ein Beherrscher unterirdischen Feuers, entspricht in der germanischen Mythologie der Midgard-Schlange, dem furchtbaren Geschöpf Lokis, das am Tag der Götterdämmerung zum Endkampf gegen die Asen antreten wird. Der Empörer Typhon ist wahrscheinlich eine uralte chthonische Gottheit; und der gefesselte Prometheus konnte ebenfalls Erdbeben hervorrufen, wenn er an seinen Ketten zerrte. Typhon und Prometheus sind natursymbolisch betrachtet Vulkanausbruch und Erdbeben, unterirdische Erden-Feuer-Kräfte, die nur mit Mühe und Not von den Göttern des Himmels gebannt und niedergehalten werden können. Wehe, wenn sie losgelassen! Das

Naturbild des chthonischen Feuers bedeutet den Geist der Revolte.

Die Menschheit ist in esoterischer Sicht ein Geschlecht von Geistwesen. Aber der Geist, in Sanskrit *Manas*, fiel nicht vom Himmel, er wurde vielmehr (um im Bild zu bleiben) „vom Himmel gestohlen". Der Geist ist unser Erbteil aus der himmlischen Welt, der uns zusteht, da er uns Menschen überhaupt erst zu Menschen macht. Er wurde an die Menschen weitergegeben, von höheren Wesen der Welt-Evolution, und der Mensch wird eines Tages die Fackel des Geistes selbst weitergeben, an diejenigen, die auf der Stufenleiter der Evolution heute noch unter ihm stehen. So gleicht der Geist in der Tat einer Heiligen Flamme, die immer neue Dochte zu eigenem Glühen entzündet, sodass schließlich die ganze Welt der Materie erstrahlt im Licht des Geistes!

Der Theosoph William Q. Judge hat dieses Weitergeben des Geistes durch die Zyklen der Evolution mit dem Bild einer brennenden Kerze verglichen: „Dieses Entfachen des *Manas*-Feuers ist symbolisiert worden in allen großen Religionen und auch in der Freimaurerei; im Orient erscheint ein Priester mit einer flammenden Kerze am Altar, und an dieser Kerze entzünden tausend andere ihre Kerzen. Auch die Parsen haben ihr heiliges Feuer, das stets an einem anderen heiligen Feuer entzündet wird."[131] Seit der Einpflanzung des Geistfeuers in die Menschen wirkt der Prometheus-Impuls als aufstrebende Kraft in der Kulturentwicklung. Und im Laufe der Welt-Evolution wird dank dieses Impulses eine künftige Menschheit auferstehen, die das Göttliche in sich durch freie Schaffenskraft entbindet; es wird ein Geschlecht freier Titanen sein.

Lucifer – Lichtbringer und ewiger Rebell

Wie Satan, Beelzebub (Baal-Sebub, ein Aspekt des kana-
anitischen Baal), wie der gehörnte Waldgott Pan oder
der keltische Cernunnos gehört Lucifer zu jenen schillernden Gestalten aus der Welt des europäischen Heidentums, die dem „Teufel" der christlichen Mythologie
als unmittelbares Vorbild gedient haben müssen. Alle
Prototypen des Teufels aus dem antiken Heidentum tragen durchweg das Gepräge des Wild-Chaotischen, Ele-
mentar-Naturhaften, sie sind meist Götter üppiger
Fruchtbarkeit und phallischer Kraft, Götter auch des
Rausches oder der Ekstase; und sie zeigen überdies oft
das Antlitz eines Rebellen und Freiheitskämpfers.

Lucifer zählt zu den Rebellen unter den Göttern. Wie
einst Prometheus gegen Zeus, so erhebt sich Lucifer
mitsamt einer ihm anhängenden Engelschar gegen
„Gott-Vater", der als „Herr der himmlischen Heerscha-
ren" wie ein altjüdischer patriarchalischer Despot in
den himmlischen Gefilden geherrscht haben muss. Die
Gestalt des Lucifer, wörtlich: Licht-Träger (vom lat. *lux*,
das Licht und *ferre*, tragen, bringen), geht auf einen vorderasiatischen Astralgott zurück, der – mit dem Morgenstern gleichgesetzt – der aufgehenden Sonne voran-
leuchtete. Nichts Böses oder Schlechtes haftet diesem
Morgensterngott an. Im Gegenteil: als Begleitstern und
Vorbote der Sonne zählt er selbst zu den lichthaften
Himmelsmächten, die an der Lichtnatur des Sonnengottes teilhaben.

Erst der Mythos vom „gefallenen Morgenstern",
wann immer er aufgekommen sein mag, lässt uns die
spätere christliche Teufelsgestalt wenigstens schatten-
haft erahnen. Der Morgenstern nämlich, so erzählt dieser Astralmythos, habe – von Eifersucht und Größen-
wahn getrieben – den Sonnengott um seine Lichtkraft

189

beneidet und sich gegen ihn aufgelehnt, wurde dann aber – vom Blitz getroffen – aus den Himmelshöhen herabgeworfen: ein „gefallener Engel" also, der die Anmaßung seines unerlaubten Höherstrebens mit einem umso tieferen Fall bezahlt!

Diesen Astralmythos greift auch ein unbekannter alttestamentlicher Autor auf, der unter dem Namen des Propheten Jesaja schreibt (Jes. 14, 12-14): „Wie bist du vom Himmel gefallen, du schöner Morgenstern! Wie wurdest du zu Boden geschlagen, der du alle Völker niederschlugst! Du aber gedachtest in deinem Herzen: ‚Ich will in den Himmel steigen und meinen Thron über die Sterne Gottes erhöhen, ich will mich setzen auf den Berg der Versammlung, ich will auffahren über die hohen Wolken und gleich sein dem Allerhöchsten.' Ja, hinunter zu den Toten fuhrest du, zur tiefen Grube!"

Die Worte des Propheten galten zwar ursprünglich nur dem babylonischen König Nebukadnezar, doch drücken sie schon recht treffend den Hauptinhalt luciferischen Strebens aus. Es ist das Streben des Menschen, selbst gottgleich zu sein, sich aus eigener Kraft in die Höhen des Göttlichen zu erheben! Dem antiken Heidentum war der Gedanke, dass eine Vergöttlichung des Menschen aus eigener Kraft möglich ist, ganz und gar geläufig. Erst im Christentum wurde solch ein Gedanke als „Hybris" (Selbstüberhebung) gebrandmarkt. Wir führen eine ähnliche Stelle aus dem Alten Testament an, die ursprünglich wohl dem König von Tyrus zugedacht war, jedoch ohne weiteres auf den „gefallenen Engel" Lucifer bezogen werden kann:

„Du warst ein Abbild der Vollkommenheit, voller Weisheit und über die Maßen schön. In Eden warst du, im Garten Gottes, geschmückt mit Edelsteinen jeder Art. Mit Sarder, Topas, Diamant, Türkis, Onyx, Japis,

Saphir, Malachit, Smaragd. Von Gold war die Arbeit deiner Ohrringe und des Perlenschmucks, den du trugst; am Tag, als du geschaffen wurdest, wurden sie bereitet. Du warst ein glänzender, schirmender Cherub, und auf den heiligen Berg habe ich dich gesetzt; ein Gott warst du und wandeltest inmitten der feurigen Steine. Du warst ohne Tadel in deinem Tun von dem Tage an, als du geschaffen wurdest, bis an dir Missetat gefunden wurde. Durch deinen großen Handel wurdest du voll Frevels und hast dich versündigt. Da verstieß ich dich vom Berge Gottes und tilgte dich, du schirmender Cherub, hinweg aus der Mitte der feurigen Steine. Weil sich dein Herz erhob, dass du so schön warst, und du deine Weisheit verdorben hast in all deinem Glanz, darum habe ich dich zu Boden gestürzt und ein Schauspiel aus dir gemacht vor Königen. Weil du in deiner großen Missetat durch ungerechten Handel dein Heiligtum entweiht hast, darum habe ich ein Feuer aus dir hervorbrechen lassen, das dich verzehrte und zu Asche gemacht hat auf der Erde vor aller Augen." (Hesekiel 28, 12-18)

Der ursprüngliche heidnische Morgensterngott, der dem Lucifer-Mythos zugrunde liegt, heißt vermutlich *Astaroth*, das männliche Dual zu *Astarte*, der stets nackt dargestellten jungfräulichen Fruchtbarkeits- und Kriegsgöttin Palästinas, die das Alte Testament auch unter dem Namen Aschera und Aschtoreth kennt. Im Gebiet der assyrisch-babylonischen Kultur entspricht ihr die Göttin Ishtar, die als Liebesgöttin mit dem Planeten Venus, dem Morgen- und Abendstern, verbunden wurde. Die Astarte von Sidon hatte von Salomons Zeiten bis zum Jahr 622 v. Chr. ein Heiligtum in Jerusalem. Die jüdischen Propheten wüteten gegen sie, vermännlichten sie zu „Aschtaroth", der zusammen mit dem syrischen Baal in die Reihe der Teufel und Dämonen gestellt wurde. Noch ein Teufelslexikon aus dem 19. Jahrhundert, das *Dictionnaire Infernal* des Collin de Plancy (1818), nennt einen Dämonen namens Astaroth als einen mächtigen Großfürsten der Hölle!

Aus dem einstigen Morgensterngott, Gefährte und männliches Dual der Astarte, wurde in christlicher Umdeutung der himmlische Drache, der bei seinem Sturz aus dem Himmel „ein Drittel aller Engel" mit sich in den Abgrund gerissen habe. Das Drachenmotiv weist ebenfalls auf einen verborgenen matriarchalischen Hintergrund des Mythos hin. Der Drache, die Große Schlange, galt ursprünglich als ein geheiligtes Tier der Großen Muttergöttin. Das Urbild des Drachentötens, von der Antike bis ins Mittelalter hinein weitverbreitet – Zeus tötet Typhon, Apollo den Drachen Python, Thor die Midgardschlange, Siegfried schließlich den bösen Lindwurm – lässt den Sieg einer patriarchalischen Vatergott-Religion über den älteren Kult einer Großen Muttergöttin deutlich erkennen.

Auch Lucifer soll sich, manchen Überlieferungen zufolge, nach seinem Sturz aus dem Himmel in einen Drachen verwandelt haben – sein Bild vermählt sich mit dem der Riesenschlange, des furchtbaren Krokodils oder Seedrachens *Behemoth*, auch als *Leviathan* bekannt, das im alttestamentlichen Buch Hiob in schillernden Farben entworfen wird: „Siehe da den Behemoth, den ich geschaffen habe wie auch dich, siehe, welch eine Kraft ist in seinen Lenden, und welch eine Stärke in den Muskeln seines Bauches! Sein Schwanz streckt sich wie eine Zeder; die Sehnen seiner Schenkel sind dicht geflochten. Seine Knochen sind wie eherne Röhren, seine Gebeine wie eherne Stäbe. Er ist das erste der Werke Gottes; der ihn gemacht hat, gab ihm sein Schwert. Die

Berge tragen Futter für ihn, und die wilden Tiere spielen dort. Er liegt unter Lotosbüschen, im Rohr und im Schlamm verborgen. Lotosbüsche bedecken ihn mit Schatten, und die Bachweiden umgeben ihn. Siehe, der Strom schwillt gewaltig an, er dünkt sich sicher, auch wenn ihm der Jordan ins Maul dringt. Kann man ihn fangen Auge in Auge und ihm einen Strick durch die Nase ziehen?" (Hiob 40, 15-25)

Lucifer als Schlange – er begegnet uns in dieser Gestalt wieder im Schöpfungsmythos des Alten Testaments, und zwar als Paradieses-Schlange, die das erste Menschenpaar dazu verführt, verbotene Früchte zu essen, indem sie zu ihnen spricht: *„Und ihr werdet sein wie Gott"* (Gen. 3, 4). Also auch hier die Verheißung einer künftigen Gottgleichheit des Menschen! Aus der unbewussten embryonalen Gotteskindschaft eines traumhaften Paradies-Lebens will Lucifer die Menschen erwecken, und aus der Flamme des erweckten eigenen Ich-Funkens sollen die Menschen das ihnen selbst innewohnende Göttliche herausläutern, damit sie eines Tages – in vielleicht noch sehr ferner Zukunft – Unsterblichkeit und Allwissenheit erlangen, die bisher allein dem allmächtigen Vatergott vorbehalten blieben.

Das scheußliche Reptil blieb indes nicht Lucifers einzige Gestalt; im Gegenteil, andere Quellen betonen doch gerade seine strahlende Schönheit. Das oben bereits erwähnte *Dictionnaire Infernal* aus dem Jahre 1818 schildert ihn so: „Lucifer befiehlt den Europäern und den Asiaten. Er erscheint in Gestalt eines besonders schönen Kindes. Wenn er zürnt, rötet sich sein Gesicht, ohne dass es scheußlich wirkt."[132] Der visionäre Maler William Blake (1757–1827) stellt auf einem Aquarell Lucifer in der ursprünglichen Vollkommenheit seiner Schönheit dar, zwar nicht als Kind, wohl aber als jünglinghafte

Gestalt mit elfenähnlichen Schmetterlingsflügeln. Er schreitet auf Sternenbahnen einher, und als Symbol seiner Herrschaft über diese Welt hält er Zepter und Reichsapfel in den Händen.

Ein mittelalterlicher Text aus dem 12. Jahrhundert, der *Hortus Deliciarum*, preist Lucifer in seiner ursprünglichen Vollkommenheit: „Unter den Engeln nimmt Lucifer den ersten Rang ein; sein Name bedeutet Lichtträger. Wir sehen ihn mit weit ausgespannten Flügeln, und in den Händen hält er ein Zepter und eine Kugel, welche die Welt darstellen soll. So ist er fast Gott gleich. Die anderen Engel verneigen sich vor ihm."[133] Die Gleichsetzung Lucifers mit dem Teufel wurde erst spät von den Kirchenvätern vorgenommen; in der Bibel taucht der Name Lucifers kein einziges Mal auf, es wird nur ein Gegenspieler namens *Satanas* erwähnt, der nach Lukas 10/18 „wie ein Blitz" vom Himmel gefallen sein soll („Ich sah den Satan vom Himmel fallen wie ein Blitz"). Deswegen mag er wohl mit Lucifer, dem „gefallenen Morgenstern", verglichen worden sein. Aber noch im 4. Jahrhundert konnte ein auf Calaris, Sardinien, residierender Bischof ohne Beanstandung den Namen Lucifer tragen (gest. 370/72).

Weiterhin erfahren wir von einer gnostischen Gruppierung aus dem 14. Jahrhundert, deren Mitglieder sich „Luciferianer" nannten. Sie „verehrten Lucifer und glaubten, dass er der Bruder Gottes ist, der fälschlicherweise aus dem Himmel verstoßen wurde"[134]. Der Kult nahm wohl von Österreich seinen Ausgang und verbreitete sich rasch in Brandenburg, Böhmen, in der Schweiz und in Savoyen. Im Jahre 1387 beschuldigte ein Priester in Prenzlau seine gesamte Gemeinde, an Lucifer als Gott oder Bruder Gottes zu glauben. Die Ophiten, eine gnostische Sekte, huldigten angeblich einer Schlange, in der sie ein Symbol der Weisheit sahen. Über den Menschen hegten sie folgende Ansicht: „Der Mensch ist der Gott der Götter, der als seliges, unvernichtbares, grenzenloses Licht im Urgrund ewiglich verharrt."[135]

Die russische Theosophin H. P. Blavatsky hat übrigens im Sept. 1887 ihre zweite Zeitschrift unter dem Titel *Lucifer* herausgegeben. Doch schon damals wurde der Name des Magazins missverstanden. Deshalb sah sich H. P. Blavatsky veranlasst, den ungewöhnlichen Titel zu rechtfertigen; in ähnlichem Sinne schrieb sie in einem Brief an ihre Familie: "Warum macht ihr mir Vorwürfe, dass ich meine Zeitschrift *Lucifer* nenne? Es ist ein wunderbarer Name! *Lux, Lucis* – Licht, *ferre* – tragen, bringen; 'der Lichtbringer' – was könnte besser sein? .... Erst durch Miltons *Verlorenes Paradies* wurde *Lucifer* zum Synonym für gefallene Geister. Die erste Aufgabe meiner Zeitschrift wird sein, den Makel des Missverständnisses von diesem Namen zu entfernen, der von den frühen Christen für Christus verwendet wurde .... *Eosphoros* der Griechen, *Lucifer* der Römer – das sind die Bezeichnungen [der Venus] des Morgensterns, des Botens des strahlenden Sonnenlichts ...."[136]

Die Musen

Von den Musen will ich beginnen, von Zeus und von Phoibos. Stammen doch von den Musen und von Apollon, dem Schützen, alle Liedersänger und alle Harfner auf Erden, Könige aber von Zeus. O selig, wen immer die Musen lieben; denn süßer Gesang wird seinem Munde entströmen. Heil euch, Töchter des Zeus, schenkt Ehre meinem Gesange, Ich aber werde eurer und andrer Gesänge gedenken. *Homerischer Hymnus*[137]

D ie Musen, diese göttlichen Schutzgeister der Dichter, die in der Antike so oft angerufen wurden, galten gemeinhin als die Töchter des *Zeus* und der *Mnemosyne*; dabei ist Zeus esoterisch gesehen der kosmische Allgeist und Mnemosyne (Erinnerungsvermögen) das Weltgedächtnis oder – mit einem indischen Ausdruck – die *Akasha-Chronik*. Akasha bedeutet so viel wie Äther. Wir können uns die Akasha-Chronik vorstellen als einen unendlich dünnen feinstofflichen Film, aus der Substanz des Weltenäthers gewoben, der alle Eindrücke aus der physischen Welt empfängt und für alle Ewigkeit in sich aufspeichert. Alle Taten, die je begangen wurden, alle Gedanken, die je gedacht wurden, hinterlassen einen solchen bleibenden Eindruck in der Akasha-Chronik. Hellsichtigen Menschen, nicht Medien, sondern geschulten Eingeweihten, ist es möglich, in der Chiffrenschrift der Akasha-Chronik die Geschehnisse vergangener Perioden zu erkennen.

Alle Dichter, Seher, Propheten und Eingeweihten schöpfen aus der Kraft des Weltgedächtnisses, der Welterinnerung, personifiziert als Mnemosyne, die Mutter der Musen. Denn wie sonst könnten die Dichter und Sänger die Taten der Vergangenheit verherrlichen, wenn sie diese nicht in plastischen Imaginationen vor ihrem geistigen Auge sähen? Und vergessen wir nicht: Die Akasha-Chronik, die oben im Äther schwebt, ist ja kein „Buch" im üblichen Sinne, schon gar kein geschriebener Text, sondern ein reines Bilder-Gedächtnis. Aus der Ebene der Akasha-Chronik empfängt der Dichtende seine zentralen Inspirationen, die er unter Mithilfe der Musen in machtvolle Sprachbilder umwandelt. So wirken die Musen als Mittler: sie tragen die Bild-Inhalte des Weltgedächtnisses in das Bewusstsein des Dichters hinein; und dort werden diese Inhalte in Gedankenformen gekleidet, damit sie an andere Menschen (in metrisch gebundener Form) weitergegeben werden können.

In diesem Sinne wirkt der Dichter als Brücke zur Geistigen Welt; seine eigentliche Aufgabe ist Brückenbau. Die Musen, als die ausführenden Organe des Weltgedächtnisses (Töchter der Mnemosyne), üben bei diesem Amt geistigen Brückenbaus eine wichtige Funktion als Helfer, Mittler und Überbringer aus. In der griechischen Antike dachte man sich die Musen immer in Gruppen auftreten: da gab es die *Pierischen Musen*, die in Pierien östlich des Olymp wohnten, nahe den Göttern; dann die *Boiotischen Musen* am Berge Helikon in

Böotien; dann als dritte Gruppe die *Delphischen Musen*, die am Parnass bei Delphoi lebten, in der Nähe der berühmten Orakelstätte. Auf ihren Wohnplätzen, geheiligten und magischen Orten, oft an Quellen oder Bächen gelegen – die Musen tragen auch etwas Quellnymphenhaftes an sich –, sangen und tanzten sie, häufig angeführt von ihrem göttlichen Schutzherrn *Apollon Musagetes* (der Musenführer). Apollon bedeutet den geistiggöttlichen Sonnen-Logos. Er war Besitzer der Lyra und daher Schutzpatron der Dichter und Leierspieler.

So unterstand die Dichtkunst in ältester Zeit waltenden Göttermächten. Ursprünglich nur auf drei beschränkt, treten die Musen schon bei Homer als neun Schwestern auf, wobei jede einzelne über eine bestimmte künstlerische Funktion zu wachen hatte und mit einem entsprechenden Symbol verknüpft wurde. Man kann die neun Musen durchaus als Stufen eines Einweihungsweges verstehen, an dessen Ende die Vereinigung mit dem Weltengedächtnis steht, das Lesen in der Akasha-Chronik. Die Anrufung der Musen bei Beginn einer künstlerischen Arbeit war seit Homer ein weithin gepflegter Brauch, der später auch an Stätten geistigen Lebens, wie Schulen, Philosophenkreise, geübt wurde. Die Namen der Musen und ihre Bereiche sind:

Erato	Liebesdichtung
Euterpe	Musik
Kalliope	epische Dichtung
Kleio	Geschichte
Melpomene	Tragödie
Polyhmnia	feierlicher Gesang
Terpsichore	Tanz
Thaleia	Komödie
Urania	Astronomie

Ein mythisches Wesen, das mit den Musen in engem Zusammenhang steht, ist der *Pegasos*, jenes wundersame Flügelpferd, auf dem Bellerophon einst zu den Göttern hinaufreiten wollte. Vom Pegasos wird berichtet, dass durch seinen Hufschlag zwei Quellen entstanden seien: die eine heißt *Hippokrene* und fließt in Böotien; die andere nennt man *Peirene*, in der Nähe von Korinth gelegen – beides Stätten, wo die Musen sich zu versammeln pflegten, als deren heiliges Pferd der Pegasos galt. Der Pegasos ist es auch, der den Dichter-Eingeweihten zu den geistig-göttlichen Sphären emporträgt – in jene Höhen des Geistes, wo Zeus und Mnemosyne walten, der kosmische Allgeist und das „Weltgedächtnis".

Die indischen Rishis, die griechischen Rhapsoden und die Barden-Sänger der Kelten, die Troubadoure und Minnesänger des Mittelalters, ja noch die inspirierten Dichter der europäischen Klassik und Romantik, auch die japanischen Zen-Dichter, die gottestrunkenen persischen Sufi-Poeten – sie alle treten als Künder höherer Weltengeheimnisse auf; sie alle besitzen ein tiefes Wissen um die Geistige Welt, das sie in ihren Dichtungen mal nur andeuten, dann wieder klar und deutlich aussprechen. Deshalb ist die Dichtung des Morgen- und Abendlandes, zumal in ihren heiligen Anfängen, eine randvolle Schatzkammer spirituellen Wissens. „Dichtung kommt aus Gott und mündet in Gott. Sie schafft magisch die große Vereinigung zwischen Dingen und Geist, zwischen Denken und Sein, zwischen Welt und Schöpfer. Am farbigen Abglanz erschaut sie das Leben, und Natur hat für sie weder Kern noch Schale. Man könnte, ein Wort Spinozas variierend, sagen: Die Dichtung ist nicht die Vorstufe zu einem seligen Jenseits, sie ist dieses Jenseits selbst. Oder: Das Jenseits ist nur das anders angeschaute Diesseits. Denn jenseits dieser Welt gibt es nichts. Noch das Nirwana ... ist diesseits. Die Sterne leuchten auch den Toten, diese Blumen blühen auch für sie. Nur dass die verklärten Gesichter sie anders sehen. Mit übermenschlichen oder unmenschlichen Augen. So sehen auch die Dichter diese Welt mit über- oder unterirdischen Blicken. Gott ist der Geist. Und seine Geister sind die Dichter."[138]

Die Moiren

Unheimliche, schicksalsbestimmende Mächte, sogar den Göttern des Olymp noch weit überlegen, sehen wir in den *Moiren* (griech. *Moirai*), die durch ihr Handeln das unabwendbare Walten des Schicksals symbolisieren. Ihr Ratschluss ist unabänderlich; selbst Zeus steht ihnen machtlos gegenüber. Die Moiren gehören zu den Kindern der Nacht, dieser Urgöttin, die schon in den ersten Schöpfungsurtagen wirkte, lange bevor es Zeus und seine Olympier überhaupt gab – dies weist darauf hin, dass sie einem älteren, vorolympischen Geschlecht von Gottheiten angehören. Nach der Überlieferung wohnten sie in einem Bezirk des Himmels, aus dem wie aus einer Quelle weißes Wasser hervorbricht; sie trugen auch weiße Gewänder. Dieses weiße Himmelslicht ist zweifellos der Mond, und als Kinder der Nacht ist das Firmament ihr Zuhause. So sind die Moiren also uralte Mondgöttinnen. Darauf weist auch nicht zuletzt ihre Dreizahl hin: ein Symbol für den zunehmenden, vollen und abnehmenden Erdtrabanten am Himmel, also eine Erscheinungsform der Großen Dreifaltigen Göttin. Die drei Moiren heißen *Klotho*, die Spinnerin, *Lachesis*, die Zuteilerin, und *Atropos*, die Unabwendbare. Klotho ist es, die den Schicksalsfaden der Sterblichen spinnt, Lachesis teilt ihnen ihr Schicksal zu, und Atropos hat es in ihrer Macht, den Lebensfaden der Menschen wieder abzuschneiden – dies bedeutet den Tod. Atropos ist es also, die den Todeszeitpunkt bestimmt. An diesem Entschluss konnten selbst die Götter nichts ändern: als Hektors Tod von den Dreien beschlossen war, wollten auch Zeus und Apollon ihn nicht mehr beschützen.

Esoterisch gesehen sind die Moiren *karmische Schicksalsmächte*. Mit dem indischen Wort *Karma* wird ja das Geschick des Menschen beschrieben, das in der Regel auf vorgeburtliche Entscheidungen zurückgeht, auf Taten in einem früheren Erdenleben. Karma ist Einzelschicksal, Gruppenschicksal, Weltenschicksal, und niemand kann sich dem entziehen. Die antiken Völker waren ganz durchdrungen von diesem Schicksalsglauben. Die Moiren waren auch den Römern bekannt – unter dem Namen *Parzen*. Auch sie treten in der Dreizahl auf, als *Parca*, *Decima* und *Nona*. Und in der germanischen Mythologie begegnen wir ihnen wieder: am Fuße des Weltenbaumes Yggdrasil sitzen sie, am Urdbrunnen, wo sie den Menschen Lose schnitzen: die drei Nornen *Urd, Werdandi und Skuld*. Schicksalsmacht ist also Nornenmacht. Tief verwurzelt waren die Vorstellungen von Reinkarnation und Karma, wenn auch unter anderen Namen, in der europäischen Geisteskultur.

Platon beschreibt in seinem Hauptwerk *Politeia* („Der Staat") den kosmischen Ort, an dem sich die Moiren befinden: die Spindel der Notwendigkeit, die sich wie eine große Weltachse quer durch den Himmel zieht; am oberen Ende dieser gigantischen Spindel sitzen die drei Moiren, die das eherne Gesetz der Notwendigkeit verkörpern. „Nach vier Tagen kamen wir an eine Stelle, von der aus man ein Licht sah, das sich von der Höhe herab senkrecht wie eine Säule durch den ganzen Himmel und die Erde hinzog. Es glich am meisten dem Regenbogen, war aber leuchtender und reiner. (...) Vom einen Ende zum anderen erstreckt sich die Spindel der Notwendigkeit, vermittelst der sich sämtliche Drehungen vollziehen. (...) Ringsherum sitzen, in gleichem Abstande, drei andere Frauen auf Thronsesseln. Es sind die Moiren, die Töchter der Notwendigkeit, Lachesis, Klotho und Atropos, in weißen Kleidern, Binden um das Haupt. Sie singen zu den Tönen der Sirenen. Lachesis singt von dem Vergangenen, Klotho von dem Gegenwärtigen, Atropos von dem Zukünftigen. Mit der rechten Hand greift Klotho von Zeit zu Zeit an die Spindel und hilft der äußeren Drehung nach. Ebenso unterstützt Atropos mit der linken Hand die inneren Umdrehungen, und Lachesis greift mit beiden Händen abwechselnd nach dem äußeren und nach den inneren Wirbelringen."[139]

So hat Platon dem Mythos von den Moiren eine höhere esoterische Bedeutung verleihen. Er zeigt uns die Moiren als kosmische Wirkmächte, die durch ihr Tun den großen Weltlauf aufrechterhalten.

Die Plejaden

Im griechischen Mythos gelten die Plejaden als die sieben Töchter des Titanen *Atlas* und der *Pleione*, die von Zeus als Siebengestirn an den Himmel versetzt wurden. Nach der ältesten Sage waren sie die Gefährten der Artemis, die – von Orion verfolgt – in Tauben verwandelt und zu den Sternen entrückt wurden. Neben den Plejaden hatte Atlas noch andere Gruppen von Töchtern, die Hyaden und die Hesperiden. Wegen ihrer Abstammung von Atlas werden die Plejaden auch als *Atlantiden* bezeichnet. Als Tauben seien die Plejaden ausgeflogen, um Zeus die Ambrosia zu bringen. Dabei mussten sie durch jenes Felsentor fliegen, das auch die Argo passieren musste – die *Plegades* oder Symplegaden. Eine dieser Tauben habe diesen Durchflug immer mit ihrem Leben bezahlt, und sei von Zeus jeweils ersetzt worden, vielleicht um das nach ihnen benannte „Siebengestirn" vollständig zu halten. Merope, die einzige Plejade, die einen Sterblichen heiratete, hatte großen Anteil daran, dass Sisyphos einst aus dem Hades wieder zurückgeschickt wurde, schämte sich aber letztlich ob dieser Verbindung so, dass sie am Himmel schwächer als ihre Schwestern leuchtet. Die Namen der sieben Plejaden lauten: *Alkyone* oder *Halcyon, Asterope oder Sterope, Elektra, Kelaino, Maia, Merope* und *Taygete.*

Der Plejaden-Mythos besitzt ganz eindeutig einen astronomischen Bezug, da er sich auf das *„Siebengestirn"* im Sternbild Stier bezieht. Da diese Sternengruppe bei den Völkern der antiken Welt allseits bekannt war (man findet sie ja schon sehr eindrucksvoll auf der berühmten *Himmelsscheibe von Nebra* dargestellt), mag es vielleicht angebracht sein, nach ihrer Bedeutung für Kult, Mythos und Alltagsleben der Vorgeschichte zu fragen.

Rein astronomisch handelt es sich bei ihnen um einen offenen Sternhaufen auf dem nördlichen Himmel im Sternbild *Stier,* eine offene Gruppe von 6 bis 9 größeren hellen Gestirnen, in Wahrheit aber eine Familie von über 200 Sonnen, die geschlossen durch das Weltall wandern. Es sind sehr heiße Sterne, mit einer Oberflächentemperatur von 15.000 Grad, und wenn unsere Augen farbempfindlicher wären, würden wir sie als bläulich leuchtend sehen, und sie sind alle von dünnen Schleierwolken, Filamenten, umgeben. Die Plejaden liegen, nach galaktischen Maßstäben gemessen, in unmittelbarer Nachbarschaft, kaum viel weiter entfernt als 400 Lichtjahre .....

Im Alltagsleben der Antike muss die Sterngruppe der Plejaden eine große Rolle gespielt haben, sowohl in der Seefahrt, als Orientierungshilfe, als auch in der Landwirtschaft. Denn man wusste schon früh, dass die Plejaden durch ihren Frühaufgang gegen Mitte Mai die Nähe der Ernte aufzeigen, durch ihren Frühuntergang Ausgang Oktober die Zeit zum Pflügen und zur neuen Aussaat. Hesiod schrieb um 700 v. Chr.: „Wenn das Gestirn der Plejaden, der Atlastöchter, emporsteigt, dann beginne die Ernte, doch pflüge, wenn sie hinabgehen". Dies ist die uralte Bauernregel, die auch von den Menschen des vorgeschichtlichen Nordens beachtet wurde. Markante Sternbilder wie der Große Wagen, der Orion und die Plejaden waren den Menschen des Nordens seit Urzeiten bekannt. Sie hatten auch Sternsagen, denen der Griechen ähnlich, die von einer Versetzung in den Sternhimmel berichten. Ein Beispiel aus der Welt der Germanen vermeldet den Ursprung zweier Gestirne. Als die Asen den Riesen *Thiassi* getötet hatten, nahm Odin seine beiden Augen und warf sie an den Himmel, wo sie zwei Sterne bildeten. Das Versetztwerden an den Sternenhimmel war immer ein Akt der Erhöhung, der Gleichstellung mit den Göttern.

Für das Siebengestirn wurde im Norden oft das Bild der Henne mit sieben Küchlein verwendet, was deutlich an die griechische Sage von den sieben Tauben erinnert, zumal einige das griechische *pleiades* aus *peleias* für „wilde Taube" herleiten. Auch in einigen Volksmärchen Europas kommt die Henne mit den sieben Küken vor, was diese Geschichten als Sternenmärchen ausweist. Hier noch zwei Beispiele für die Präsenz der Plejaden in den Homerischen Dichtungen. In der *Ilias*, die weit in vorklassische, mykenische Zeit zurückgeht, fertigt der Schmiedegott Hephaistos für Achill ein Schild, auf dem wie auf der Himmelsscheibe von Nebra Sonne, Mond und die Plejaden dargestellt sind:

Bildete oben darauf die Erde, das Meer und den Himmel, ferner den vollen Mond und die unermüdliche Sonne, dann auch alle Sterne dazu, die den Himmel umkränzen, oben, das Siebengestirn, die Hyaden, die Kraft des Orion.[140]

Dem Odysseus dienen die Plejaden als Orientierungshilfe bei seinen Seefahrten. Als er die Insel der Kalypso verlässt, um ins Land der Phäaken aufzubrechen, hat er sein Auge unermüdlich auf die Sternbilder des nördlichen Himmels gerichtet:

> Auf die Plejaden gewandt und auf Bootes, der spät erst untergeht, und den Bären, der wohl auch Wagen genannt wird, welcher im Kreise sich dreht, den Blick zum Orion gewendet.[141]

Nach all diesen Belegen aus der antiken Welt, die Plejaden betreffend, dürfte es nicht schwerfallen zu glauben, dass auch die Bewohner Mitteldeutschlands um 1600 v. Chr. um die Bedeutung dieses einmaligen Sternbildes gewusst haben. Deshalb ist es diese Sterngruppe im Zeichen des Stiers, die sie in der Himmelsscheibe von Nebra verewigt haben.

Der Äther

Heiliger Äther, ich bete dich an, du aller Gestirne schwingende Kraft, die sie hält und bezähmt, und mit lebendigem Feuer anhaucht! Mächtiger Gott, der du aller Lebenden Atem, Kraft und Geist und Sinn und Gemüt und sterbliches Wesen! Blume der Schöpfung, du Glanz-Aussenderin, die die Gestirne leuchten macht, die Sonne, den Mond und die Blüte der Erde, fröhliche Menschen! Sie strahlen von dir, unsterblicher Äther! *Orphischer Hymnus*[142]

Das Wort „Äther" (*aither*) stammt aus dem Griechischen. Im Altertum dachte man ihn als den Stoff der himmlischen Sphären, der den Mond, die Planeten und die Fixsterne trägt; den Göttern diente er als Wohnort. Für die Alchemisten des Mittelalters war der Äther die *quinta essentia* – das "fünfte Element", das den vier grobstofflichen Elementen zugrunde liegt. Der Äther scheint eine alte kosmogonische Gottheit zu sein. Er stammt vom Ur-Chaos ab und gilt als eines der gespenstischen Kinder der Nacht; schon bei Hesiod wird er erwähnt: *„Aus dem Chaos entstanden die Nacht* *und des Erebos Dunkel, aber der Nacht entstammten der leuchtende Tag und der Äther, schwanger gebar sie die beiden, von des Erebos Liebe befruchtet.*"[143]

Das Reich des Äthers bildet gewissermaßen eine Grenz- und Übergangssphäre; denn dieses Reich spannt sich dort auf, wo die Welt der Stofflichkeit übergeht ins Astrale, in die niederen Sphären der übersinnlichen Welt. So wirkt der Äther eigentlich als ein Bindeglied zwischen den Welten: nicht mehr stofflich und noch nicht geistig, dem Diesseits noch verbunden und doch schon Tor zum Jenseits, bildet er die Grenzscheide zwischen der niederen und der höheren Welt. Es kommt nicht von ungefähr, dass in den alten mythischen und spirituellen Überlieferungen von der allbelebenden Feuer- und Glutkraft des Äthers gesprochen wird. Denn diese Kraft, die aus überweltlichen Höhen auf die Erde herabströmt und allem Lebendigen Daseinskraft verleiht, dieses universelle Lebensfluidum ist etwas dem Feuer zutiefst Verwandtes.

In den heiligen Dichtungen Altindiens, besonders in den altvedischen Hymnen, wird auf die Ätherkraft – im Indischen: *Akasha* – immer wieder Bezug genommen. Im Atharva-Veda wird gesagt, dass die Erde, eine große verehrungswürdige Göttin, „das geheime Feuer in sich birgt, dessen befruchtende Ätherkraft Gott Indra ist", während ihr Herz, „der Erde unsterblich Herz, im höchsten Himmel ist, von Weltenwahrheit eingehüllt." Das „geheime Feuer", das die Erde, ja jedes Lebewesen in sich trägt – es ist nichts anderes als jene lebenspendende Allkraft, die den Alten als Äther bekannt war, und die erst in neuerer Zeit wiederentdeckt wurde: als Mesmers „thierischer Magnetismus", als *Od*-Kraft des Freiherrn von Reichenbach, als *Orgon*-Energie bei Wilhelm Reich. Statt vom „geheimen Feuer" wird im Atharva-Veda vom „inneren Feuer" gesprochen:

> Feuer ist in der Erde, Feuer in den Pflanzen,
> Feuer tragen in sich die Wolkenwasser,
> Feuer ist in den Steinen.
> Und so ist inneres Feuer in den Menschen,
> Ist Feuer auch in Rindern und in Rossen;
> Des Himmels Feuer brennt herab von oben,
> Göttlich Feuer weset im weiten Luftraum;
> Auf Erden zünden dieses Feuer an die Menschen,
> Den Gott, der ihre Opferspende emporträgt,
> Ihres Opferschmalzes Freund ist.[144]

Es ist ganz offenkundig, dass hier nicht von einem physikalischen Feuer gesprochen wird; denn dieses kann ja kaum in Erde und Pflanzen, Rindern und Rössern anwesend sein. Außerdem heißt es gleich darauf: „Des Himmels Feuer brennt herab von oben, göttlich Feuer west im weiten Luftraum". Der Philosoph Heraklit nahm das „Feuer" als den Urstoff an, aus dem alles Gewordene entstanden sei – sein Urfeuer ist der schöpferische Weltenäther –, und nur so erklärt sich das heraklitische Rätselwort: „Das Feuer verwandelt sich in das All und das All in Feuer wie das Gold in Münze und Münze in Gold."[145] Der Dichter Hölderlin, der einen unglaublich wachen Spürsinn für die esoterische Weisheit der Antike besaß, preist in seinem Hymnus den Äther in erster Linie als universelle Lebenskraft:

> Himmlischer! Sucht nicht dich mit ihren Augen
> die Pflanze, streckt nach dir die schüchternen
> Arme der niedrige Strauch nicht? Dass er dich
> finde, zerbricht der gefangene Same die Hülse,

dass er, belebt von dir, in deiner Welle sich ba-
de, schüttelt der Wald den Schnee, wie ein üb-
erlästig Gewand, ab. Auch die Fische kommen
herauf und hüpfen verlangend über die glänzende Fläche des Stroms, als begehrten auch
diese aus der Wiege zu dir; auch den edelen
Tieren der Erde wird im Fluge der Schritt,
wenn oft das gewaltige Sehnen, die geheime
Liebe zu dir sie ergreift, sie hinaufzieht. (....)[146]

In der modernen Esoterik ist der Äther weniger eine
Gottheit als vielmehr eine universelle Weltkraft. Den be-
kannten vier Elementen der materiellen Welt, nämlich
Erde, Wasser, Feuer und Luft, entsprechen je nach der
Feinheit der Bildekräfte die vier Ätherarten: der *Lebensäther*, der mit einem indischen Ausdruck als „Prana" bezeichnet wird, der *Klangäther*, der *Lichtäther* und der
Wärmeäther. Dem Lebensäther entspricht im Irdischen
das Feste, dem Klangäther das Flüssige, dem Lichtäther
das Gasförmige und dem Wärmeäther das Feurige, das
Wärme und Energie Ausstrahlende. So sind die vier
Elemente der grobstofflichen Welt aus den vier Arten
des Äthers erbaut, aus den Elementarreichen der Erde,
des Wassers, der Luft und des Feuers.

Hyperion ~ Helios

Nur Einer aus der ganzen mammutgleichen Brut
Bewahrte seine Hoheit, Herrschaft, Majestät; –
Denn lodernd saß Hyperion noch allezeit
Auf seinem Feuerball, der Weihrauch stieg ihm zu,
Der von den Menschen ausgesandt zum Sonnengott.
John Keats, *Hyperion* (1820)

D er Name *Hyperion*, wörtlich: der Hoch-Wan-
delnde, Höhen-Wanderer, Darüber-Gehende,
galt seit alters her als ein Attribut des Sonnengottes; auch Helios trug ihn noch als Beinamen. Der
griechischen Mythologie zufolge heiratete Hyperion
seine Schwester Theia, die ihm drei Kinder gebar: *Helios*, *Selene* und *Eos* – die Sonne, den Mond und die
Morgendämmerung. Man sieht hier deutlich, die Theogonie ist zugleich eine Kosmogonie, das heißt ein Him-
melsmythos oder ein kosmisches Märchen. Als einer
der alten Titanengötter ist Hyperion ein Spross des
Uranos, des Urhimmelsgottes, der zusammen mit der
Erdgöttin Gaia am Anfang allen Weltwerdens steht.
Literarisch wurde die Figur des Hyperion verarbeitet in
den Dichtungen von Hölderlin (1797), John Keats
(1820) und Longfellow (1839).

Als Sohn und Nachfolger Hyperions kennen wir den mächtigen Sonnen-Titanen *Helios*. Obwohl selbst titanischer Natur, trat er in den Kreis der olympischen Götter ein, von denen er als einer der ihren geachtet wurde. Mit der Gestalt des Helios wird der Hyperion-Mythos gewissermaßen fortgesetzt. Hesiod schildert den Titanen Hyperion jedenfalls als Vater des Helios und Theia als seine Mutter. Beide sind Uraniden, von Uranos abstammend, dem Urhimmelsgott, und zu ihren Kindern zählen neben Helios auch Selene und Eos. Hesiod sagt in Theogonie 751-54, die Göttin Theia *„gebar den großen Helios und die leuchtende Selene. und die Eos, die allen Erdbewohnern leuchtet, und den unsterblichen Göttern, die den weiten Himmel bewohnen, in Liebe bezwungen von Hyperion."*

Die Homerischen Hymnen stimmen mit dieser Genealogie im Wesentlichen überein; nur mit dem Unterschied, dass dort als Mutter des Helios und Gattin Hyperions eine Euryphaessa genannt wird – ein nicht näherhin belegter Name. Dass sich jedoch unter den Homerischen Hymnen auch einer an Helios findet, lässt erahnen, wie große Achtung dieser alte Sonnen-Titanengott auch in klassischer Zeit gehabt haben muss, *„der da den Himmlischen leuchtet und auch den sterblichen Menschen, wenn er den Wagen besteigt."*

Auch in den Orphischen Hymnen wird Helios als *goldblinkender Titan* besungen. Dass nach der Niederwerfung der Titanen durch die Olympier Helios und Okeanos durchaus im Kreise der olympischen Götter verbleiben, ist allein der urzeugenden, lebenspendenden und erhaltenden Urnatur dieser Gottheiten zuzuschreiben, die ihrem Wesensgehalt nach älter als die Olympier sind. Doch auch unter der Herrschaft des Zeus hatte Helios unter den Göttern eine Sonderstellung inne – geachtet und gefürchtet zugleich. Davon zeugt auch, dass vor dem Gigantenkampf Zeus dem Helios Opfer darbrachte, um sich seiner siegschenkenden Kraft zu versichern. Das Leben der Olympier wäre ohne das „Licht der Sonne" undenkbar gewesen. Denn: *„Helios bringt Göttern und Menschen gleichermaßen das Licht"*. Selbst Apollon hat den Hyperion-Sohn Helios nicht gänzlich zu verdrängen vermocht. Zunächst zwar verschmolzen die beiden Götter ineinander; Euripides und Aischylos setzen Helios und Apollon ausdrücklich gleich. Aber je mehr Apollon mit dem rein transzendentalen Licht gleichgesetzt wurde, gewann Helios die äußere, gestirngebundene Lichtfülle zurück und konnte so weiterhin mit seinem Sonnenwagen das Firmament täglich von Ost nach West durchziehen.

Ähnlich war es bei Okeanos, dem Poseidon die Herrschaft über die Meere nicht gänzlich abspenstig machen konnte. Die Sonne und das Meer – hier waltet noch ungebrochen Titanenkraft! Okeanos, der Allumfließende, alles Umwandelnde, Urgrund allen Seins, und Helios, der Allbescheinende, Allschauende – sie beide sind, ähnlich wie die Urmächte Himmel und Erde, Garanten für die Einheitlichkeit und Gesetzmäßigkeit der Welt.

Das griechische Denken war im höchsten Maße auf das Kosmische bezogen. *Okeanos – Helios – Kosmos*: in dieser Triade stellt sich die Einheitlichkeit, Ganzheit und Geschlossenheit der griechischen Weltschau dar. So mussten sich die neuen olympischen Götter wohl oder übel mit den alten Titanenmächten vertragen. Denn dieses Titanentum, ausgedrückt in Gestalt urgründiger Naturmächte, bildet doch die Lebensgrundlage einer als Kosmos gedachten Weltordnung. Da Helios allen Wesen, Menschen und Göttern, Licht spendet, muss er schlechterdings eine Sonderstellung einnehmen.

Weitverbreitet war in Griechenland bis in die späteste Zeit der Helioskult, der sein Zentrum auf der Insel Rhodos hatte, wo alljährlich dem Sonnengott zu Ehren eine Quadriga im Meer versenkt wurde; eine Opfergabe vielleicht auch an Okeanos? Rhodos hieß im Altertum ganz allgemein die *„Insel des Helios"*, und selbst im fernen Rom wurde diese Bezeichnung gut verstanden. Auch die Stadt Korinth besaß einen Helioskult, doch gibt es kaum Belege hierfür.

Im Römischen Kaiserreich konnte Helios mit den Sonnengöttern *Sol Invictus* und *Mithras* verschmelzen, die wohl Mysteriengötter waren, aber auch das Physisch-Sichtbare der Sonne zum Ausdruck brachten. Noch am Ende der Antike versuchte der römische Kaiser *Julian Apostata* (331–336 n. Chr.), von den Christen stark angefeindet, im Rahmen eines restaurierten Heidentums einen neuen Helioskult zu etablieren. Eine hochgeistige Sonnenmystik erfüllte das Herz dieses großen Reformators auf dem Kaiserthron. Helios bedeutete für Julian Apostata das Erscheinen der Transzendenz in der Immanenz, der Widerschein der göttlichen Allnatur in der sichtbaren Sonnennatur. Der Triumph des Helios – ein später Sieg Hyperions?

Pan ~ Cernunnos

Von dem lieben Sohn des Hermes singe mir,
Muse, ihm, dem lärmerfreuten, bocksfüßigen,
doppelgehörnten, der auf waldiger Wiese sich
tummelt mit tanzenden Nymphen. Schweifen
sie doch dahin auf felsigen Häuptern der Berge,
rufen Pan, den weidenden Gott....[147]

Die Gestalt des arkadischen Hirtengottes Pan –
bocksfüßig, gehörnt, auf der Pansflöte spielend
– steht symbolisch für alles Wilde, Elementare,
Naturhafte, besonders aber für das Reich der Naturgeister. Pan ist – wie die altgriechische Erdgöttin Gaia – ein
Archetyp der Seele, der als überzeitliches Wahrbild in
den Tiefen unseres kollektiven Unbewussten ruht. Pan
steht als Symbol für Erdreligiosität, für eine dionysische
Mystik des Lebens, für die ungebändigte Fülle der Natur; deshalb wird Pan in heutiger Zeit alle Menschen
begleiten, die sich auf spirituelle Weise mit der Natur
und allen Kräften des Lebendigen rückverbinden wollen. Pan war ursprünglich nur ein Weidegott – wie der
lateinische Faunus ein Gott der Hirten und der Acker-
bauern; Berge, Schluchten und Grotten galten als ihm
geheiligt, wo man ihm Bilder und Tempel errichtete.

Seine Bocksgestalt – er wurde stets mit Hörnern und einem Bocksfuß dargestellt – verdankt er wohl seiner Eigenschaft als Hirtengott. Im Altertum war er auch ein Erreger des Grauens, da er die Menschen in brütender Mittagshitze zu überfallen und ihnen „panischen Schrecken" einzujagen pflegte. In Griechenland besaß er ein Heiligtum in Marathon, da er den in der dortigen Schlacht Kämpfenden den Sieg über die Perser verliehen haben soll, außerdem ein anderes, wohl das bedeutendste, in Tanagra.

Unter dem Einfluss der spätantiken Mysterienreligionen wurde die Gestalt des Pan ins Gigantische gesteigert; denn da *pan* im Griechischen „Alles" heißt, wurde er zum Gott des Weltalls erhoben. Aus dem idyllischen Waldgott, von den Hirten Arkadiens einst verehrt, wurde in der Orphik die personifizierte Weltseele; „Herrscher im Weltall", „die Gesamtheit des Alls" und „wahrer Zeus" wird er darum auch genannt. Pan – das ist der beseelte Weltenraum mit seinen zahllosen, durch die Unendlichkeit wirbelnden Galaxien, seinen Myriaden von bewohnten und unbewohnten Welten. Alles Lebende – Mensch, Erde und Kosmos – ist Teil und Glied des großen Pan. Die Weltenharmonie, die Pan auf seiner Flöte spielt, ist der ewig klingende Gesang des Kosmos und seiner Welten. In einem solchen Allgott, der über alles Lebendige wacht, findet die Gestalt des Pan ihre höchste Erfüllung:

> Pan den starken rufe ich an,
> Den Hirtengott, die Gesamtheit des Alls –
> Himmel, Meer, Allkönigin Erde
> Und das unsterbliche Feuer,
> Denn alle sind Glieder des Pan.
> Komm, Seliger, Springender,

Laufend im Kreise,
Der mit den Horen herrscht,
Ziegenfüßiger Gott;
Freund der gottbegeisterten Seelen,
Verzückter, wohnend in Höhlen –
Du spielst die Weltenharmonie
Mit scherzendem Flötengesang.[148]

Auch als „Daimon, in tausend Namen geehrt" wird Pan in diesem Hymnus angerufen. Der Gott Pan ist nicht bloß ein Phantasieprodukt, sondern ein geistig geschautes Wahrbild. Es gibt in der Tat ein sehr mächtiges und hochentwickeltes Deva-Wesen, das in der planetarischen Hierarchie der Naturgeister auf dieser Erde einen hohen Rang einnimmt, da es alle Ströme des Lebendigen in seinen Händen hält.

Dieses Wesen, das mit seinem gigantischen Ätherleib alle kleineren Naturgeister dieses Planeten Erde umfasst und in sich beschließt, ist sozusagen ein hochintelligentes Energiefeld; es besitzt auch einen persönlichen Geistkern. Wir können diesen Devafürsten im Reich der Naturgeister auch mit anderen Namen benennen, aber der des alten griechischen Gottes *Pan* scheint für ihn der angemessenste zu sein.

Und in diesem Sinne können wir sagen: Pan lebt; er gehört dem spirituellen Organismus der Erde an und ist insofern ewig wie die Natur selbst. Dennoch wurde am Ende der Antike von Christen der *Tod des Großen Pan* verkündet. In einer von Plutarch überlieferten Sage heißt es: „Zur Zeit des Kaisers Tiberius fuhr ein Schiff von Griechenland nach Sizilien, das in der Nähe der Inseln Paxos und Propaxos von einer Windstille überfallen wurde. Plötzlich rief eine Stimme vom Ufer her: 'Thammuz!' Dies war der Name des Steuermannes, eines Ägypters, der hierauf zunächst nichts erwiderte; aber schließlich, als er zum dritten Male angerufen wurde, doch antwortete. Da rief eine Stimme: *'Wenn du nach Palados kommst, erzähle ihnen, dass der große Pan tot ist!'* Nach einigen Überlegungen beschloss Thammuz, wenn die Windstille anhielte, der Stimme zu gehorchen. Sie hielt an, und als das Schiff in der Nähe von Palados vorbeitrieb, rief er vom Schiff aus: *'Der große Pan ist tot!'*, was mit einem verworrenen Getön von Staunen und großen Wehklagen erwidert wurde."[149]

Die Sage vom Tod des Großen Pan – sie steht als ein Symbol für die Entthronung der alten Götter und für den Beginn eines wahrhaft dunklen Zeitalters unter der Herrschaft eines schöpfungsfeindlichen Christentums. Aber Pan ist nicht bloß ein Vergangener, sondern auch ein Künftiger, Kommender; er gehört allen Zeitaltern an. Und wenn am Ende der Antike die Christen noch siegesfroh den „Tod des Großen Pan" verkündeten, so können wir heute seine Auferstehung feiern – das heißt, seine Wiederkehr ins Bewusstseinsfeld der Menschheit. Pan ist längst zum Symbol und Wahrzeichen einer neuen Erdreligiosität geworden; er beflügelt den großen ökologisch-spirituellen Aufbruch unserer Zeit.

Spirituelle Erfahrungen mit Pan

Es ist eine bemerkenswerte Tatsache, dass immer mehr Menschen unserer Zeit in die Lage kommen, Naturgeister hellsichtig wahrzunehmen. Solche Menschen erleben im Zusammenhang mit dem Transparentwerden der Natur oft eine persönliche Begegnung mit dem Gott Pan. Als ein Beispiel hierfür sei Michael Roads aus Australien genannt, der von Pan in die „innere Welt der Natur" eingeführt wurde. Genau beschreibt er die Erscheinung des Pan in allen Einzelheiten: die faszinierenden, eine „ruhige Intelligenz" ausstrahlenden Augen mit der großen, tiefgoldenen Iris, den athletisch gebauten Körper, das orientalisch anmutende Gesicht mit der honigfarbenen Haut und den strichfeinen Augenbrauen, die kleinen spiralförmig nach außen gedrehten Hörner, die goldene Schädelkuppe und die langen, spitz zulaufenden Ohren. Insgesamt eine Erscheinung „von vollendeter Schönheit"!

In diesem Zusammenhang nennen wir auch den hellsichtig veranlagten Schotten Ogilvie Crombie, genannt *Roc*, der mit den Begründern der Findhorn-Gemeinschaft – Peter und Eileen Caddy – in näherer Verbindung stand; bereits im März 1966 ist ihm im Royal Botanic Garden von Edinburgh ein echter Faun erschienen! „Er (Roc) setzte sich unter eine ausladende Buche. Plötzlich bemerkte er eine kleine Figur, die in gut 20 Metern Entfernung vor ihm tanzte. Sie war etwa 1 Meter groß. Er stellte erstaunt fest, dass es sich um einen Faun handelte, so wie er in der Mythologie beschrieben ist. Er war halb Mensch, halb Tier. Er hatte spitze Ohren, ein spitzes Kinn und zwei kleine Hörner auf seiner Stirn. Seine zotteligen Beine endeten in gespaltenen Hufen, und seine Haut war honigfarben. Die Kreatur schien ganz real und körperlich zu sein."[150]

An anderer Stelle schildert Roc, wie sich ihm in einem Moment mystischer Schau der Große Gott Pan offenbart hat: „Ich fühlte, dass Pan an meiner Seite ging; da war eine sehr starke Verbindung zwischen uns. Er trat hinter mich und dann in mich hinein. Wir wurden eins, und ich sah alles um mich herum mit seinen Augen. Gleichzeitig war ein Teil von mir – der aufnehmende, beobachtende Teil – beiseitegetreten. Dieses Erlebnis war nicht eine Form der Besitzergreifung, sondern Identifizierung. In dem Moment, als er in mich trat, füllten sich die Wälder mit Myriaden von Lebewesen – Elementargeister, Nymphen, Dryaden, Faune, Elfen, Gnome, Feen – viel zu zahlreich, als dass ich sie hätte einordnen können."[151]

Roc berichtet, dass Pan zu ihm gesagt haben soll: „Ich bin der Diener des allmächtigen Gottes. Ich und meine Untertanen sind bereit, dem Menschen zu Hilfe zu kommen – trotz der Art, wie er uns behandelt und die Natur missbraucht – wenn er an uns glaubt und uns um unsere Hilfe bittet."[152] Es ist an der Zeit, dass ein neues Bündnis zwischen dem Menschen und den Elementarwesen geschlossen wird.

Mit der Wiederverzauberung der Welt vollzieht sich auch die Auferstehung des Großen Pan. Im Zeichen einer Aussöhnung von Mensch und Natur wird ein auferstandener Pan die Menschen in die Mysterien der ökologischen Spiritualität einführen. Folgen wir dem Lockruf des Pan, dem Ruf der Wildnis! Betreten wir das „Reich des Pan", die Welt der Naturgeister – eingefangen im Ätherleib dieses gewaltigen planetarischen Gottes, der in unmittelbarem Einklang mit dem Logos der Erde steht! Lauschen wir dem bezaubernden Gesang der „Pansflöte" – jener Sphärenmusik des Alls, die uns aus allen Erscheinungen der Natur entgegenklingt.

Der keltische Hirschgott Cernunnos

Neben dem griechischen Pan ist es der keltische Hirschgott Cernunnos, der wohl am eindrucksvollsten den Typus des hörnertragenden Vegetationsgottes verkörpert. Cernunnos, einer der populärsten keltischen Götter überhaupt, exemplarisch abgebildet auf dem Silberkessel von Gundestrup, muss vor dem Hintergrund eines jahrtausendealten, tatsächlich nachgewiesenen *ureuropäi-*

schen Hirschkultes gesehen werden. Bildliche und figürliche Darstellungen des Hirschmotivs gibt es in unabsehbarer Zahl, von der Eiszeitkunst bis zur Ikonographie der Metallzeiten, und recht früh wurde aus dem Hirsch ein Hirschgott geformt, der als „Herr der Tiere" bei den Jägern der Altsteinzeit große Verehrung genoss. Lange bevor die Kelten ihren Hirschgott *Cernunnos* auf dem berühmten Silberkessel von Gundestrup verewigten, zeigten Felszeichnungen im norditalienischen *Val Camonica* den Typus des Gehörnten bereits in größter Vollkommenheit.

Val Camonica, ein lombardisches Hochtal, durch das die Sturzfluten des Oglio rauschen, wurde während einer der letzten Eiszeiten von Gletschern geschaffen. Irgendwann muss man beobachtet haben, dass zur Tag- und Nachtgleiche die Sonne exakt hinter dem Pizzo Badile aufgeht, sodass dieser markante Berggipfel schon sehr früh Verehrung genoss. Er wirkt wie eine gigantische Sonnenuhr, die Tages- wie auch Jahreszeiten anzeigte und das ganze Tal zu einer einzigen großen Kultstätte machte.

Um 4500 v. Chr. waren es dort lebende Jäger, die sich veranlasst gefühlt haben, in die mächtigen, von Eismassen geglätteten Felsen Bilder kultischer oder magischer Natur einzuritzen. Der Jagdmagie hingegeben, stellten sie meist ihre Beute sehr naturalistisch dar, vor allem Auerochsen und Hirsche; später kamen stilisierte Menschenfiguren, Sonnen, Äxte, Räder, Labyrinthe und viele andere abstrakte Symbole hinzu. Der Hirsch steht meist im Mittelpunkt der Darstellungen. Auf einem Bild sieht man einen bewaffneten Krieger stehend auf einem übergroßen Hirsch reiten (in die Unsterblichkeit?). Viele Gestalten findet man auch in der klassischen *orans*-Haltung, mit erhobenen Händen betend, dargestellt. Eine

Abbildung erscheint besonders interessant: übergroß und ehrfurchtgebietend steht der mit einem Hirschgeweih ausgestattete Gott vor seinem winzigen menschlichen Verehrer – eindeutig der Typ des *gehörnten Gottes*.

Das erinnert an eine andere, wesentlich ältere Darstellung auf den Wänden der Kulthöhle *Les Trois Freres* in Südfrankreich. Sie gibt einen gerade zum Sprung ansetzenden Hirschen mit überraschend menschlichem Gesicht zu erkennen – üblicherweise wird die Gestalt immer nur *„Le Dieu Cornu"*, der gehörnte Gott, genannt. Sie stammt aus dem Jungpaläolithikum, also der jüngeren Altsteinzeit, und dürfte damit wohl um etliche Jahrtausende älter sein als die lombardischen Felszeichnungen. Ein anderes Bild aus der südfranzösischen Höhle zeigt einen tanzenden, flötespielenden Gehörnten, allerdings dem Geweih nach eher ein Bison als ein Hirsch, der zwei Renkühe vor sich hertreibt. Das Ganze ist offensichtlich eine mythische Szene; nur Jagdmagie mit einer kräftigen Portion Schamanismus dabei kann das hier Dargestellte erklären.

Aus einer sehr viel späteren Zeit, der von den Kelten dominierten Eisenzeit, sind die zahlreichen Cernunnos-Darstellungen überliefert, die noch bis in die gallorömische Zeit andauern. Der Name *Cernunnos*, der Gehörnte, geht auf die indogermanische Wurzel < *ker* > für „wachsen" zurück; die Wortwurzel findet sich im Namen der altwalisischen Göttin *Ceridwen*, aber auch in dem der römischen Fruchtbarkeitsgöttin *Ceres*. Auch das lateinische Verb *crescere* für „wachsen" gehört in diesen Zusammenhang. Cernunnos ist somit der Gott, der über die Wachstumskräfte gebietet; sein Hirschgeweih symbolisiert Fruchtbarkeit und Regeneration. Allein Gallien kennt über 30 Cernunnos-Darstellungen, und seit dem 3. Jh. v. Chr. setzte sich eine einheitliche Ikonographie durch: der geweihtragende Kopf mit dem ganz menschlichen Antlitz und den großen runden Emaille-Augen; die Sitzhaltung mit den untergeschlagenen Beinen („Buddhahaltung"); der Torques um den Hals oder in der Hand und die gehörnte Schlange als Begleittier.

Den Hirsch als ein Fruchtbarkeit und Wachstum symbolisierendes Tier hat man öfters mit der Großen Muttergöttin in Zusammenhang gebracht, im Hirschgott vielleicht sogar den Kultgefährten der Göttin sehen wollen. In seiner Eigenschaft als *Esus* scheint der Cernunnos des Silberkessels wohl mit der gallokeltischen Göttin *Rigani* in Beziehung zu stehen, soweit wir die magisch-traumhaften Bilder des Kessels auf dem Hintergrund der gallischen Göttermythologie deuten können[153]. Der griechischen Mond-, Jagd- und Waldgöttin Artemis war ebenfalls der Hirsch als heiliges Tier zugeordnet. Wir kennen die Sage von dem Jüngling Aktaion, den die Artemis in eine Hirschkuh verwandelte, weil er sie heimlich beim Baden beobachtete.

Mit all dem will gesagt sein, dass es in Europa einen uralten Hirschkult gegeben hat, von den Jägern der Altsteinzeit fortgeerbt bis zu Völkern wie den Cheruskern, die man wie die schottischen Cornavier als ein „Volk der Gehörnten" begreifen kann, da sich die auf den Hirsch hinweisende Wortwurzel *(ker, cer, cher)* auch in ihrem Namen findet. Cernunnos gebietet über die unterhalb der Erde gelegene Anderswelt, über die Unterwelt, denn er ist es, der die Säfte in den Pflanzen hochtreibt, die Regenerationskräfte in Mensch und Tier freisetzt, ein Gott des Lebens im weitesten Sinne, assoziiert mit Fruchtbarkeit, Wachstum, Bewegung, Handel und Verkehr, auch mit erfolgreichen Beutezügen. Die gehörnte Schlange, seine ständige Begleiterin, unterstreicht noch den chthonischen Charakter dieses Gottes.

Als Hüter unterirdischen Reichtums kann Cernunnos mit dem griechischen Pluton auf eine Linie gesetzt werden; am meisten ähnelt er aber dem durch die Wildnis streifenden Pan. Sie sind beide geweihtragende Götter, beide chthonische Urwesen, deren Kult in älteste vorgeschichtliche Zeit zurückgeht.

Orpheus

Als Stifter und Begründer der griechischen Mysterien gilt der legendäre, aus Thrakien stammende Sänger und Leierspieler *Orpheus*, dessen Musik wilde Tiere zu zähmen vermochte, ja sogar das Herz der Unterweltsgöttin Persephone anrührte, sodass sie ihm die Gattin *Eurydike* freigab. Orpheus als Sagengestalt besitzt Weltgeltung; er steht für die magische Macht des Gesanges. „Ein für alle Male ist's Orpheus, wenn es singt", sagt Rainer Maria Rilke in seinen *Sonetten an Orpheus* (1922).

Der Sänger Orpheus – der Sage nach Sohn des Flussgottes Oiagros und der Muse Kalliope – war gewiss eine eher symbolische als reale Gestalt, der Archetyp eines geistigen Lehrers und eingeweihten Barden, der die besonderen Geist-Schwingungen seines Zeitalters in sich trug. Überdies ist anzunehmen, dass der Name „Orpheus" (ähnlich wie „Hermes") als Gattungsname verwendet wurde, mithin nicht eine einzelne historische Persönlichkeit bezeichnet hat, sondern eine ganze Priestergruppe oder auch einen bestimmten Grad der Einweihung. Obwohl also die Gestalt des Orpheus von Legenden stark überwuchert ist, will Thassilo von Scheffer

„für die Zeit noch weit vor Homer ein solches Religi-
onsgenie als wirklich existent annehmen"[154], und E.
Hämmerling glaubt einen historischen Prototyp der
Orpheus-Gestalt in der mykenischen Kultur erkennen
zu können: „Seine Konturen, aus tausenden von Einzelheiten zusammengesetzt, entstehen vor dem Hintergrund der mykenischen Welt. Als Kitharode wirkte Orpheus um die Mitte des zweiten Jahrtausends wohl
hauptsächlich in den Gegenden um den Olympos, dem
Lande der Musen Pierien, unter Thrakern und Makedo-
nen. Er gehört der indogermanischen Volksgruppe der
Achäer an."[155]

Der Gang des Orpheus in die Unterwelt stellt eines
der bekanntesten Motive der griechischen Mythologie
dar. Tatsächlich handelte es sich dabei um eine Jenseitsreise, möglich gemacht durch die Aussendung des dem
Menschen innewohnenden Astralkörpers, also um eine
Seelenreise in das Totenreich. Solche Astralreise ins
Jenseits, die man auch aus der Praxis der Schamanen
kennt, bildet eine Stufe des Einweihungsweges, die jeder Adept des höheren Wissens erklimmen muss. Orpheus steigt allerdings in die Unterwelt herab, um seine
Gattin Eurydike zurückzugewinnen, die er dann doch
verlor, weil er sich unerlaubterweise nach ihr umblick-
te: ein Sinnbild für die Gefahren und Verfehlungen, die
auf jeder Jenseitsreise auftreten können.

Und dann das Ende des Orpheus: von Mänaden, ra-
senden Weibern, wird er in wild-orgiastischem Getüm-
mel zerrissen – sein Haupt aber, noch singend, wird
mitsamt der berühmten Leier von den Meereswogen an
die Gestade der Insel Lesbos getrieben ... Es erweckte
die Sangeskraft des Eilandes.

Die eigentümliche Verbindung von Musik, Jenseitsreise und spiritueller Einweihung scheint für die Gestalt

des Orpheus typisch zu sein; eine Ähnlichkeit mit den in Westeuropa heimischen Barden, den singenden und harfespielenden Eingeweihten der Kelten, tritt deutlich ins Auge. Worin aber besteht der Kern und das Wesen der Orphischen Mysterien?

Die Orphischen Mysterien

Orpheus gilt tatsächlich in erster Linie als der Stifter der Orphischen Weihen und des hierauf sich gründenden Geheimbundes, der schon im 6. Jahrhundert v. Chr. existierte und – logenartig organisiert, mit mehreren Graden – noch bis in die Römische Kaiserzeit hinein fortwirkte; sein Zentrum muss dieser Orphische Mystenverein in einer Stadt Westkleinasiens – vermutlich in Pergamon – gehabt haben.

In die Zeit des Kaiserreichs gehen auch die *Orphischen Hymnen* (übersetzt von J. O. Plassmann) zurück, eine Sammlung von liturgischen Anrufungen, die bei Kultversammlung der Orphiker verwendet wurden. Orpheus als Verfasser dieser Lieder ist ebenso legendär wie Homer als Verfasser der *Ilias* und *Odyssee* oder der *Homerischen Götterhymnen*. Musaios, der sagenhafte Sohn und Jünger des Orpheus, soll nach antiker Überlieferung die Orphischen Mysterien in Attika eingeführt haben. Nach dem gewaltsamen Tod des göttlichen Sängers soll er von den Musen die Leier des Meisters als Geschenk erhalten haben. Als Sohn des Musaios galt Eumolpos, der Stammvater oder Patron der Eumolpiden, die den Priesterdienst zu Eleusis versahen.

Was immer man von solchen Legenden halten mag – die Orphik war wohl die bedeutendste philosophisch-religiöse Bewegung der Antike; in Thrakien entstanden, breitete sie sich über Griechenland, Kreta, Süditalien und Kleinasien aus, zumeist nur in losen Gemeinden zusammengefasst; es gab jedoch auch umherziehende Wanderpriester, die Orphische Lehren verbreiteten. In Verbindung mit Reinigungsriten und Weihen sollte ein sittlich reines Leben erreicht werden, das eine Verringerung der Wiedergeburten und ein seliges Leben im Jenseits bewirken sollte.

Im Mittelpunkt der Orphischen Mysterien stand der „zweimalgeborene Dionysos". Der bekannte weinselige Naturgott der Griechen, der oft mit trunkenen Satyrn durch die Wälder zieht, hat nur wenig gemein mit dem Mysteriengott der Orphik. Dieser galt vielmehr als ein Symbol für das ewige *„Stirb und Werde!"*, worüber ein entsprechender Mythos Auskunft gibt:

Zeus, der Göttervater im Olymp, zeugte mit Persephone den Knaben *Zagreus*-Dionysos, der auserkoren war, künftiger Weltherrscher zu werden. Aber die finsteren Widersacher der Götter, die lehmig-plumpen Titanen, lockten den vielgestaltig sich verwandelnden Zagreus in einen Hinterhalt, zerstückelten ihn, fraßen ihn auf – nur das Herz blieb übrig. Athene brachte es Zeus, der es verspeiste, woraufhin er mit Semele den *Bakchos*-Dionysos zeugte: den zum zweiten Mal geborenen, den durch Wiedergeburt auferstandenen Dionysos!

Der Mythos vom gemordeten und auferstandenen Gottsohn steht somit ganz eindeutig im Mittelpunkt der Orphischen Mysterien. Die frevlerischen Titanen aber verbrannte Zeus mit seinem Blitzstrahl zu Asche, und aus dieser formte er dann das Menschengeschlecht. Da die Titanen sich aber den Gottsohn Dionysos einverleibt hatten, waren sie auch voll göttlich-lichthafter Elemente, die so in das neugeformte Menschengeschlecht mit eingingen. Daher, lehren die Orphiker, tragen die Menschen seit urher zwei Seelenanteile in sich: einen irdisch-titanischen und einen göttlich-dionysischen. Die

Aufgabe wahren Menschentums besteht nun nach den Lehren der Orphik darin, dass der Mensch das in ihm wohnende Göttlich-Dionysische schrittweise herausläutere. Die niedere titanische Natur soll damit zugleich Schritt um Schritt überwunden werden.

Der zu den lichten Höhen des Göttlichen hinführende Menschen-Weg der Orphik beginnt natürlich mit der Annahme der Orphischen Weihen; die Geweihten verpflichten sich zu einer gottgemäßen Lebensweise, die als eine streng diätische und asketische gedacht war: „...nur linnene Kleider durften getragen werden, wollene Gewebe waren verboten, der Genuss von Fleisch war untersagt, und dieser erste Vegetarismus des Abendlandes steigerte sich sogar zur Ablehnung des Lebenskeime bergenden Eies, dessen Verzehrung als Tötung aufgefasst wurde. (...) Die Orphik fasste eben ganz ungriechisch das leibliche Dasein als ein schlackenbelastetes auf, das der inneren Reinigung und Läuterung durch Abstoßung der titanischen Elemente bedürfe und eigentlich nur eine Durchgangsstation für ein jenseitiges Leben bedeute. Aber auch dieses war nicht von Dauer, denn die Orphik lehrte die Seelenwanderung, einen langen Kreislauf durch verschiedene Stationen zur Erlangung wahrer endgültiger Reinheit bis zum Eingehen in Gott. Erstaunt glaubt man indische Lehren zu hören...«[156]

Die Orphik trägt zweifellos „ungriechische" Züge in sich; keine Spur von dem naiven Weltglauben und der frohen Leichtlebigkeit der Griechen, ihrer Freude an stolzem selbstbewusstem Menschentum. Denn die Orphiker betrachteten, gleich den altindischen Brahmanen, das irdische Leben nur als eine Pilgerreise zu einem eigentlich außerhalb der Welt liegenden göttlichen Lichtreich; daher kommt ein gewisser Zug zum Asketischen in die Orphik hinein sowie ein Hang zur ekstatischen Mystik. Urindisches begegnet uns auch im Schöpfungsmythos der Orphiker; dieser lässt die Welt aus einem gigantischen Ur-Ei entstehen, das die Urgöttin der Nacht – ein tiefdunkler Weltenschoß – einst gelegt hatte. Und so lauten die überlieferten Worte: „Aber die Orphiker sagen, dass die schwarzgeflügelte Nacht, eine Göttin, vor der selbst Zeus in Ehrfurcht stand, vom Wind umworben wurde, und dass sie ein silbernes Ei im Schoß der Dunkelheit legte; und dass Eros, den manche Phanes nennen, diesem Ei entschlüpfte und das All in Bewegung setzte..."[157]

Dieser Gott Eros, der dem Welten-Ei entspringt, taucht im altindischen Weltschöpfungsmythos auf als das Urwesen Brahma, das aus dem „Goldenen Ei" Hiranya-Garbha geboren wird. Dieses Ur-Ei schwimmt als der Werde-Keim allen Seins äonenlang im Ozean, bis es von dem symbolischen Schwan Hamsa, dem einzigen Vogel in jener Urwelt, ausgebrütet wird. Das kosmische Ei ist also der Urzeugungs-Same, aus dem alle späteren Dinge hervorgehen werden.

„Dieser Same", so heißt es in einer Nacherzählung des Mythos, „entwickelte sich zu einem goldenen Ei, das wie die Sonne glänzte und in welchem (...) Brahma geboren werde, er, der Urvater aller Welten. Nachdem er ein Jahr in dem Ei geruht hatte, spaltete Brahma es durch seinen bloßen Gedanken in zwei Hälften. Aus den beiden Schalen bildete er nun den Himmel und die Erde, dazwischen stellte er den Luftraum, die acht Weltgegenden und den ewigen Ort des Wassers. So ordnete Brahma die Welt an."[158] Der Mythos vom kosmischen Ur-Ei wie auch der Gedanke der Seelenwanderung und die Betonung der Askese als Mittel des geistigen Aufstiegs lassen die Orphischen Mysterien und den indischen Brahmanismus als zwei Pole einer einstmals universalen, West und Ost gleichermaßen umfassenden esoterischen Urreligion erahnen.

Die Orphik lehrt also, in mythisch verkleideter Form, die göttliche Herkunft des Menschen, seine Doppelnatur von Göttlichem und Irdischem, schließlich seine schrittweise Läuterung durch viele Erdenleben hindurch; es sind Grundgedanken, die uns viel später in der Gnosis entgegenleuchten, aber auch im Yoga, in den geheimen Mysterienschulen des Westens ebenso wie in der erhabenen Weisheit des Ostens.

Aus dem Umkreis der Orphischen Religion stammt auch der berühmte Satz, der Körper sei „der Kerker der Seele". Dieser Satz, der oftmals als leibfeindlich gilt, allerdings sehr zu Unrecht, wurde von dem großen griechischen Philosophen *Platon* übernommen und in seinem berühmten „Höhlengleichnis" bildhaft ausgedrückt. Das Göttliche sitzt im Körper wie in einem Gefängnis, und ein ähnliches Gefängnis ist bei Platon jene unterirdische Höhle, in der die Gefesselten nur die Schatten der wahren Dinge zu sehen vermögen. Wenn man aber bedenkt, dass die Seele in ihrer unsterblichen Geistnatur über alle Gesetze von Raum und Zeit erhaben ist, dann muss ihr Verweilen in einem physischen Körper und ihr Gebundensein an die Gesetze der Materie in der Tat als eine „Gefangenschaft" (dies Wort in einem völlig wertfreien Sinne) erscheinen.

Platons Lehre ist von der Orphik in der Tat stark beeinflusst; es wäre denkbar, dass der Philosoph auf seinen Reisen durch das damals griechisch kolonisierte Unteritalien auf Orphiker-Gemeinden stieß, die ihn aufnahmen und evtl. in ihre Geheimlehre einweihten. Aus der Orphik hat Platon jedenfalls die Ideen der Erlösung und der Seelenwanderung übernommen, die in seinen

Schriften auch vorkommen; alles bei Platon, das sich auf ein jenseitiges Heil und auf das Ewige richtet, ist im Grunde genommen „orphisch".

In einem seiner Dialoge (*Kratylos* 400B) bezieht sich Platon ausdrücklich auf die Orphiker, wenn er vom Körper sagt: „Denn einige halten ihn für das Grabmal der Seele, als wäre sie im jetzigen Leben begraben. (...) Doch haben meiner Ansicht nach eigentlich die Anhänger des Orpheus diesen Namen aufgestellt, weil nach ihnen die Seele für ihre Vergehen zu büßen hat. Sie habe aber im Leibe einen Umbau, nach dem Bilde eines Gefängnisses, damit sie darin aufbewahrt werde."[159]

Ähnlich Pythagoras von Samos, der große Vorgänger Platons, der erste Esoteriker des Abendlandes: nach jahrzehntelangem Aufenthalt in der Fremde ließ er sich – nach Griechenland zurückgekehrt – im Lande der Thraker in die Orpheus-Mysterien einweihen; sein Pythagoreischer Orden in Unteritalien ist nichts anderes als ein Ableger der Orphischen Mysterienbundes. Jamblichos sagt: „Im ganzen soll Pythagoras in Redeweise und Gesinnung dem Orpheus nachgeeifert haben; auch ehrte er die Götter ähnlich wie Orpheus."[160]

Ganymed

Wieder dem Tros entstammten die drei un-
tadeligen Söhne: Ilos, Assarakos, drittens
der göttliche Held Ganymedes, welcher der
Allerschönste doch war von den sterblichen
Menschen. Ihn entrafften denn auch um der
Schönheit willen die Götter, Zeus zu bedie-
nen als Schenke des Weins, bei den Himmlischen wohnend. (Homer, *Ilias* XX, 231-35)

In der Sagengestalt des *Ganymed* (griech. Γανυμήδης)
begegnen wir einem Sterblichen, der zu den Göttern
entrückt wurde, um ihnen als Mundschenk zu dienen – von Zeus selbst in den Olymp entführt, ließ er die
sterbliche Wandelwelt hinter sich und erbte das ewige
Leben im Reich der Götter. Dieser Aufstieg zu den Göttern ist ein zentraler Inhalt uralter Mysterien-Einwei-
hung. Wir haben es hier mit einem im höchsten Maße
esoterischen Thema zu tun, das weit in die Vergangenheit zurückweist, in die Lebenszeit der alten Hochkul-
turen des Orients.

Ganymed, dem Namen nach „der Glanzfrohe", war
nach der griechischen Mythologie ein Sohn des trojani-

schen Königs Tros, ein Bruder des Assarakos und des Ilos, und er galt als „der Schönste aller Sterblichen". Zeus verliebte sich in den schönen Hirtenknaben und ließ ihn durch seinen Adler vom Berg Ida in Phrygien direkt auf den Olymp bringen; manche sagen, der Adler war Zeus selbst in einer seiner zahlreichen Verwandlungsgestalten. Dabei wurden der Adler und Ganymed als Sternbilder an den Himmel versetzt; letzterer bildete dabei das Sternbild *Wassermann.* Wir haben hier also auch einen *Astralmythos* vor uns.

Wenn wir den esoterischen Gehalt des Ganymed-Mythos erschließen wollen, müssen wir uns den wahren Inhalt des Begriffs „Himmel" vergegenwärtigen. In Religion und Mythos der antiken Völker spielt die Vorstellung des Himmels eine große Rolle. Das Himmelsgewölbe dachte man sich in früherer Zeit als eine Kuppel aus Bronze oder Eisen, die von Pfeilern oder – im griechischen Mythos – von dem Titanen Atlas gestützt wurde. Daneben gab es aber auch eine esoterische Auffassung des Himmels, bei Platon als der Ideen-Himmel (*kosmos noetos*) oder im Neuen Testament als der Wohnsitz Gottes und seines Hofstaates, der Engel, in Zukunft auch der Gläubigen (Phil. 3,20). Dabei ist nicht die Vorstellung des Himmels als Raum von Bedeutung, sondern vielmehr als ein Zustand ewiger Beglückung durch unmittelbare Schau Gottes.

Um *diesen* Himmel geht es im Ganymed-Mythos. Der Olymp ist immer auch ein transzendenter Ort. Und dass er dort als Mundschenk wirkt, kommt nicht von ungefähr: in dieser Funktion kredenzt er den Unsterblichen *Ambrosia*, den Nektar des ewigen Lebens, und das dafür benutzte Trinkgefäß kann als ein heiliger Gral gedeutet werden. So ist Ganymed auch eine Vorwegnahme des Parzival.

Die Ganymed-Sage wurde in der Antike durchaus unterschiedlich dargestellt; die älteste Darstellungsform war jedoch der mesopotamische Urmythos von *Etanas Himmelfahrt*. Leider ist dieser nur sehr schlecht und lückenhaft erhalten, doch aus den dürftigen Quellen, die uns zu Verfügung stehen, lässt sich so viel erkennen: Der „Halbgott" Etana, der vor unvordenklicher Zeit im Zweistromland lebte, ein Genosse und Stammverwandter der Götter, wollte seiner unfruchtbaren Frau das „Kraut des Gebärens" aus dem Himmel verschaffen, damit diese den künftigen Herrscher des Landes gebären könne. Mit Gebet und Opfer wandte er sich an *Schamasch*, den altmesopotamischen Sonnengott, und dieser gab ihm die Erlaubnis, besagtes Kraut aus dem Himmel zu holen. Sodann wies er Etana an, „auf den Berg" zu gehen. Dort befand sich ein Adler gerade im Kampf mit einer Schlange – ein Symbol für den Widerstreit zwischen der höheren und der niederen Natur des Menschen. Etana stand dem Adler bei, und dieser erklärte sich daraufhin bereit, ihn auf seinen Schwingen zum Himmel emporzutragen. Eine freie Nacherzählung des Himmelfahrtsmythos soll nun folgen:

„Nachdem er ihn eine Meile emporgetragen hatte, sprach der Adler zu Etana: 'Sieh hinunter! Wie verändert sieht die Erde aus! Gleicht sie nicht einem Berg? Und gleicht das Meer nicht einem Fluss?' Nach einer zweiten Meile ihres Fluges sprach der Adler abermals: 'Sieh hinunter auf das Land! Sieht es nicht aus wie ein Garten?' So blickten sie nach jeder Meile hinunter, und jedesmal bot die Erde einen anderen Anblick. Schließlich gelangten sie zum Himmel Anus, Enlils und Eas und warfen sich demütig am Tore nieder. Aber hier in diesem Himmel erhielten sie das Kraut nicht. Sie mussten noch höher hinaufliegen, zum Himmel der Göttin

Ischthar, die für glückliche Geburten sorgte und das Kraut aufbewahrte. Wieder schmiegte sich Etana an den Adler, und wieder zeigte dieser ihm bei jeder Meile ihres Höhenfluges, wie sich der Anblick der Erde veränderte, bis das Land einem Kuchen glich und das weite Meer wie ein Brotkorb aussah. Dann war die Erde ganz ihren Blicken entschwunden, und Etana wurde von großer Furcht gepackt. Er wollte nicht noch höher hinaufsteigen, zurückkehren wollte er zur Erde. Da aber stürzte er mit dem Adler auf die Erde hinab, noch ehe sie Ischthars Himmel erreicht und das Kraut erhalten hatten."[161]

Der Schluss bleibt unbefriedigend; er erinnert etwas an den griechischen *Dädalus*-Mythos, wo der zum Himmel Aufsteigende ebenfalls abstürzt, da ihm in der Nähe der Sonne die künstlichen Wachsflügel zerschmelzen. Auch *Bellerophon* hatte, wie wir wissen, wenig Glück mit seinem Versuch, auf dem Rücken des Pegasus zum Olymp emporzureiten. Es wird hier deutlich, dass die Himmelreise des Eingeweihten ein gefährliches Unterfangen darstellt, dem sich viele Hindernisse in den Weg stellen können. Der *Adler*, der im hier erzählten Mythos Etana zum Himmel bringen will, ist ein Symbol für den *Geistkörper des Eingeweihten*, den „Auferstehungsleib", wie der Apostel Paulus ihn nennt. Man vergleiche hiermit Platons Bildnis von der Ent- und Befiederung der Seele! Die Entfiederung, so erfahren wir in dem Dialog *Phaidros*, bewirkt den Abstieg in die Körperwelt; die Befiederung regt die Seele zum Fliegen an und trägt sie in die höheren Geistesreiche, ja bis zu jenem „überhimmlischen Ort", zu dem selbst die Götter mit Staunen und Ehrfurcht emporschauen. Mit den Flügeln des Geistes, wie mit Adlerflügeln, steigt der Myste zu dem ewigen Geistort empor: „Die Kraft des Gefie-

ders besteht darin, das Schwere emporhebend hinauf-
zuführen, wo das Geschlecht der Götter wohnt."[162]

In *Etanas Himmelfahrt* kann man wohl den Urmythos
sehen, der nicht nur der Henochgeschichte, sondern
auch ähnlichen Himmelfahrtberichten in griechischen,
iranischen und ägyptischen Quellen zugrunde liegt. Der
Himmelfahrt des Pharao diente bekanntlich jenes aus
Zedernholz gefertigte Sonnenboot, das dem in der Pyra-
mide Bestatteten beigegeben wurde. Auch von Hermes
Trismegistos wurde gesagt, er sei „zu den Sternen aufgestiegen", um dort den Göttern gleich zu werden und
für immer bei ihnen zu wohnen. Zu den ägyptischen
und hermetischen kommen die jüdischen Berichte hinzu. Heißt es doch von Elia, einem Propheten aus der is-
raelitischen Frühzeit unter König Ahab (871–852 v.
Chr.), er sei von Gott leibhaftig in den Himmel genommen worden. Elia ist wie Henoch ein „Entrückter", ein
Sternenwanderer, ein Himmelsreisender. Über seine
Entrückung sagt die Bibel, er sei in einem „feurigen Wagen" hinweggeflogen (2. Kön.2/11).

Die Himmelfahrt, der Aufstieg zum Olymp, die Seelenreise des Eingeweihten – sie war das zentrale Mysterium in der antiken Welt. Im Ganymed-Mythos wird
dieser Vorgang in exemplarischer Weise zum Ausdruck
gebracht. Auf römischen Sarkophagen findet man Ganymed oft dargestellt als Symbol für die Erhebung der
menschlichen Seele über alles Irdische hinaus. In der
Neuzeit inspirierte die Erzählung über ihn zahlreiche
Künstler – so gibt es Zeichnungen von Michelangelo,
Gemälde von Rubens und Rembrandt, und neben Hölderlin fühlte sich auch Goethe zu einem Gedicht über
Ganymed inspiriert (1774).

Bellerophon

Glaukos wiederum zeugte den herrlichen
Bellerophontes, welchem die Götter Schön-
heit schenkten und blühende Mannheit.
(Homer, *Ilias* VI, 155-56)

In *Bellerophon* (griechisch Βελλεροφῶν), auch *Bellerophontes*, begegnen wir einer dem Ganymed sehr ähnlichen Gestalt. Wie Ganymed gehört er zu den sterblichen Menschen, aber durch besondere Verdienste
steht er den Göttern näher als jeder andere Mensch.
Man kann ihn auch als einen Heroen verstehen, der
durch außergewöhnliche Taten ins Übermenschliche gewachsen ist, so sehr, dass er gar den Neid der Götter erregt. Bei Bellerophon kommt noch als besonders er-
schwerend das Moment der *Hybris* hinzu – das Bestreben, den Göttern gleich zu werden, was zweifellos zu
tragischem Scheitern verurteilt ist.

Bellerophon war ein Held der griechischen Mythologie, dem es gelang, den Pegasus zu zähmen, das geflügelte Ross der Musen, und das Ungeheuer *Chimaira*
zu töten; unbesiegbar war er auch in jeder Schlacht, bis
er zuletzt Opfer seiner eigenen Hybris wurde, als er ver-

suchte, auf dem Rücken des Pegasus zum Olymp aufzusteigen. Die Strafe folgte auf dem Fuß: er stürzte ab wie einst Ikarus mit seinen aus Wachs gefertigten Flügeln. Und gerade da liegt der Unterschied zu Ganymed: der nämlich wurde vom Adler des Zeus hochgetragen, Bellerophon aber versuchte eigenmächtig, an einen Ort zu gelangen, der für Sterbliche nicht bestimmt war, der nur den Göttern vorbehalten blieb als ihr ewiger und himmlischer Aufenthaltsort, den *Olymp*.

Die Bellerophon-Sage wird bei Homer und Hesiod geschildert, auch bei Diodor, Strabo, Ovid, Pausanias und in der Bibliothek des Apollodor. Sie muss sehr populär gewesen sein und existiert in mehreren Varianten. Bellerophon war der Sage nach der Sohn des korinthischen Königs Glaukos; man sieht ihn aber auch als Abkömmling des Poseidon, des uralten Meergottes, und der Eurynome. Mit Poseidon hätte er ja immerhin einen Gott als Vater gehabt, und sein Beiname *Hipponoos*, der „Pferdeversteher" verweist ebenfalls auf Poseidon, dem die Pferde geheiligt waren.

Eines Tages soll Bellerophon in seiner Heimatstadt Korinth versehentlich einen Mann namens Belleros getötet haben; um sich von der Tat zu reinigen, ging er zu König Proitos von Tiryns, jener auf einem hohen Felsen erbauten Stadt am Argolischen Golf. Aber die Gattin des Proitos, Anteia, begehrte Bellerophon, und als sie von diesem zurückgewiesen wurde, behauptete sie gegenüber ihrem Gatten, Bellerophon habe sie geschändet. Proitos glaubte seiner Frau, traute sich aber nicht, Bellerophon zu bestrafen, da er sein Gastfreund war. Daher schickte er Bellerophon nach Lykien zu seinem Schwiegervater König Iobates.

In einem Begleitschreiben wies er Iobates an, Bellerophon zu töten, wegen seiner angeblichen Missetaten, aber Iobates wagte nicht, dies zu tun, denn er fürchtete den Zorn der Erinnyen. Stattdessen gab er seinem Gast den vermeintlich tödlichen Auftrag, die feuerspeiende *Chimaira* niederzustrecken, die *Schimäre*, ein furchtbares Ungeheuer, das den kleinasiatischen Landstrich Karien verwüstete. Hesiod beschreibt dieses entsetzliche Hybridwesen folgendermaßen:

> (Keto) aber gebar die Chimaira, die ein unwiderstehliches Feuer ausschnaubte, die furchtbare, große, schnellfüßige, starke. Die hatte drei Köpfe: der eine war der eines mutig blickenden Löwen, der zweite der einer Ziege, der dritte der einer Schlange, eines starken Drachens. (…). Diese tötete der Pegasos und der edle Bellerophontes.
>
> *Theogonie* (319–325)

Der Seher Polyeidos eröffnete Bellerophon, dass er zur Bewältigung seiner Aufgabe die Hilfe des geflügelten Pferdes Pegasos benötige. Also galt es, zunächst einmal diesen zu zähmen! Polyeidos verriet ihm, dass Pegasos gewöhnlich an der unversiegbaren Quelle der Peirene bei der Zitadelle von Korinth, Bellerophons Geburtsstadt, trank, und dort konnte der Held das Pferd überraschen und zäumen. Dabei war er allerdings auch auf die Hilfe der Pallas Athene angewiesen, und er musste seinem göttlichen Vater Poseidon einen weißen Stier opfern. Denn nur mit den Göttern vereint vermag der Mensch Großes zu leisten.

Nachdem Bellerophon die Chimaira getötet hatte, befahl Iobates ihm, gegen das gefährliche Nachbarvolk der Solymer zu Felde zu ziehen. Er besiegte sie ebenso wie danach die gefürchteten Amazonen. Auf dem Rückweg entging er einem Hinterhalt, den ihm einige Hintermänner des Iobates gestellt hatten. Nachdem nun also alle Versuche, Bellerophon umkommen zu lassen, fehlgeschlagen waren, glaubte Iobates, sein kampfestüchtiger Gast sei ein Liebling der Götter. So trachtete ihm nicht mehr nach dem Leben, gab ihm seine Tochter Philonoe zur Frau und schenkte ihm die Hälfte seines Königreichs Lykien.

Der Schluss liest sich wie ein Märchen, aber manchmal können Sterbliche die Fülle ihres Glücks nicht ertragen; dann tun sie alles, um ihren eigenen Untergang herauf zu beschwören. So auch Bellerophon. Später soll er nämlich übermütig geworden sein und versucht haben, mit dem Pegasos zum Olymp zu fliegen. Dies erzürnte Zeus, und er schickte ein kleines blutsaugendes Insekt, das den Pegasus stach, sodass es seinen Reiter abwarf. Bellerophon stürzte in die Tiefe des Abgrunds … In einem Felsengrab in der antiken Stadt Tlos in Lykien, nahe der heutigen türkischen Stadt Fethiye, das Bellerophongrab genannt wird, sind Darstellungen des Helden und des Pegasos zu sehen.

Kirke und Kalypso

Die *Odyssee* berichtet von der großen Magierin Kirke; ihr Bruder ist Aetes, der dunkle Magier von Kolchis, und zusammen mit *Medea* zählt sie zu den bedeutendsten Zauberinnen der Antike! Auf der Insel *Aiaie*, der Insel des Sonnenaufgangs und Reigentanzplatz der Eos, nahe dem Okeanos, wohnt sie, die Herrin der Werdekreise (von *kirkos* – der in Spiralen aufsteigende Raubvogel). Sie gilt als eine Tochter des Helios, des Sonnengottes – eine Lichterfüllte, eine Wissende – und der Okeanide Perse, der zerstörerischen Welle. Die Odyssee nennt sie „eine hehre melodische Göttin" (X 136); denn sie ist keine Sterbliche, sondern eine zauberkräftige Nymphe, ein Naturgeistwesen, das mit magischer Gewalt über die Elementarkräfte gebietet. Odysseus sendet nun einen Spähtrupp aus, um das Innere der Insel zu erkunden. Die Ausgesendeten gelangen bis zum Palast der Kirke, wo ihnen zahme Löwen und Wölfe begegnen, in Raubtiere verwandelte Menschen! Auch des Odysseus Leute werden in Tiere verwandelt, in Wildschweine und Eber: *Rückfall in die Tierseele* durch *Schwarze Magie!* – Odysseus allein bricht auf, um die Gefährten zu befreien. Unterwegs begegnet ihm Hermes, eine leuchtende Göttergestalt, und überreicht ihm ein Gegenkraut, das ihn vor den Verwandlungskünsten der Kirke zu schützen vermag. Denn die Menschen jener Frühzeit, in der Odysseus noch lebte, Homer noch dichtete, waren von Göttern behütet, wie Kinder von ihren Eltern und Erziehern. Die allgegenwärtige Schutzmacht der Götter war noch nicht der autonomen Selbstbestimmung des Einzelnen gewichen. Odysseus hält sich ganz an den Rat des Hermes; und so vermag er Kirke zu zwingen, die Gefährten zurück zu verwandeln, die nun (nach einer für sie gewiss heilsamen Selbsterkenntnis) in jüngerer und schönerer Gestalt dastehen als zuvor.

Als Odysseus nach einem Jahr der Belehrung durch Kirke abreisen will, fordert sie, die Kennerin der Werdekreise, von ihm den Gang zu den Verstorbenen als Vorbedingung für die Wiedervereinigung mit Penelope. Wie Faust zur Verbindung mit der Griechenseele Helena zuerst „zu den Müttern" herabsteigen muss, so geht Odysseus zu den entkörperten Heroen und Heroinnen seines eigenen Geschlechts. Der Gang in die Unterwelt – diese Forderung Kirkes wirft zunächst auch Odysseus um. Da es ihm aber Ernst mit der Heimfahrt ist, beginnt er sofort zu sinnen, wie denn der Weg dorthin zu finden sei. Aber die Göttin weiß, dass er, der es ernstlich will, keines Führers in die Jenseitswelt bedarf; dass er von allein, ohne eigenes Zutun, vom „Hauch des Nordwindes" in die andere Welt hinübergetragen werden wird. Die Fahrt zu den Wassern der Unterwelt wird von Kirke rein übersinnlich geschildert, ohne Beachtung irdischer Gegebenheiten; es ist eine Geistesfahrt von Eingeweihten.

So wie Orpheus in die Unterwelt hinabstieg, um dort Eurydike – seine Dualseele – zu befreien, wie Gilgamesch in die Totenwelt ging um des gestorbenen Freundes Enkidu willen, wie schließlich Dante von seinem geistigen Führer Vergil durch die Jenseitsreiche geleitet wurde, so muss auch Odysseus diese entscheidende Probe aller Eingeweihten bestehen, den Gang in die Tiefen des Hades – ein in der abendländischen Literatur und Dichtung immer wiederkehrendes Motiv. Dass dieses Motiv keine bloß literarische Fiktion ist, sondern realem Einweihungs-Erleben entspringt, braucht hier nicht mehr eigens ausgeführt zu werden. Odysseus fährt mit seinem Schiff bis zu den Hainen der Persephone, wo die beiden Unterweltsflüsse Acheron (der Strom des Jammers) und Periphlegeton (der Flammenstrom) zusammenfließen; nur bis hierher braucht er zu gehen: denn dies ist die Grenze zur Totenwelt, bis zu der Persephone die Gestorbenen zu ihm herauf sendet.

Die Toten schwärmen herauf und umdrängen Odysseus mit ihrem jenseitigen Wehruf: zuerst der Seher Teiresias, der ihm die Heimfahrt voller Gefahren prophezeit, dann des Odysseus inzwischen verstorbene Mutter Antikleia; sodann die Heroinnen der Achäer, danach die gefallenen Helden des Kampfes um Troja, Agamemnon, Achilleus und Ajas; mit allen spricht Odysseus über die Grenze der Welten hinweg. Sie alle sind nur „Schatten"; die eigentlichen Individualitäten sind schon längst in höhere Geistes-Ebenen des Himmels aufgestiegen.

Nachdem die Helden von Troja gegangen waren, lässt Persephone den Odysseus noch tiefer in die Abgründe des Hades blicken: tief unten sieht er Minos, den Totenrichter mit seinem goldenen Stab; Orion, den riesengestaltigen Jäger, der immer noch auf den Auen der Unterwelt dem Wild nachstellt, das er einst auf den Bergen erlegt hat; dann Tityos, Tantalos und Sisyphos in ihren Qualen; zuletzt Herakles, den halbgöttlichen Übermenschen und Helden. Es ist aber auch nur das Schattenbild des Herakles; er selbst, sein *autos*, sein höheres Selbst befindet sich bereits „im Kreis der unsterblichen Götter" (XI 602), wo er die Zeustochter Hebe zur Gemahlin bekam. Odysseus erblickt auf seiner Hadesfahrt also nur die niederen Ebenen. Als tausende von Totengeistern ihn mit Gewimmel und Geschrei umgeben, ergreift ihn Entsetzen; zudem fürchtet er, dass ihm Persephone nun auch das schreckliche Gorgonenhaupt aus den Tiefen heraufsenden werde, und so bricht er die Jenseitsreise ab. Noch in derselben Nacht kehrt er wohlbehalten zur Insel der Kirke zurück.

Kalypso, die „Verhüllte", eine Tochter des Titanen Atlas, der das Himmelsgewölbe stützt, erscheint als ein Wassergeist, eine Vertreterin der Natur-Entelechien, die wie viele Naturgeistwesen den heftigen Wunsch hat, einen sterblichen Menschen fest an sich zu binden. Die Insel der Kalypso heißt *Ogygia*, ein mythisches Eiland zweifelsohne, das als der „Nabel des Meeres", *omphalos thalasses*, bezeichnet wird, inmitten des Okeanos gelegen. Der Okeanos mit seinen wirbelnden Strudeln war bei den Griechen nicht etwa das Mittelmeer, sondern der große unbekannte Atlantische Ozean. Daher kann Ogygia weder bei Kreta liegen noch in der Nähe von Ithaka, wie zuweilen vermutet wird, sondern nur im zentralen Atlantik, möglicherweise im Gebiet der Azoren. Auch der Name „Nabel des Meeres" scheint auf diese zentrale Position hinzuweisen. Man könnte Ogygia als ein Restland der versunkenen Atlantis deuten. Auch esoterisch gesehen könnte „Ogygia" gleichbedeutend mit „Atlantis" sein: ein atlantischer Bewusstseins-

zustand, ein überkommener Rest alter atlantischer Göt-
ter- und Naturgeistermagie.

Kalypso gelang es, Odysseus sieben Jahre lang im
Bann der Naturgeistwelten zu halten, bis sein Wille und
seine Sehnsucht nach „Heimkehr" so gewachsen waren,
dass die Götter eingreifen können, da zugleich „das Jahr
seiner Befreiung erfüllt war". Und so erscheint Hermes,
der leichtbeschwingte Götterbote, in der Grotte der Kalypso, und fordert sie auf, den „Dulder" Odysseus nun
endlich freizugeben. Die Nymphe, um die überlegene
Macht des Zeus wohl wissend, willigt ein. Und so lässt
sie den Odysseus in dreieinhalb Tagen ein Floß bauen,
gibt ihm Proviant und entlässt ihn auf seine letzte große
Reise – einem unbekannten Ziel entgegen. Kalypso's ge-
naue Fahrtanweisungen für die Reise zurück lauten: die
Plejaden im Westen, den Bootes und den Großen Bären
im Osten, alles auf dem Wendekreis des Krebses, den
Orion zur Linken – es ist ganz eindeutig eine Fahrt von
West nach Ost im Frühling.

Isis ~ Neith ~ Nuth

Isis ist eine Göttin der Magie und der Einweihung, und ihr verschleiertes Bildnis ein Geheimnis, das in den altägyptischen Mysterien streng gehütet wurde. Am Nildelta zu Sais stand das verhüllte Bildnis der Göttin *Neith*, deren Schleier kein Sterblicher lüften durfte; in Neith erkennen wir jedoch eine Nachbildung der Himmelsgöttin *Nuth*, die niemand anderes ist als eine der zahlreichen Erscheinungsformen der Allgöttin Isis. Die Inschrift, die auf dem verschleierten Bildnis der Göttin zu Sais stand, soll nach Plutarch gelautet haben: „Ich bin alles, was geworden ist und was ist und sein wird. Und meinen Schleier hat noch kein Sterblicher gehoben."[164] Den Mythos von der ägyptischen Urmutter Neith oder Nuth skizziert eine Inschrift in Stein, die der Neuplatoniker Proklos in seinem Kommentar zu Platons *Timaios* durch folgenden Wortlaut widergibt: „Das Seiende und das Zukünftige und das Gewordene bin ich. Meinen Schleier hat keiner gehoben. Die Frucht, welche ich gebar, war die Sonne."

Eine Göttin der Nacht, eine Tiefnächtliche, Dunkle, von uralter Mondenweisheit umströmte Göttin sehen wir in dieser Nuth, die von sich sagt, dass sie die Sonne geboren hätte. Die Nacht galt als das eigentlich schöpferische Element, das am Anfang allen Weltwerdens auch den Tag und den Äther hervorbringt. Züge der Nuth sind dann auf die spätere Isis übergegangen. Die Isis der ägyptischen Tempelweisheit ist die Mutter aller Dinge, die jungfräuliche Mutter, die den Gottessohn gebiert. Dieser Gottessohn ist der Sonnen-Logos; deshalb sagt die göttliche Jungfrau: „Die Frucht, welche ich gebar, war die Sonne."

Und noch im Neuen Testament begegnet uns die Sonnengebärerin, und zwar in dem geheimnisvollsten Buch der Bibel, der *Offenbarung des Johannes*. Dort tritt sie als kosmische Jungfrau, als Sternenjungfrau in Erscheinung: „Ein großes Geistesbild ward sichtbar am Himmel: ein Weib, bekleidet mit der Sonne, der Mond unter ihren Füßen, auf ihrem Haupte ein Kranz von zwölf Sternbildern; und sie war schwanger und schrie in Wehen und Qualen des Gebärens." (Apk. 12.1-2)

Neben Schiller hat sich auch der deutsche Klassiker Novalis (1772–1801) des Themas der verschleierten Göttin Isis angenommen. Und zwar in seinem berühmten Märchen von Hyazinth und Rosenblütchen, das sich in seinem Roman-Fragment *Die Lehrlinge zu Sais* findet. Hyazinth muss aufbrechen, um das Bild der Großen Göttin zu suchen: „(...) ich muss sie suchen gehen. Ich wollt' Euch gern sagen, wohin, ich weiß selbst nicht, dahin wo die Mutter der Dinge wohnt, die verschleierte Jungfrau. Nach der ist mein Gemüt entzündet. (...) Hyazinth lief nun was er konnte, durch Täler und Wildnisse, über Berge und Ströme, dem geheimnisvollen Lande zu. Er fragte überall nach der heiligen Göttin (Isis), Menschen und Tiere, Felsen und Bäume. (....) Er folgte ihrem Rat, frug und frug und kam endlich zu jener längst gesuchten Wohnung, die unter Palmen und andern köstlichen Gewächsen versteckt lag. (....) Es dünkte ihm alles so bekannt und doch in niegesehener Herrlichkeit, da schwand auch der letzte irdische Anflug, wie in Luft verzehrt, und er stand vor der himmlischen Jungfrau, da hob er den leichten, glänzenden Schleier, und Rosenblütchen sank in seine Arme."[165] Die glückliche Vereinigung mit der Dualseele steht am Ende des Märchens; und Isis erscheint als das Urweibliche schlechthin, das in jeder geliebten Frau in Erscheinung tritt. Von Novalis stammt auch das Distychon:

> Einem gelang es – er hob den Schleier der Göttin zu Sais –
> Aber was sah er? Er sah – Wunder des Wunders – sich selbst.[166]

Wer ist aber nun die Isis? Wer ist diese geheimnisvolle, verhüllte Göttin, von der noch Schiller und Novalis dichteten, die in Gestalt der Gottesmutter Maria weiterlebte, und deren Schleier kein Sterblicher ohne Erlaubnis lüften durfte? Wer ist diese Hüterin aller Mysterien, nach deren Einweihung alle Theurgen und Magier seit jeher gestrebt haben? Antworten auf diese Fragen finden wir zunächst im ägyptischen Mythos. Ihm zufolge gehört Isis in die Reihe jener kosmogonischen Götter, die am Anfang allen Weltwerdens aus dem Urgott ausgetreten sind, dabei eine neunfach gestufte Götter-Hierarchie bildend. Wir folgen hier der ägyptischen Weltschöpfungslehre, wie sie in der Theologie von Heliopolis dargestellt wird:

Am Anfang allen Weltwerdens, so berichtet der Schöpfungsmythos von Heliopolis, war nur das unbewegte und unendliche Weltmeer, ein Zustand noch ohne Leben, aber voller Stille. Noch gab es kein Oben und Unten, kein Vorne und Hinten, kein Westen und kein Osten, kein Norden und kein Süden. Noch gab es kein Licht und keine Dunkelheit. Über den Wassern des Urmeeres Nun schwebte der Geist Atums, des Schöpfers. *„Als Atum zwischen sich und den Urwassern eine Scheidung geschaffen hatte, indem er aus den Urwassern den bnbn-Hügel auftauchen ließ, führte er mit seiner Hand seinen eigenen Samen zum Munde. Nachdem er so sich selber befruchtet hatte, spie er aus seinem Munde Schu und Tefnut aus, den Windhauch und die Feuchtigkeit. Dadurch ward er zum Vater und zur Mutter aller Götter. Denn Schu und Tefnut verbanden sich miteinander und zeugten Geb, die Erde, und Nut, den Himmel. Geb und Nut aber, Geschwister wie ihre Eltern Schu und Tefnut, verbanden sich ebenfalls miteinander und zeugten Osiris, Seth, Isis und Nephthys. So war die erste Achtheit vollendet."*[167]

Nut gebar ihren Sohn Osiris, als sie im Schatten eines Kesbet-Baumes ruhte; ihren Sohn Seth gebar sie im Schutze einer Akazie. Die Tochter Isis ward wie ihre Schwester Nephtys im Schutz des Schilfdickichts geboren. Als Isis nun zur Jungfrau herangereift war und Osiris das Mannesalter erreicht hatte, da waren sie in Liebe einander zugetan. Von derselben Mutter geboren, pflegten sie die Geschwisterehe, die als besonders vornehm, ja als das besondere Privileg des Pharao galt. Ähnlich erkor Seth sich seine Schwester Nephtys zur Gattin. Und als nun die Welt unter diesen Göttern aufgeteilt wurde, da ward Osiris zum klugen und besonnenen Herrscher über die fruchtbaren Nilländer; Seth aber erhielt die Herrschaft über die trockenen und todbringenden Länder der Wüste. Als Wahrzeichen seiner Königsherrschaft trug Osiris einst die Geißel und den Krummstab, denn er war ein Freund der Hirten und ihrer Herden, und da er den Ägyptern Gesetze gegeben, die sie den Anbau der Feldfrüchte und die Weidewirt-

schaft lehrten, erregte er den Neid des finsteren Wüs-
tenherrschers Seth. Der lockte den Osiris in einen Hinterhalt und tötete ihn, ja er zerteilte seinen Leichnam in
14 Teile, die er über alle Lande verstreute! Da wehklagte
Isis sehr über den Tod ihres Brudergatten, und mit ihr
klagte ihre Schwester Nephthys; das Klagelied beider ist
uns aus einer altägyptischen Liturgie überliefert:

Isis und Nephthys rufen Osiris an:

Schöner Jüngling, komm zu deinem Hause!
Seit langem, langem haben wir dich nicht gesehen.
Schöner Sistrum-Spieler, komm zu deinem Hause!
Der du der Erste der Westlichen wurdest,
nachdem du uns verlassen hattest,
Schöner Jüngling, der wegging,
ohne dass seine Zeit gekommen war,
Jugendfrischer, ohne dass er zu
seiner Reife gelangt war.

Prächtiges Abbild deines Vaters Tanen,
Geheimnisvoller Same, der aus Atum hervorging,
Herr, Herr, der höher ist als seine Väter,
Ältester aus dem Leibe seiner Mutter! (....)

Komm, Sistrum-Spieler, glänzend an Gesicht,
Der Einzige, jugendfrisch, schön in seinem Anblick,
Herr der Frauen, Mann der Kühe!
Der Knabe, Besitzer der Schönheit,
möchten wir dich doch sehen in deiner ersten Gestalt.

Ich verlange ja darnach, dich zu sehen,
Ich bin deine Schwester Isis, die nach deinem
Herzen verlangt,
Die nach deiner Liebe sich sehnt, wenn du fern bist,
Ich überflute dieses Land an diesem Tage mit Tränen.

Gesang des Priester-Kollegiums:

O Osiris, Stier des Westens,
Einziger, Beständiger, höher als die anderen Götter,
Knabe und Erzeuger, Großer Erbe des Geb,
Kind des Gottes unter den Göttern:
Mögest du zu den beiden Witwen kommen! [168]

Isis begab sich nun auf die Suche nach den Körper-
Teilen des Gemordeten, die sie alle wieder zusammen-
fügte; damit ermöglichte sie die Auferstehung des Osiris im Jenseitsreich. Und so ward Osiris zum Herrn über
das Jenseitsland Aminte, das er so weise und maßvoll
regierte, wie er einst über Ägypten geherrscht hatte.
Aber nach wie vor hütete sich Isis vor den Nachstellun-
gen des Seth, denn die Leibesfrucht, die sie in sich trug,
war ihr von Osiris empfangener Sohn Horus! Im Verborgenen gebar sie ihn und zog sie ihn auf, damit er
dereinst – zum Manne geworden – den Widersacher
Seth niederwerfe und das vom göttlichen Vater ererbte
Königtum erringe. Daher erhielt er den Namen und
Titel *„Falke"*, denn wie ein Falke sollte er sich auf den
Widersacher stürzen; und als Horus erwachsen war, da
erschien ihm Osiris aus dem Totenreich und rüstete ihn
für den Kampf. Im Kampf ward Seth, der sich zuletzt in
eine Schlange verwandelte, unterlegen; er wurde besiegt und gefesselt. Horus wurde indes zum lichtvollen
und gerechten Weltherrscher.
Wer ist also nun die Isis? Sie ist nicht nur die treue
Gattin, die den Leichnam des gemordeten Ehemannes
wiederherstellt, sondern vor allem die göttliche Mutter,
die – wie die himmlische Jungfrau Maria den Christus –
den künftigen Heilsbringer Horus in sich trägt. Als eine
der zahlreichen Verkörperungen des Ewig-Weiblichen
trägt die göttliche Isis den Charakter einer Himmelskö-

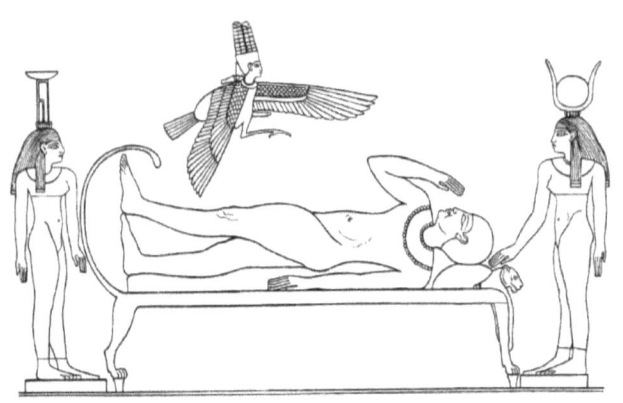

nigin – man könnte sie als die persongewordene Weltseele, die Göttin des Alls, bezeichnen. Deshalb ist die
Isis ein großes Mysterium, ein Weltengeheimnis. Weihespiele zu Ehren der heiligen Isis sind in Ägypten seit
etwa 1850 v. Chr. gefeiert worden, und noch im Römischen Kaiserreich gab es weitverbreitete Isis-Mysterien.
Mysterienspiele, die den Mythos von Isis und Osiris
zum Gegenstand hatten, gab es in Ägypten insbesondere an solchen Orten, die als Grabmale des Osiris galten,
so etwa Abydos in Mittelägypten, Busiris im IX. unterägyptischen Gau oder in Sais am Nildelta.

Griechische Reisende haben diese „Passionsspiele"
des Osiris teilweise gesehen und Erklärungen dazu ab-
gegeben, die eigentlich nur den „Eingeweihten" zu-
gänglich waren. Herodot (um 430 v. Chr.) teilt nur Äu-
ßerlichkeiten mit, hüllt sich aber bezüglich der tieferen
Bedeutung des Kultes in Schweigen: „Die Grabstätte
des Gottes, dessen Namen ich bei solcher Gelegenheit
aus frommer Scheu nicht auszusprechen wage, liegt in
Sais in dem Heiligtum der Athena, hinter dem Tempel-
haus, angrenzend an die ganze Mauer der Athena. In
dem Tempelbereich stehen große steinerne Obelisken.

Und ein See liegt daneben, der kunstvoll mit Boden und Wänden aus Stein versehen und kreisförmig sorgfältig verarbeitet ist, und so groß, wir mir scheint, wie der sogenannte 'Der Radförmige' in Delos. An diesem See veranstalten sie nachts die Darstellung seiner Leiden (*die Passion des Osiris*), die die Ägypter Mysterien (*mysteria*) nennen. Obwohl ich über diese Dinge mehr weiß, wie sie sich im einzelnen verhalten, so soll darüber doch Schweigen herrschen. Auch über das Fest der Demeter (*ägyptisch Isis*), das die Hellenen Tesmophoria nennen, auch über dieses soll von meiner Seite Schweigen herrschen, abgesehen nur von denjenigen Dingen bei dem Feste, die ich erwähnen darf."[169]

Andere Griechen, wie etwa Plutarch, zeigen sich bemüht, den Isis- und Osiris-Kult als reinen Naturmythos zu erklären – eine rationalistische Deutung zweifellos, die am Kern und Wesen der Einweihung vorbeigeht. In diesem Sinne ist auch das Zeugnis des Heliodorus (3. Jh. n. Chr.) zu verstehen, wobei dieser sogar andeutet, dass hinter der bloßen Allegorie für Naturerscheinungen noch mehr stehen könnte. Heliodor sagt in seinen *Aithiopika*: „Für die Eingeweihten lehren die Ägypter, die Erde sei Isis und der Nil Osiris, und geben damit den realen Dingen Götternamen. Isis sehnt sich nach dem Abwesenden und freut sich über die Vereinigung mit ihm. Sein Verschwinden betrauert sie wieder und hasst den Typhon (*Seth*) als seinen Feind. Ägyptische Weise, die in den Wissenschaften von der Natur und von Gott bewandert sind, werden wohl kaum einem die tiefere Bedeutung dieser Dinge enthüllen, sondern nur in Gestalt eines Mythos mitteilen, während sie den in die göttlichen Mysterien Eingeweihten die Geheimnisse im hellen Licht der Wahrheit offenbaren."[170] Der älteste uns erhaltene Roman, aus spätantiker Zeit, erzählt von der Einweihung in die Mysterien der Göttin Isis – gemeint sind die *Metamorphosen* des Apuleius, auch bekannt unter dem Titel *Der Goldene Esel*. Isis erscheint ihrem Mysten Apuleius als Traumvision, und indem sie ihm Hilfe verheißt, gibt sie sich ihm mit folgenden Worten als Universalgöttin, als Allgöttin zu erkennen:

„*Ich, Allmutter Natur, Beherrscherin der Elemente, erstgeborenes Kind der Zeit, Höchste der Gottheiten, Königin der Geister, Erste der Himmlischen; ich, die ich in mir allein die Gestalt aller Götter und Göttinnen vereine, mit einem Wink über des Himmels lichte Gewölbe, die heilsamen Lüfte des Meeres und der Unterwelt vielbeklagtes Schweigen gebiete. Die alleinige Gottheit, welche unter so mancherlei Gestalt, so verschiedenen Bräuchen und vielerlei Namen der ganze Erdkreis verehrt: mich nennen die Erstgeborenen aller Menschen, die Phrygier, pessinuntische Göttermutter; ich heiße den Athenern, den Ureinwohnern Attikas, kekropische Minerva, den eiländischen Kypriern paphische Venus, den pfeilführenden Kretern dictynnische Diana, den dreizüngigen Siziliern stygische Proserpina, den Eleusiniern Allgöttin Ceres. Andere nennen mich Juno, andere Bellona, andere Hekate, Rhamnusia andere. Sie aber, welche die aufgehende Sonne mit ihren ersten Strahlen beleuchtet, die Äthiopier beider Länder, und die Besitzer der ältesten Weisheit, die Ägypter, mit den angemessensten eigenen Gebräuchen mich verehrend, geben meinen wahren Namen mir: Königin Isis.*"[171]

Die Isis-Mysterien in Mozarts 'Zauberflöte'

Anklänge an die Isis-Mysterien finden sich auch in Mozarts letzter Oper *Die Zauberflöte*, die mit einem Libretto von Emanuel Schickaneder 1791 in Wien uraufgeführt wurde. Vor dem Hintergrund des Osiris-Mythos verarbeitet die Oper das Gedankengut der Freimaurerei, das in dieser Form auf Elemente altägyptischen Kultes zurückgreift. Die Handlung selbst ist ganz märchenhaft, und offensichtlich eng angelehnt an das Märchen *Lulu oder die Zauberflöte*, das sich in Ch. M. Wielands Sammlung *Dschinnistan* findet. Als weitere Quellen der Zauberoper kommt der Roman *Sethos* von Terrason in Betracht, der die Einweihung des Prinzen Sethos in die Mysterien der Isis, seine Feuer- und Wasserprobe, die Prüfung seines Stillschweigens schildert. Und dann wäre noch zu nennen *König Thamos*, ein Drama von T. B. von Gebler, zu dem Mozart schon 1780 in Salzburg für Schickaneder die Musik komponiert hatte.

Die freimaurerische Deutung der Oper liegt natürlich nahe, da Mozart und Schickaneder doch beide der Wiener Loge „Zur neugekrönten Hoffnung" als Mitglieder angehörten. Die erste freimaurerische Deutung der Zauberflöte stammt von Ludwig von Batzko, der im *Journal des Luxus und der Moden* 1794 den Inhalt der Oper im Sinne der Königlichen Kunst als Kampf zwischen Licht und Finsternis erklärte. Sarastro erscheint hier als der Vertreter edelsten Menschentums, und seine Priester sind die Vorkämpfer des Wahren, Guten und Schönen, wogegen die Königin der Nacht das Reich der Finsternis und des Aberglaubens verkörpert. Der Prinz Tamino vertritt das suchende, noch auf Irrwegen wandelnde, aber doch immer zum Höheren strebende Menschentum, dessen Weg zum Licht durch Feuermeer und Wasserflut bedroht ist, ein deutlicher Hinweis auf vermeintliche Zusammenhänge der Freimaurerei mit ägyptischen Mysterien, worüber Ignaz von Born im *Wiener Journal für Freimaurer* umfangreiche Studien angestellt hat (*Über die Mysterien der Ägypter*).

Im 2. Aufzug der Oper werden wir Zeuge der Einweihung Taminos. Als dieser um die Weihen nachfragt, spricht Sarastro: „Ihr, in dem Weisheitstempel eingeweihten Diener der großen Götter Osiris und Isis! Mit reiner Seele erklär' ich euch, dass unsere heutige Versammlung eine der wichtigsten unserer Zeit ist. Tamino, ein Königssohn [zwanzig Jahre seines Alters], wandelt an der nördlichen Pforte unseres Tempels und seufzt mit tugendvollem Herzen nach einem Gegenstande, den wir alle mit Mühe und Fleiß erringen müssen. [Kurz, dieser Jüngling will seinen nächtlichen Schleier von sich reißen und ins Heiligtum des größten Lichtes blicken.] Diesen Tugendhaften zu bewachen, ihm freundschaftlich die Hand zu bieten, sei heute eine unserer wichtigsten Pflichten."[172] Durch Nachfragen der Priester wird herausgestellt, dass der Aspirant sich durch Tugend, Verschwiegenheit und Wohltätigkeit auszeichnet, vielleicht auch Eigenschaften des Anwärters auf die freimaurerischen Weihen. Nachdem nun die Einweihung Taminos beschlossen wurde, singt Sarastro vom Chor der Priester unterstützt die Arie:

> O Isis und Osiris schenket
> Der Weisheit Geist dem neuen Paar!
> Die ihr der Wandrer Schritte lenket,
> Stärkt mit Geduld sie in Gefahr.
> Lasst sie der Prüfung Früchte sehen;
> Doch sollten sie zu Grabe gehen,
> So lohnt der Tugend kühnen Lauf,
> Nehmt sie in euren Wohnsitz auf.[173]

Die Oper endet mit einem vollständigen Sieg des Lichts über die Finsternis. Der Anschlag der Dunkelmächte misslingt; die Königin der Nacht, eine Erscheinungsform dekadenter Mond-Magie, Hekate ähnlich, kommt mit ihrem Wunsch nach Rache nicht durch. Berühmt auch Sarastros Arie „*In diesen heil'gen Hallen*", worin deutlich gemacht wird, dass der Geist der Rache und Missgunst im Tempel der Einweihung nichts zu suchen hat. Tamino hat alle Prüfungen mit Erfolg bestanden, und triumphierend singt der Chor der Priester:

> O Isis und Osiris, welche Wonne!
> Die düstre Nacht verscheucht der Glanz der Sonne.
> Bald fühlt der edle Jüngling neues Leben;
> Bald ist er unserm Dienste ganz ergeben.
> Sein Geist ist kühn, sein Herz ist rein,
> Bald wird er unser würdig sein.[174]

Mozarts zauberhafte Oper zeigt, dass den Isis-Mysterien durchaus etwas Überzeitliches, Ewiges, alle Wechselfälle Überdauerndes anhaftet. Isis ist und bleibt die vom Schleier der Natur verhüllte Große Göttin, die lange nach dem Untergang Ägyptens unter den verschiedensten Namen im Abendland verehrt wurde, sei es öffentlich oder im Geheimen. Mit den Isis-Mysterien hat Ägypten der Menschheit ein Erbe hinterlassen, das immer lebendig sein wird, solange es noch Menschen gibt, die im Tempel der Einweihung den Weg der Reinheit und der Wahrheit zu beschreiten wünschen.

Die 'entschleierte Isis' bei H. P. Blavatsky

Ein Meisterschlüssel zu den alten und neuen Mysterien in Theologie und Wissenschaft ist die *Isis entschleiert* von H. P. Blavatsky – ein „revolutionäres Buch", wie A. Wilder sich ausdrückte. Mit diesem Buch hat die Begründerin der modernen theosophischen Bewegung einen heroischen Zweifrontenkampf begonnen, einmal gegen die materialistische, von Newton herkommende Wissenschaft des Westens, wie sie im 19. Jahrhundert ihren absoluten Höhepunkt erreicht hat – und dann gegen die Vorurteile des christlichen, insbesondere katholischen Dogmas, die zu Lebzeiten der Verfasserin ebenfalls noch unangefochten waren.

Worum geht es in der *Isis entschleiert*? Und in welchem Verhältnis steht sie zu den antiken Isis-Mysterien? Lassen wir die Verfasserin selbst zu Worte kommen. Im Vorwort zu Band 1 sagt sie: „Unser Werk ist eine Verteidigungsschrift für die Anerkennung der hermetischen Philosophie, der vorzeiten weltumfassenden Weisheits-Religion, als des einzig möglichen Schlüssels zur Vollkommenheit in Wissenschaft und Theologie."[175]

Unter *Isis* versteht H. P. Blavatsky die Natur selbst, genauer die *Göttin Natur*, und unter ihrem Schleier jene Hülle der Maya, das heißt der sinnestäuschenden Wahrnehmung, die materialistische Gelehrsamkeit nicht wegzuheben vermag. In Band 1 / Kap. 11 sagt sie, dass die Wahrheit „außerhalb des Bereiches materialistischer Gelehrter" liege, und dass diese daher kein Recht hätten, „Hindernisse in den Weg derer zu legen, die, kühner als sie, jenseits zu dringen versuchen und finden, dass sie solches nur tun können, wenn sie den *Schleier der Isis* lüften"[176]. Der materialistische Gelehrte ist auch jener gescheiterte Adept, den Schiller in seinem bekannten Gedicht beschrieben hat. Isis ist die Hierophantin der Natur, und das Heben ihres Schleiers ein Akt der Einweihung, der zu einem spirituell erweiterten Verständnis der Schöpfung hinführt.

Mit *Isis entschleiert* hat H. P. Blavatsky dem Schüler des okkulten Pfades einen modernen Weg der Isis-Mysterien eröffnet. Und in gewisser Weise darf die Verfasserin selbst als eine Hohepriesterin der Isis gelten, zumal sie bei der Niederschrift ihres Buches von Isis, der Allgöttin der Natur, ständig inspiriert wurde. In einer vertraulichen Mitteilung an ihre Schwester Vera sagt sie: „Du magst es nicht glauben, aber was ich dir sage, ist die reine Wahrheit. Ich befasse mich nicht mit der Arbeit an Isis, sondern ausschließlich mit Isis selbst. Ich lebe in einem Zustand reiner Verzauberung, erfahre ein Leben voller Visionen und geistigem Sehen, und zwar offenen Auges, ohne die geringste Möglichkeit, meine fünf Sinne auszuschalten! Wo immer ich bin, beobachte ich die schöne Göttin ohne Unterlass. Ich kann meinen Sinnen kaum glauben, wenn sie mir die verborgene Bedeutung ihrer längst verloren gegangenen Geheimnisse zeigt, und wenn ihr Schleier stündlich durchsichtiger wird und vor meinen Augen langsam fällt! ....."[177]

Die Gottesmutter Maria

Nach der Einführung des Christentums ist Maria die Aufgabe zugefallen, den Aspekt der Großen Muttergöttin in die neue Zeit hinüberzuretten, und als die Große Göttliche Mutter hat sie besonders den Frauen, Kindern und Notleidenden Zuflucht, Schutz, Trost und Heilung geboten. In heutiger Zeit ist die Mutter Maria so lebendig wie eh und je. Und kulturgeschichtlich gesehen führt ein direkter Weg von der Weltenmutter Isis geradewegs zu Maria, die viele Aspekte der Isis übernommen hat.

Über das Verhältnis von Isis und Maria äußert sich der Theologe M. Görg wie folgt: „Im Zentrum der Szenenfolge von der ‚Geburt des Gottessohnes' steht neben dem Gottessohn selbst die Gottesmutter, deren Gestalt die Ägypter bis in die späteste Zeit fasziniert hat. In der Regel stellt man sie mit dem Gotteskind auf dem Schoß dar, wie sie ihm die Brust reicht. Dieser Typ der sogenannten ‚Isis lactans' (stillende Isis) ist in der Kunstgeschichte nicht zu Unrecht als Vorform der frühesten Madonnendarstellungen betrachtet worden. (...) Isis und Hathor als Personifikationen der Gottesmutterschaft vereinigen in sich alle Aspekte, die man in der Tradition Ägyptens über die Würde der Gottesmutter zu benennen wusste. Die Vielzahl der einschlägigen Darstellungen in der griechisch-römischen Zeit manifestiert uns die Dichte des Volksglaubens und das Bestreben der Verehrer der Muttergottheit, ebenfalls in ihrem Schutz geborgen zu sein. Die Grundlagen zu einer ‚Marienfrömmigkeit' sind mit den öffentlichen und privaten Kulten der Gottesmutter in Ägypten gelegt worden. Die sogenannten ‚Isisgemeinschaften' verstanden sich in exklusiver Zugehörigkeit zum Mysterium der Isis als Inbegriff des Werdens aus Gott. Das Gotteskind auf Hathors Schoß, vielfach auch mit ‚Harpokrates', d. h. der ‚kleine Horus' bezeichnet, trägt die Insignien eines Herrschers, wie dies bei der Darstellung des Jesuskindes als Weltenherrscher und König aller Räume und Zeiten der Fall ist."[178]

Es war Aufgabe und Auftrag der Maria, den esoterischen Sinn der Mutterschaft herauszuarbeiten. Dennoch wurde ihr auch der Titel der Jungfräulichkeit zugesprochen. Dies muss nicht unbedingt ein Widerspruch sein. Der jungfräulichen Hohepriesterin der Großen Göttin ist es allein vorbehalten, den Gottessohn, den Sonnen-Logos zu gebären. Und dieses Ziel war auch Maria zugedacht. Ihr Geburtstag wurde laut kirchlicher Tradition auf den 8. September gelegt; sie wäre demnach im Zeichen der Jungfrau geboren, dessen spirituelle Essenz sie verkörperte. Der Hauptstern des Tierkreiszeichens Jungfrau *Spica* bedeutet ja „Kornähre", ein Attribut alter Fruchtbarkeitsgöttinnen wie Demeter. In gewisser Weise kann Maria als die höhere spirituelle Oktave der Demeter gedeutet werden. Das Geburtsfest der Gesegneten Jungfrau Maria ist eines der ältesten Marienfeste, die je gefeiert wurden. Nach der Überlieferung ließ die Heilige Helena, die Mutter von Kaiser Konstantin, ungefähr im Jahre 330 eine Basilika in Jerusalem zu Ehren der Mariengeburt bauen. Erst im 7. Jahrhundert wurde das Geburtsfest Mariens in Rom gefeiert; im Laufe der folgenden Zeit wurde es in der westlichen Welt bekannt und der 8. September zum Feiertag erklärt.

Über den äußeren Lebensweg der Maria, über ihre Eltern, ihre Geburt, Kindheit und Jugend wird in den vier Evangelien nichts überliefert. Aus dem *Protoevangelium des Jakobus*, einer apokryphen Schrift aus der Zeit um das Jahr 170, erfahren wir, dass die Eltern von Maria Joachim und Anna hießen; Joachim stammte aus dem königlichen Geschlecht Davids und Anna aus der priesterlichen Familie des Aaron. So war es denn kein Wunder, dass Maria zum Dienst als Tempeljungfrau auserwählt wurde. Maria war also von Anfang an eine Gottgeweihte. Durch das Wunder der Jungfrauengeburt, der Gottesgeburt, ist Maria zur populärsten Heiligen des gesamten westlichen Kulturkreises geworden.

Zahlreiche Kirchen und Basiliken im Morgen- und Abendland sind ihr als „Gottesmutter" geweiht, die zu einer Allgöttin erhoben wurde und trotz Patriarchat zunehmend die Rolle der Großen Muttergöttin im Christentum antrat. Von entscheidender Bedeutung für die Vergöttlichung der schon früh bildlich dargestellten Heiligen war der Beschluss des Konzils von Ephesus im Jahre 431, wo Maria der Titel der „Gottesgebärerin" zuerkannt wurde. Diesen Titel (griech. *Theotokos*), der im ganzen Orient durchaus gebräuchlich war, nahm nun auch die weströmische Kirche offiziell in ihren liturgischen Sprachschatz auf. In Alexandria, in der Theologie der Kappadokier und im ganzen Osten war die Bezeichnung Gottesgebärerin bereits um 400 n. Chr. seit mehr als einem Jahrhundert geläufig.

Maria (hebräisch *Mirjam*, die Erhabene, Starke, Mächtige) war Gottesgebärerin im selben Sinne wie Isis, die den Gott Horus gebar. Sie galt, wie ihre heidnische Vorgängerin, als „Königin des Himmels, Kaiserin der Hölle, Herrscherin der ganzen Welt" eine Allgöttin also, deren Herrschaft sich über die ganze Schöpfung erstreckt. Da die Muttergottes über Himmel, Erde und Unterwelt gleichermaßen regiert, konnte sie wie ein Gefäß eine ganze Reihe heidnischer Göttinnen wie Juno, Aphrodite, Artemis, Demeter, Persephone usw. in sich aufnehmen, sodass antikes Heidentum unter der Maske christlicher Liturgie das ganze Mittelalter hindurch getrost überleben konnte. Eine besondere Gruppe unter den Mariendarstellungen bilden die schwarzen Madonnen, einzeln auch *Schwarze Muttergottes* genannt, wie sie etwa in Altötting, Einsiedeln, Regensburg, Würzburg, Köln, Prag, Czenstochau, Moskau, Kasan und besonders zahlreich in Südfrankreich und Spanien zu finden sind. Etwas zutiefst Chthonisches haftet diesen Bildnissen an; hier hat Maria wohl die Nachfolge alter Erdgöttinnen angetreten.

In Skandinavien konnte Maria an die Stelle der germanischen Göttermutter Frigga treten: der Name für das Sternbild Oriongürtel, beim schwedischen Landvolk *Friggerok* genannt (Friggas Rocken), verwandelte sich nach Übernahme des Christentums flugs in „Marias Rocken". Für solcherlei Austausch von Namen und Ummünzung von Heidnischem in Christliches gibt es zahlreiche Beispiele aus allen Teilen Europas. Auf den Fundamenten heidnischer Kultstätten wurden Marienkirchen errichtet: so wurde der Tempel der Isis in Soissons im 5. Jahrhundert der Maria geweiht, und an der Stelle des Isistempels in Paris entstand St.-Germain-des-Pres; in ganz Italien wurden Marias Kirchen auf den ehemaligen Heiligtümern von Juno, Minerva, Diana oder Hekate gegründet. Der Marienkult, von der Kirche anfangs nur mit großem Widerstreben angenommen, entsprang einer Volksfrömmigkeit, die auf das Idealbild einer Großen Muttergöttin nicht verzichten wollte. So wurde Maria gleichsam die Isis des Nordens.

Von Maria wird auch geglaubt, dass sie am Ende ihres irdischen Lebens – wie die Propheten Henoch, Elia und andere vor ihr – ins Himmelreich einzog; *regina coeli* oder Himmelskönigin wird sie seitdem genannt. Mit ihrem „Aufstieg" hat sie das Ziel allen menschlichen Strebens vollendet; sie hat Erlösung, Befreiung erlangt wie so viele andere Meister und Erleuchtete vor ihr. Denn das „Himmelreich" – das ist jene Erlösungsebene, die jenseits allen irdischen Wandels und Leidens liegt, die Ebene der Vollendung, eben das, was die Buddhisten das „Nirvana" nennen. Die Doktrin der Kirche besagt, dass Maria mit Seele und Körper, also mit einem verklärten Auferstehungsleib, in das Himmelreich gelangt sei. Diese Lehre wurde vom heiligen Gregor von Tours im 6. Jahrhundert n. Chr. unterstützt. Am 1. November 1950 erklärte Papst Pius XII. Mariä Himmelfahrt zu einem Glaubensartikel. Die Himmelfahrt wird jährlich am 15. August von den Gläubigen gefeiert.

In der Geistigen Welt wirkt Maria als Sachwalterin und Fürsprecherin der notleidenden Menschheit. Millionen von Gläubigen haben zu ihr gebetet, und es gibt eine ununterbrochene Kette von Marien-Offenbarungen von der frühesten Zeit bis heute, etwa die Erscheinung der Jungfrau von Guadelupe (1531), von Lourdes (1858), von Fatima (1917), und zuletzt von Medjugorje. Diese Beispiele belegen, dass Maria auch in heutiger Zeit gegenwärtig ist, dass sie am Schicksal der Menschheit Anteil nimmt und – wo immer möglich – den in Not Geratenen Schutz und Hilfe zukommen lässt.

Die Hierarchie der Engel

Wer, wenn ich schriee, hörte mich denn aus der
Engel Ordnungen? und gesetzt selbst, es nähme
einer mich plötzlich ans Herz, ich verginge von
seinem stärkeren Dasein. Denn das Schöne ist
nichts als des Schrecklichen Anfang, den wir
noch grade ertragen, und wir bewundern es so,
weil es gelassen verschmäht, uns zu zerstören.
Ein jeder Engel ist schrecklich.

Rainer Maria Rilke, *Duineser Elegien*[179]

Das große Göttersterben begann um 500 v. Chr.
mit dem Aufkommen der ionischen Naturphilosophie, am Westrand Kleinasiens, in den Städ-
ten Milet und Ephesus. Glaubte Thales (624–546 v. Chr.)
noch, „dass alles von Göttern erfüllt sei"[180], so nahmen
spätere Philosophen wie etwa Anaximander, Anaxime-
nes und Heraklit eine Welt an, die ganz von allein entstanden ist, ohne das Wirken von Göttern, und zwar
aus einem einheitlichen Urstoff, sei es nun das Wasser,
das Feuer, die Luft oder das „Grenzenlose".

Auch Platon wollte von den alten Göttern nichts
mehr wissen: „Die Götter Griechenlands nahmen die
vielfältigen Aspekte menschlicher Erfahrung auf, man

könnte sagen, sie verkörperten alle Bereiche des menschlichen Schicksals. Von dem größten religiösen Dichter Griechenlands aber wurden sie nicht als Götter akzeptiert. Platon zeigt sich peinlich berührt von dem Anthropomorphismus des Hesiodischen Pantheons. Offensichtlich ist es für ihn grundsätzlich vorzuziehen, dass Metaphysik abstrakt bleibt und nicht menschliche Gestalt annimmt."[181]

Und dann kommt das *Christentum* an die Macht, das die heidnischen Götter nun endgültig entthront – schon die Propheten des Alten Testaments wüteten gegen Naturreligion und Vielgötterei; damit erwiesen sie sich als wahre Schrittmacher auf dem Wege der „Entzauberung der Welt". Die christliche Kirche entwickelte seit den Kirchenvätern eine eigene Dämonologie, mit der sie seit dem 4. Jahrhundert die antiken Götter systematisch entmachtete, indem sie sie dämonisierte: „Einen zu bereichern unter allen / musste diese Götterwelt vergehn" schrieb Schiller in seinem Gedicht *Die Götter Griechenlands*. Noch der Kirchenvater Augustinus (354–430 n. Chr.) hielt die Dämonen für gut *und* böse; Isidor von Sevilla (560–636 n. Chr.) setzte sie mit den gefallenen Engeln gleich, und Petrus Abaelard (1079–1142 n. Chr.) sah die Natur nur noch von bösen Dämonen bewohnt. Damit war der antike Götterglaube endgültig dahingeschwunden, und die Natur erschien als eine fremde feindliche Macht, die es „im Namen Gottes" zu unterjochen galt.

An die Stelle der antiken Götter sind dann jedoch die christlichen Engelchöre getreten. Dabei besteht zwischen „Göttern" und „Engeln" gar kein prinzipieller Unterschied. Die ursprünglichen Engel waren furchterregende menschlich-tierische Mischwesen: „Ein jeder Engel ist schrecklich" schrieb Rainer Maria Rilke in seinen

Duineser Elegien. Die Urform des Engels haben wir in dem altsemitischen *Krb* bzw. *Kerub* zu sehen, aus dem im Judentum der Cherub wurde, eine der ältesten Darstellungen mythischer Tiere, die wir kennen. Die ursprünglichen *ka-ri-bu* waren machtvolle Schutzfiguren, die überall im Nahen und Mittleren Osten gefunden werden, das älteste sumerische Zeugnis ist rund 6000 Jahre alt. Mit ihnen stehen die riesigen assyrischen Kreaturen in Zusammenhang, mit geflügelten Körpern von Löwen, Adlern, Stieren, Sphinxen und menschlichen Gesichtern, die allerorten die Portale der Tempel flankierten.

Kein Zweifel: diese Wesen fungierten als Boten des Himmels, sie waren Gottesboten oder Engel, aus denen sich erst später die voll vermenschlichten Engel entwickelten. Es waren heilige Wesen, die sich lobpreisend im unmittelbaren Umkreis Gottes aufhielten und vielleicht auch menschlichen Königen oder Priestern Beistand leisteten. Aber anders als der Greif vereinigte der altsemitische Kerub neben dem Löwen und dem Adler auch den Stier und den Menschen in seiner Natur, vor allem der Kopf wurde immer als Menschenkopf abgebildet mit langem geflochtenem Bart nach assyrischer Mode. Löwe, Adler, Stier und Mensch, dargestellt im Bilde der vier Tierkreiszeichen *Löwe, Skorpion, Stier* und *Wassermann,* wurden von den sternenkundigen Eingeweihten Babyloniens als astrale Urgestalten geschaut, die den ganzen Tierkreis trugen, sozusagen die vier Wächter des Himmels. Noch der jüdische Prophet Hesekiel sieht sie in einer Vision als mächtige Cherubim, die in flammender Wolke vom Himmel herabkommen: „Und mitten darin war etwas wie *vier Gestalten;* die waren anzusehen wie vier Menschen (...) Ihre Angesichter waren vorn gleich einem Menschen und zur rechten

Seite gleich einem Löwen bei allen vieren und zur linken Seite gleich einem Stier bei allen vieren und hinten gleich einem Adler bei allen vieren." (Hes.1/5-10)

Sie tauchen noch ein zweites Mal in der Bibel auf: in der Weltvision des Johannes als die vier göttlichen Urgeister, die vor dem Thron Gottes stehen: „Und vor dem Thron war es wie ein gläsernes Meer, gleich einem Kristall, und in der Mitte am Thron und um den Thron *vier himmlische Gestalten*, voller Augen vorn und hinten. Und die erste Gestalt war gleich einem Löwen, die zweite Gestalt war gleich einem Stier, und die dritte hatte ein Antlitz wie ein Mensch, und die vierte Gestalt war gleich einem fliegenden Adler." (Off. Joh. 4/7-8) In den „heiligen Tieren" der Assyrer und Babylonier sowie in den „Engeltieren" des Judentums haben wir wohl den Ursprung der Engel zu sehen.

Der eigentliche Begründer der christlichen Engellehre war jedoch der oströmische Mystiker und Theosoph *Dionysius Areopagita* (um 500 n. Chr.). In seiner Hierarchienlehre erhebt sich Dionysius entrückt in die Regionen des höchsten göttlichen Urlichts, wo er die wohlgestuften Ordnungen der Engel und Erzengel erschaut. Schon Proklos, der heidnische Philosoph, schilderte den Kosmos mit all seinen sinnlichen und übersinnlichen Wirklichkeits-Ebenen als einen einzigen, großen, hierarchisch gegliederten Weltenorganismus, der zwar vielgestaltige Götter-Hierarchien in sich birgt, aber doch von einer einheitlichen göttlichen Urkraft durchwaltet wird. Dieses alte, antike Götter-Pantheon, philosophisch überhöht und verklärt durch den Neuplatonismus, weiß Dionysius nun in seine Zeit hineinzuretten, indem er die Logoi der heidnischen Denker mit den Engeln des christlichen Mythos gleichsetzt. Schon vor ihm hatten christliche Theologen den Logos der spätantiken Philosophen, etwa des *Philo von Alexandrien*, mit dem Christus der Bibel gleichgesetzt.

Aber für Dionysius Areopagita sind diese Logoi oder Engel nicht bloß Abstraktionen, inhaltsleere Begriffe, Erfindungen eines spekulierenden Menschenverstandes, sondern tatsächlich existierende und durchaus lebendige Wesenheiten, die sich dem schauenden Auge des Eingeweihten in ihrer wahren Geistgestalt offenbaren. Für Dionysius gibt es im Universum eine Vielzahl von durchaus persönlich gedachten Schöpfungs-, Gestaltungs- und Erhaltungskräften, die als Sachwalter der höchsten göttlichen Trinität in den himmlischen Welten unablässig tätig sind: und zwar zuoberst die *Throne, Cherubim* und *Seraphim* – sodann die *Gewalten, Herrschaften* und *Mächte* – schließlich die *Engel, Erzengel* und *Urbeginne*: alles in allem ein wohlgeordneter und vielfältig abgestufter Schöpfungsaufbau, in dem Alles ineinandergreift und im Zusammenwirken ein lebendiges Ganzes bildet.

Die im Grunde genommen griechische, antike Idee von der Welt als einem Kosmos, als einem sinnerfüllten harmonischen Ganzen, scheint hier noch hindurch zu leuchten. Areopagita hat mit seiner Hierarchienlehre diese Kosmos-Idee des klassischen Griechentums in die Welt des Christentums eingeführt; seine „Engel" sind gut und gerne auch platonische Ideen oder pythagoreische Zahlen, auf jeden Fall aber kosmosgestaltende Mächte. Liest man heutzutage derartige Ausführungen, so überkommt den Leser doch ein Gefühl der Fremdheit. Unserer heutigen Zeit scheint schon der bloße Gedanke einer realen Existenz von Engeln abwegig zu sein; allein in der modernen Esoterik scheinen Engel wieder eine gewisse Rolle zu spielen. Rudolf Steiner hat ebenfalls aufzuzeigen versucht, wie intensiv die von

Dionysius Areopagita geschilderten triadischen Engel-hierarchien in die Erden- und Menschheitsentwicklung hineinwirken, indem sie nicht nur Einzelmenschen inspirieren (Engel), sondern auch Kulturkreise (Erzengel), ja ganze Zeitalter (Urbeginne).

In den Engelhierarchien sah Steiner die „älteren Brüder" der Menschheit, da sie in früheren Schöpfungszyklen schon ihr Menschheits-Stadium durchlaufen hätten und heute an dem Ort stünden, zu dem der Mensch erst in zukünftigen Weltentwicklungs-Zuständen gelangen soll. Die Hierarchienlehre des Areopagita hat Steiner komplett in die Evolutions- und Weltentwicklungslehre seiner Anthroposophie hineingenommen, ein Beweis eher für die geistige Strahlkraft jenes unbekannten syrischen Mönches, der um die Wende zum 6. Jahrhundert eine Abhandlung über die himmlischen Hierarchien verfasst hat. Auch in der *Göttlichen Komödie* des großen florentinischen Dichters Dante Alighieri wird der areopagitischen Hierarchien gedacht – am Ende des 28. Gesanges: Als Dante, von Beatrice geleitet, in den Lichtglanz des neunten Himmels aufsteigt, sieht er neun Feuerkreise, die sich immerfort um die Ur- und Zentralsonne des Alls drehen; sie versprühen dabei wirbelnde Feuerfunken. Auch hier werden, für unsere heutige Zeit kaum nachvollziehbar, die neun Hierarchien als Inhalte einer geistigen Schau dargestellt:

Sie, die so oft das Dunkel mir gehellt,
Begann: Du siehest in den ersten Bogen
Die Seraphim und Cherubim gesellt:

Die kreisen so geschwind in ihren Schlingen,
Um Gott, soviel sie können, gleich zu sein:
So hehr ihr Schauen, ist auch ihr Vollbringen.

Die andern Lieben, die zunächst sich reih'n,
Nennt Thronen man, dem Gottantlitz errichtet,
Weil sie die Grenze ziehn den ersten Drei'n.

Die ersten sind in dieser Hierarchie
Herrschaften, neben denen Kräft' erglänzen,
Und als die dritten folgen Mächt' auf sie.

Dann schwingen in den zwei vorletzten Kränzen
Erst Fürstentümer sich, Erzengel dann;
Der letzte ist erfüllt von Engeltänzen.[182]

Die Wesenheiten der himmlischen Hierarchie kreisen um Gott wie die Planeten um die Sonne – auch hier
leuchtet ein erhabener Kosmos-Gedanke hindurch, der
das sichtbare Weltall als die Widerspiegelung einer höheren geistigen Welt begreift. Kein Wunder, dass Areopagita das höchste Göttliche immer wieder mit dem
Symbol der *Sonne* umschreibt. Gott ist für ihn „das Gute" schlechthin; das physische Licht erscheint ihm als
Abglanz und Abstrahlung dieser an sich transzendenten Idee des Guten. Uraltes Sonnenpriestertum klingt
noch durch, wenn Areopagita das Licht als Sinnbild
göttlicher Kraftausstrahlung feiert.

Der große schwedische Geisterseher und Mystiker
Emanuel Swedenborg (1688–1778) war der Ansicht, dass
die höheren Geistes- und Engelhierarchien auf unserem
Planeten ein im Vergleich zum Menschen höheres Stadium der Evolution darstellen. Aus höheren Menschen
würden sich die Engelwesen entwickeln; so schuf er auf
esoterischer Grundlage eine evolutionäre Engellehre.
Swedenborg schreibt: „Gott hat das Weltall zu keinem
anderen Zwecke erschaffen, als dass ein Menschengeschlecht und aus diesem ein Himmel entstehe. Denn
das Menschengeschlecht ist die Pflanzschule des Him-

mels. Der Endzweck des Weltalls ist, dass ein Engelshimmel existiere. Weil dieser der Endzweck ist, so ist es
auch das menschliche Geschlecht, da aus diesem der
Himmel sich bildet."[183]

Und *Goethe* soll im Gespräch mit Eckermann (am 11.
März 1832) geäußert haben: "Gott hat sich nach den
imaginierten sechs Schöpfungstagen keineswegs zur
Ruhe begeben, sondern er ist noch fortwährend wirksam wie am ersten. Diese plumpe Welt aus einfachen
Elementen zusammenzusetzen und sie jahraus jahrein
in den Strahlen der Sonne rollen zu lassen, hätte ihm
sicher wenig Spaß gemacht, wenn er nicht den Plan gehabt hätte, sich auf dieser materiellen Unterlage eine
Pflanzschule für eine Welt von Geistern zu gründen. So
ist er nun fortwährend in höhern Naturen wirksam, um
die geringeren hochzuziehen."[184]

In den Mysterienschulen der Antike wurde bereits
gelehrt, dass Menschen sterbliche Götter sind – und
Götter unsterbliche Menschen! Dass die Menschen in
künftigen Schöpfungszyklen in den Rang von Göttern
aufsteigen werden, dass sie den ganzen großen Ent-
wicklungszyklus allen Seins vom Mineral über Pflanze,
Tier und Mensch bis zu den Halbgöttern und Göttern
durchlaufen müssen, das ist in der Tat eine der zentralen Geheimlehren, die den Eingeweihten aller Zeiten
bekannt war. Dies ist ein Verlauf der kosmischen Evolution, der sich in einer unermesslichen Kette von Rein-
karnationen, von Geburten und Wiedergeburten, vollziehen kann. Sehr schön finden wir diesen Gedanken
ausgedrückt bei dem Heilkundigen und Philosophen
Empedokles (490–430 v.Chr.), einem Esoteriker aus der
Schule des Pythagoras, der in einem seiner Lehrgedich-
te schreibt:

Selbst schon war ich geboren als Knabe und
Mädchen und war schon Pflanze und Vogel und
stummer Fisch in den Fluten des Meeres.
Schließlich werden die Weisen zu Sehern und
Sängern und Ärzten oder sie walten als Fürsten
im Kreis der irdischen Menschen.
Und aus solchen erwachsen zu Göttern sie herrlich an Ehren, teilen den Herd und den Tisch der
andern Unsterblichen wieder frei und ledig von
menschlichem Leid, unwandelbar ewig.[185]

In diesem Sinne könnte man auch sagen: Der materi-
elle Erdenplan eine Pflanzschule für eine Welt von Geistern"; es existiert die Menschenwelt nur darum, dass
„ein Engelshimmel sich daraus entwickele". Es spielt
dabei keine Rolle, ob wir diese höhergeistigen Wesen
als Engel oder Götter bezeichnen – es sind nur verschiedene Namen für ein und dieselbe Hierarchiestufe. Und
vielleicht ist der Mensch ja wirklich vom Weltenplan
dazu ausersehen, dereinst Träger und Gefäß göttlichen
Geistes zu werden – eine Bestimmung, der er nur in
vollkommener Freiheit nachfolgen kann.

Die Wiederkehr der Götter

Ihr guten Götter! arm ist, wer euch nicht kennt,
Im rohen Busen ruhet der Zwist ihm nie,
Und Nacht ist ihm die Welt und keine
Freude gedeihet und kein Gesang ihm.

Nur ihr, mit eurer ewigen Jugend, nährt
In Herzen, die euch lieben, den Kindersinn,
Und lasst in Sorgen und in Irren
Nimmer den Genius sich vertrauern.

Friedrich Hölderlin

Die Gottheiten der Indogermanen sind heutzutage hinreichend bekannt: Wer kennt sie nicht, die kraftvollen Heldengestalten der griechischen Zeus-Religion oder der germanischen Edda-Religion, ja selbst die dunklen Rätselfiguren der keltischen Mythologie, die in walisischen und irischen Sagen sowie in der König-Artus-Geschichte weiterleben. Ja, die Götter der Kelten und Germanen leben auch heute noch weiter, und wenn nicht als Götter, so doch zumindest als Archetypen. Denn unsere christlich-humanistisch geprägte Identität, unser rationales Selbstverständnis, das wir uns als moderne Europäer erworben haben, das ist im Grunde genommen nur eine unendlich dünne Oberflächen-Schicht unserer Seele, unter der die eigentlichen Quellen unserer Identität verborgen liegen. Und es gibt im Leben des Einzelnen wie auch im Leben ganzer Völker immer wieder Phasen, in denen man alte verschüttete Identitätsschichten wachrufen will, zu den heiligen Ursprüngen zurückkehren will; denn der Ursprung ist in uns, und der Ursprung kann jederzeit wieder Gegenwart werden.

Europa hat seit dem *Zeitalter der Renaissance* (um 1450 n. Chr. in Italien Hochrenaissance) eine solche Phase der Rückbesinnung durchgemacht; mit der Kenntnis des Griechischen, anstelle des im Mittelalter allein üblichen Latein, kam auch die ganze griechische Literatur wieder neu ans Licht, die Philosophie Platons, der Neuplatonismus mit seinem mystischen Elan, die epische Dichtung mit ihren Göttern und Göttinnen. In Deutschland war es Johann Heinrich Voß (1751–1826), der Homers *Ilias und Odyssee* im Versmaß des Hexameters ins Deutsche übersetzte; und Gustav Schwabs *Sagen des klassischen Altertums*, von 1838 bis 1840 in drei Bänden herausgegeben, trugen dazu bei, die antiken Götter bei einem größeren Publikum populär zu machen. Und was die germanischen Götter betrifft: Jakob Grimm hat mit seiner *Deutschen Mythologie* (1835, in drei Bänden) versucht, die Religion unserer Altvordern wiederherzustellen, wenn auch nicht ganz ohne Willkür. Von Jakob Grimm führt eine direkte Linie zu Richard Wagner und seinem in Opern inszenierten Neugermanentum, auch dieses zweifellos ein wenig künstlich, aber doch ein Versuch, an die Ursprünge der eigenen Identität anzuknüpfen.

Von Jakob Grimm und Richard Wagner führt eine weitere Linie zur modernen Fantasy-Literatur, zu J. R.

R. Tolkien und seinem faszinierenden *Mittelerde*-Kosmos, wobei der Autor in seinem Werk *Silmarillion* sogar ein eigenes Götter-Pantheon geschaffen hat. All diese Beispiele sind Belege dafür, dass die alten Götter heute noch weiterleben.

Dies wirft die Frage auf, was an den Göttern überzeitlich ist, ob nicht doch irgendetwas Reales hinter ihnen steht oder in ihnen zum Ausdruck kommt, das über die Zeiten hinweg fortdauert. Hilfreich ist hier der von dem Schweizer Psychiater *Carl Gustav Jung* (1875–1961) begründete *tiefenpsychologische* Ansatz. C. G. Jung hat sich zu der Erkenntnis durchgerungen, dass der Gottesbegriff (einerlei ob monotheistisch oder polytheistisch) eine notwendige Funktion der menschlichen Psyche zum Ausdruck bringt: „Der Gottesbegriff ist nämlich eine schlechthin notwendige psychologische Funktion irrationaler Natur, die mit der Frage nach der *Existenz* Gottes überhaupt nichts zu tun hat. Denn diese letztere Frage kann der menschliche Intellekt nicht beantworten; noch weniger kann es irgendeinen Gottesbeweis geben. Überdies ist ein solcher auch überflüssig; die Idee eines übermächtigen, göttlichen Wesens ist überall vorhanden, wenn nicht bewusst, so doch unbewusst, denn sie ist ein Archetypus. Irgend etwas in unserer Seele ist von superiorer Gewalt (…). Die Gottesexistenz ist ein für allemal eine unbeantwortbare Frage. Aber der *consensus gentium* (Übereinstimmung der Völker) spricht von Göttern seit Äonen und wird noch in Generationen davon sprechen."[186]

Es scheint demnach eine *mythenbildende Kraft* in der Seele des Menschen zu geben; und die scheint in der Lage zu sein, Götter zu erschaffen – oder zumindest *Bilder von Göttern*, denn was Götter „wirklich" sind, wird wohl immer ein Geheimnis bleiben. Und wer ist dem

Geheimnis der Götter wohl besser auf die Spur gekommen als die Dichter? Ihre Welt war schon immer eine durchgötterte Welt, eine von geheimnisvollen Kräften durchwobene, mit einem Wort: eine Zauberwelt.

Die Botschaft der Dichter

Dichter wie Goethe, Schiller, Hölderlin und – in England – John Keats griffen ja sehr nachhaltig auf das Erbe der klassischen Antike zurück, und sie verstanden es, die Sagengestalten der Antike so zu verlebendigen, als stünden sie leibhaftig uns gegenüber. Seit Winckelmanns Schriften und Lessings *Laokoon* war das klassische Griechentum in Deutschland eingeführt worden, und mit den Homer-Übersetzungen von Voss wurde es greifbar und lebendig.

Im Werk Goethes finden sich immer wieder Hinweise auf höhere Geistwesenheiten – Götter, Dämonen und Heroen –, die den Menschen auf seiner Reise durch den Zyklus der Inkarnationen begleiten, um helfend und fördernd in den Lauf der Menschheits-Entwicklung einzugreifen. Goethe hatte den Geist des klassischen Griechentums, den Geist der heidnischen Antike, tief in sich aufgenommen; er lebte ganz aus dem Quellborn antiker Weltfrömmigkeit. Von Geburt zwar Deutscher, dem Herzen nach aber Grieche und immerzu *„das Land der Griechen mit der Seele suchend"* (Iphigenie), war ihm der Gedanke an wirkende Göttermächte, die – hoch über dem Menschen stehend – tätig in die Weltentwicklung eingreifen, sehr geläufig. Man hüte sich, in Goethes Polytheismus nur ein literarisches Stilmittel seiner lyrischen Dichtungen zu sehen, quasi ein inhaltsleeres Metapher ohne eine dahinterliegende tiefere Bedeutung! Eine solche Deutung geht an der Mitte der Goetheschen Weltanschauung geradewegs vorbei.

Goethes Polytheismus – seine Vielgötterverehrung – stellt einen zentralen Bestandteil seiner spirituellen Welterfahrung dar, und dieser Polytheismus steht nicht im Widerspruch zum Pantheismus seiner Naturphilosophie. Denn aus Einheit entspringt Vielheit; warum sollte nicht aus der all-einen Gott-Natur eine Vielheit göttlicher Kräfte hervorgehen können? Goethe war ein universaler Geist, der das Göttliche in vielerlei Gestalt erfahren konnte. Im Aphorismus 807 der *Maximen und Reflexionen* sagt er: „Wir sind naturforschend Pantheisten, dichtend Polytheisten, sittlich Monotheisten". Der Gott Goethes zeigt sich uns mal als monotheistischer Ein-Gott, mal als pantheistischer All-Gott, dann wieder als heidnisch-antikes Götterpantheon, und doch ist es immer dieselbe Gottheit, vielfarbig schillernd wie ein Lichtstrahl im Prisma.

In einem Gespräch mit Kanzler Müller hatte sich Goethe auch über *Dämonen* (*daimones*, im Griechischen götterähnliche Wesen) geäußert; Carl Gustav Carus schreibt in seinen *Lebenserinnerungen* darüber: „Da wurde denn erzählt, wie er sich spät abends darüber ausgesprochen, wie es denn doch so gar verschiedene Dämonen gebe, darunter einige höheren Ranges: Urgeister, welchen die kleinen Dämonen manches in den Weg zu legen suchten, die aber trotz allem immer wieder durchdrängen und gewissermaßen schon in ihrem Menschendasein sich von unverwüstlicher Natur zeigten. Dann, wie es gar wohl in der Macht des den göttlichen Funken in sich bewahrenden und erhellenden Dämons stehe zur eigentlichen individuellen Unsterblichkeit sich hindurchzuarbeiten, während der getrübte und schwache allmählich wie Licht verlösche – und dergleichen tiefsinnige Betrachtungen mehr. Endlich aber war er in tiefster Nacht vom Tisch aufgestanden, sagend: 'Es ist unrecht, dass ich mich über diese Dinge hier so ausspreche, darüber spreche ich eigentlich nur mit Gott!'"[187]

Ein Gedicht aus dem Zyklus der *Orphischen Urworte* trägt den Titel *Daimon*. Und in den *Römischen Elegien*, diesem wohl sprechendsten Zeugnis des dichterischen Polytheismus Goethes, lesen wir:

> Fromm sind wir Liebende, still verehren
> wir alle Dämonen,
> Wünschen uns jeglichen Gott, jegliche
> Göttin geneigt.[188]

Der Dichter *Friedrich Hölderlin* (1770–1843), geprägt durch den Pietismus seiner schwäbischen Heimat, wandte sich recht bald dem Urbild des klassischen Griechentums zu, das für ihn das Ideal der Vollkommenheit in Natur und Geschichte darstellte. Die Erziehung im Tübinger Stift, die Begegnung dort mit Schelling und Hegel, die Bekanntschaft mit Schiller Ende 1794 an der Universität Jena und das leuchtende Vorbild Klopstocks mochten dazu beigetragen haben, den Sinn für das Griechentum in dem angehenden Dichter zu wecken. Allerdings, die Überzeugung, „dass Götter sind", dass sie als spirituelle Wahrbilder tatsächlich existieren – auch Goethe war durchdrungen von dieser Überzeugung – war keimhaft in Hölderlin von Anbeginn her angelegt, schon im Knabenalter. Aufschluss hierüber gibt sein Gedicht *Als ich ein Knabe war*, wo es heißt:

> Da ich ein Knabe war,
> Rettet' ein Gott mich oft
> Vom Geschrei und der Rute der Menschen,
> Da spielt' ich sicher und gut
> Mit den Blumen des Hains,

Und die Lüftchen des Himmels
Spielten mit mir. (.....)
O all ihr treuen
Freundlichen Götter!
Dass ihr wüsstet,
Wie euch meine Seele geliebt!

Zwar damals rief ich noch nicht
Euch mit Namen, auch ihr
Nanntet mich nie, wie die Menschen sich nennen
Als kennten sie mich.
Doch kannt' ich euch besser,
Als ich je die Menschen gekannt,
Ich verstand die Stille des Äthers,
Der Menschen Worte verstand ich nie. [189]

Hölderlin war nicht nur Dichter, sondern auch Seher und Prophet – ein Prophet der Götter in einer entseelten und entgötterten Zeit. Geschult an Pindar und Klopstock, besang er die Götter der Antike, die er als lebendige Geistgestalten sehen konnte, in den nur ihm eigentümlichen freien Rhythmen, getragen von einer gewaltigen und doch nur schwebenden Musik der Worte. Als ein Beispiel hierfür mag an dieser Stelle der zweite Teil von *Hyperions Schicksalslied* zitiert sein:

Ihr wandelt droben im Licht
Auf weichem Boden, selige Genien!
Glänzende Götterlüfte
Rühren euch leicht,
Wie die Finger der Künstlerin
Heilige Saiten.
Schicksallos, wie der schlafende
Säugling, atmen die Himmlischen;

Keusch bewahrt
In bescheidener Knospe,
Blühet ewig
Ihnen der Geist,
Und die seligen Augen
Blicken in stiller
Ewiger Klarheit.[190]

Die Götter der Esoterik

Ein anderes Gebiet, auf dem sich die Wiederkehr der Götter vollzieht, ist das der *Esoterik*. Freilich haben wir hier ein Auferstehen der Götter in gewandelter Form – nicht als mythische Gestalten, sondern als Symbole für kosmische Kräfte. Der Begriff „Esoterik" ist heutzutage mit vielen Missverständnissen behaftet. Die esoterischen Lehren sind der Menschheit immer wieder durch „Gottesboten" (ind. *Avatare*) gegeben worden, und in Zeiten spiritueller Verfinsterung wurden sie in geheimen Orden und Bruderschaften gehütet, wie im Abendland etwa der Templerorden, die Bauhüttengemeinschaften, die Freimaurer, Rosenkreuzer und sonstige verschwiegene Gruppen.

Auch sind in Zeiten des Materialismus die esoterischen Grundwahrheiten oft in Vergessenheit geraten. Dennoch ist es mitten im 19. Jahrhundert Madame Blavatsky gelungen, die esoterischen Lehren für die moderne Welt wiederzuentdecken. Dazu musste sie in den Osten reisen, weil nur dort das Erbe der Esoterik rein gehütet wurde; aber das „Licht des Ostens" erwies sich auch als das „Licht des Westens" – die esoterische Urlehre in ihrer Reinform.

Die Esoterik geht davon aus, dass es im Universum nur Bewusstsein, allerdings in verschiedenen Formen und Stufungsgraden, gibt; eine Illusion ist es, wenn man an das objektive Vorhandensein von „Materie" glaubt. Ich zitiere aus der *Geheimlehre* von H. P. Blavatsky: „Alles im Weltall, durch alle seine Reiche, ist bewusst, d.h. begabt mit einem Bewusstsein seiner eigenen Art und auf seiner eigenen Wahrnehmungsebene. Wir Menschen müssen uns daran erinnern, dass wir einfach deshalb, weil wir keine Zeichen von Bewusstsein, die wir erkennen können in, sagen wir, den Steinen wahrnehmen, noch kein Recht haben, zu sagen, dass darin kein Bewusstsein existiert. Es existiert nichts Derartiges wie 'tote' oder 'blinde' Materie…"[191]

Wenn das Universum somit einen bewussten, durchseelten und geistlebendigen Organismus darstellt, ein großes und in sich zusammenhängendes Schöpfungsgewebe, so wird dieses Ganze von geistigen Kräften geführt: „Das Universum wird von innen nach außen bewegt und gelenkt. (….) Der ganze Kosmos wird von einer nahezu endlosen Reihe von Hierarchien fühlender Wesen geleitet, gelenkt und belebt, von denen jedes eine Sendung zu erfüllen hat, und welche – einerlei, ob wir ihnen den einen oder den anderen Namen geben, ob wir sie Dhyan Chohans oder Engel nennen –, ‚Sendboten' sind bloß in dem Sinne, dass sie die Ausführer der karmischen und kosmischen Gesetze sind."[192]

Dass das Universum von einer Hierarchie intelligenter Wesen gelenkt wird – dies wird der moderne Mensch wohl am wenigsten einsehen wollen. Doch hat sich die Kunde von Engeln, Devas und Naturgeistern bis in die Gegenwart hinein gehalten; auch kommen in allen Weltreligionen Engel-Hierarchien und Götter vor. Wir sehen in ihnen Scharen intelligenter und bewusster Wesen, die dieses Universum nach einem wohldurchdachten göttlichen Plan von innen her lenken. Denn das Universum mit allem, was darin geschieht, kann nicht bloß ein Produkt des Zufalls sein. Allerdings werden die Götter in der Esoterik nicht als handelnde Personen betrachtet (so wie sie in den Mythen vorkommen), sondern als Symbole für kosmische Kräfte.

Außer in der Esoterik spielen die Götter auch in der *Fantasy*-Literatur sowie im *Neuheidentum* eine gewisse Rolle. Was zunächst Fantasy betrifft – dort werden zuweilen Götterhierarchien gänzlich neu erschaffen, sozusagen Götter aus der Retorte, so etwa bei H. P. Lovecraft oder in Tolkiens *Silmarillion*. Auch William Blake mit seinem Götterkosmos wäre hier zu nennen.

Die neuheidnischen Strömungen sind um das Jahr 1900 entstanden; schon die Romantiker interessierten sich für das Sagenerbe unserer Vorfahren, und Jakob Grimm hat hier Vorarbeit geleistet – allein neuheidnische Theoretiker wie Guido von List (1848–1919) und Lanz von Liebenfels (1874–1954) haben dann eine Religion daraus gemacht. Und dies ist ein Ding der Unmöglichkeit. Die germanischen Götterlieder der *Edda* sind um 1250 n. Chr. als das Werk isländischer Skalden entstanden; aber sie geben nicht Auskunft über die ursprüngliche Religion der Germanen. Diese ist genau so wenig wiederherstellbar wie das einstige Druidentum der keltischen Länder. So bleibt das Neuheidentum eine reine Kunstreligion, ein Gemisch aus pseudo-mythischer Spekulation und Versatzstücken missverstandener Theosophie; die Götter kommen nur noch als Schablonen darin vor, und sie sind nicht authentischer als die handelnden Figuren eines Fantasy-Romans.

Götter aus der Retorte

Wenn es stimmt, dass es eine mythenbildende Kraft in der Seele des Menschen gibt, wenn Mythen nicht bloß aus ferner Vergangenheit überliefert sind, sondern unmittelbar im Hier und Jetzt entstehen – dann müsste es möglich sein, neue Götter zu erschaffen, den alten vielleicht ähnlich, insgesamt jedoch gänzlich Neuschöpfungen. Das würde bedeuten, dass die Götter etwas Überzeitliches darstellen, dass sie niemals untergehen, sondern immer wieder in geänderter Gestalt auferstehen. Dabei bleiben die Götter selbst etwas durchaus Numinoses. Es mag sein, dass jedes Zeitalter seine eigenen Götter hat, und ein technisiertes, industrialisiertes Zeitalter wie unseres besitzt sicher ein anderes Pantheon als ein fern vergangenes Zeitalter wie die Bronzezeit, die Eisenzeit oder die griechisch-römische Antike.

Hier erhebt sich die Frage, wie die modernen Götter denn wohl aussehen. Die europäische Moderne ist gar nicht so götterfern, wie man bisher immer glaubte, und die vielzitierte „Entzauberung der Welt" hat die Götter keineswegs ins Exil getrieben. Die Götter des 20. Jahrhunderts, das sind *Superman*, *Batman* und die Helden von *Star Wars*, die Gestalten aus Tolkiens *Der Herr der*

Ringe und die Helden der großen Fantasy- und Science-Fiction-Epen. Die Götter des 20. und des 21. Jahrhunderts wohnen nicht auf den Gipfeln des Olymp, sondern in fernen Planetensystemen, vielleicht denen des Sirius, des Aldebaran oder des Andromeda-Nebels, und sie bewegen sich nicht mit Zauberflügeln oder Wundermitteln durch die Luft, sondern mit überlichtschnellen Raumschiffen. Aber Götter sind sie doch allenthalben: übermenschlich, kraftstrotzend, wagemutig, dabei aber doch immer im Besitz von Allwissenheit, Vorausschau oder sonstigen übermenschlichen Fähigkeiten.

Nehmen wir nun *Spider Man* oder den *Terminator*, sie sind alle völlig künstlich, diese modernen Götter, sozusagen Götter aus der Retorte. Und sicherlich hat der Mensch wohl immer einen Teil seines eigenen Wesens in sie hineinprojiziert. Ist das Numinose, das Dämonische, das Göttliche nicht auch ein Teil von uns? *Sind die Götter nicht in uns selbst?* Offenkundig hat der Mensch das Bedürfnis, die Grenzen seiner eigenen Natur zu sprengen, über sich selbst hinauszuwachsen – selber ein Gott zu werden. Wie sagt doch Nietzsche in seinem *Zarathustra*: „Aber dass ich euch ganz mein Herz offenbare, ihr Freunde: *wenn* es Götter gäbe, wie hielte ich's aus, kein Gott zu sein!"[193]

Ein völlig falscher Ansatz wäre es jedoch, eine Pseudo-Göttlichkeit des Menschen durch äußerlich-technische Hilfsmittel erreichen zu wollen. Ein Vertreter dieser Richtung ist der Historiker Yuval Noah Harari, der in seinem Buch *Homo Deus* schreibt: „Mit ihrem Streben nach Glück und Unsterblichkeit versuchen die Menschen in Wirklichkeit, sich zu Göttern zu erheben. Nicht nur deshalb, weil beides göttliche Eigenschaften sind, sondern weil die Menschen, wollen sie Alter und Elend überwinden, zunächst gottgleiche

Kontrolle über ihren eigenen biologischen Unterbau erlangen müssen. Sollten wir je über die Fähigkeit verfü-
gen, Tod und Schmerz aus unserem System zu beseitigen, dann wird diese Fähigkeit vermutlich auch ausrei-
chen, um unser System ganz nach unseren Wünschen
auszurichten und unsere Organe, unsere Emotionen
und unsere Intelligenz auf vielfältige Weise zu manipu-
lieren. Man kann sich die Stärke des Herkules, die
Sinnlichkeit der Aphrodite, die Weisheit der Athene
oder die Verrücktheit des Dionysos kaufen, wenn es
das ist, was man will. Bislang beruhte das Mehr an
menschlicher Macht weitgehend auf der Verbesserung
unserer äußeren Werkzeuge. In Zukunft bedeutet es
möglicherweise, den menschlichen Körper und Geist
weiterzuentwickeln oder direkt mit unseren Werkzeu-
gen zu verschmelzen. Das ‚Upgrade' von Menschen
zu Göttern kann auf drei Wegen erfolgen: durch Bio-
technologie, durch Cyborg-Technologie und durch die
Erzeugung nicht-organischer Lebewesen."[194]

Ein solcher *Homo Deus* würde aber nur ein entsetzli-
ches Hybridwesen sein, dem jede Menschlichkeit ab-
geht. Die Gottwerdung des Menschen ist sicherlich eine
hohe spirituelle Aufgabe. Sie wird durch Selbst-Läute-
rung und mystische Transformation erreicht. Die Götter leben in uns selbst und nirgendwo sonst. Offenbar
gibt es nicht nur eine mythenbildende Kraft in der
menschlichen Seele, sondern auch eine götterbildende
Kraft, die sich in der Produktion immer neuer Kunst-
mythen und Götterhimmel auswirkt.

Bibliographie

Verwendete Quellen

Homer: *Ilias und Odyssee*. Deutsch von Johann Heinrich Voss, Eltville am Rhein 1980.

Hesiod: *Theogonie*. Herausgegeben, übersetzt und erläutert von Karl Albert, Sankt Augustin 1993.

Die Homerischen Götterhymnen, dt. von Thassilo von Scheffer, Leipzig 1974.

Orpheus: *Altgriechische Mysterien*. Übertragen und erläutert von J. O. Plassmann, Köln 1982.

Ovid [Publius Ovidius Naso]: *Metamorphosen*. In der Übertragung von Johann Heinrich Voss, Frankfurt 1990.

Einführungen

Reiner Abenstein: *Griechische Mythologie*. UTB, 2. Aufl. 2007

Jan N. Bremmer (Hrsg.): *Interpretations of Greek Mythology*. London 1988.

Roberto Calasso: *Die Hochzeit von Cadmos und Harmonia*, Frankfurt 1990.

Charles Delattre: *Manuel de mythologie grecque*, Paris 2005.

Fritz Graf: *Griechische Mythologie*. Düsseldorf 2001.

Marianne Nichols: *Götter und Helden der Griechen*. Mythos und historische Wirklichkeit, Lizenzausgabe Scherz Verlag, Bern / München o. J.

Simon R. F. Price: *Religions of the Ancient Greeks*. Cambridge 2006.

Ludwig Radermacher: *Mythos und Sage bei den Griechen*. Baden bei Wien 1938

Nachschlagewerke

Herbert Hunger: *Lexikon der griechischen und römischen Mythologie*. Wien 1953.

Lexicon Iconographicum Mythologiae Classicae, Zürich, München, Bd. 1–9, 1981–1999.

Ludwig Preller: *Griechische Mythologie*. Erneuert von Carl Robert, 4. Auflage, Berlin 1894–1921.

Wilhelm Heinrich Roscher: *Ausführliches Lexikon der griechischen und römischen Mythologie*, Leipzig 1886–1937.

Lexika und Handbücher

Michael Grant: *Mythen der Griechen und Römer*, Zürich 1964.

Michael Grant, John Hazel: *Lexikon der antiken Mythen und Gestalten*, München 1976.

Karl Kerényi: *Die Mythologie der Griechen*, München 2003-04.

    1. – *Die Götter- und Menschheitsgeschichten*. 2003.

    2. – *Die Heroen-Geschichten*. 2004.

Robert Ranke-Graves: *Griechische Mythologie*. Quelle und Deutung (Rowohlts Enzyklopädie), Reinbek 2003.

Herbert Jennings Rose: *Griechische Mythologie. Ein Handbuch*. München 2003.

Edward Tripp: *Reclams Lexikon der antiken Mythologie*. Stuttgart 2001.

Nacherzählungen

Gustav Schwab: *Die schönsten Sagen des klassischen Altertums*. München 2005.

Michael Köhlmeier: *Das große Sagenbuch des klassischen Altertums*, München 2002.

Philosophie

Platon: *Sämtliche Werke*, 3 Bde., Wiesbaden 2001.

Platon: *Sokrates im Gespräch*, Frankfurt-Hamburg 1955.

Platon: *Mit den Augen des Geistes*, Frankfurt-Hamburg 1955.

Platon: *Der Staat*, deutsch von August Horneffer, Stuttgart 1973.

Die Anfänge der abendländischen Philosophie. Fragmente der Vorsokratiker, übersetzt und erläutert von Michael Grünwald, München 1991.

Die Vorsokratiker, Übersetzung von Wilhelm Nestle, Wiesbaden 1978.

B. L. van der Waerden, *Die Pythagoreer. Religiöse Bruderschaft und Schule der Wissenschaft*, Zürich / München 1979.

Griechische Mysterien

Marion Giebel: *Das Geheimnis der Mysterien*. Antike Kulte in Griechenland, Rom und Ägypten, Zürich-München 1990.

O. Kern: *Die griechischen Mysterien der klassischen Zeit*, Berlin 1927.

Raphael: *Orphik und Initiations-Überlieferung* [fabrica libri], Schalksmühle 2015.

R. Reitzenstein: *Die hellenistischen Mysterienreligionen nach ihren Grundgedanken und Wirkungen*, Leipzig / Berlin 1927.

E. Rohde: *Psyche. Seelencult und Unsterblichkeitsglaube der Griechen*, Tübingen 1925, Neudruck Darmstadt 1980.

Thassilo von Scheffer: *Hellenische Mysterien und Orakel*, Stuttgart 1948.

C. Schneider: *Die antiken Mysterien nach ihrer Einheit und Vielfalt. Wesen und Wirkung der Einweihung*, Hamburg 1979.

Mythologie allgemein

Gerhard Bellinger: *Knaurs Lexikon der Mythologie. Über 3000 Stichwörter zu den Mythen aller Völker*, Erftstadt 2005.

Joseph Campbell: *Die Masken Gottes*, 4 Bde. München 1996.

R. Cavendish: *Mythologie der Weltreligionen*, München 1981.

Christoph Jamme, Stefan Matuschek (Hrsg.): *Handbuch der Mythologie*, Darmstadt 2014.

Carl Gustav Jung, Karl Kerényi: *Das göttliche Kind. Einführung in das Wesen der Mythologie*, Düsseldorf 2006.

Robert von Ranke-Graves: *Die Weiße Göttin*, Reinbek 1990.

Zitatnachweis

[1] Friedrich Schiller, *Die Götter Griechenlands*. In: Schiller Werke, Zweiter Band, S. 100.

[2] Ebenda, S. 102.

[3] Novalis, *Werke in zwei Bänden*, Band 2, Köln 1996, S. 135,ff.

[4] *Die Goldenen Verse des Pythagoras*, Heilbronn 1988, S. 17.

[5] Ebenda, S: 21.

[6] Platon, *Sokrates im Gespräch*, Frankfurt-Hamburg 1955, S. 174.

[7] Platon, ebenda S. 23 (Apologie XIX).

[8] Zt. nach G. Mensching (Hg.), *Das lebendige Wort*, Dreieich 1980, S. 280.

[9] Karl Kerenyi, *Die Mythologie der Griechen*, Teil 2: Die Heroengeschichten, 2. Aufl. Stuttgart 2013, S. 13.

[10] Zt. nach H. von Glasenapp, *Indische Geisteswelt*, Hanau 1986, S. 20-21.

[11] Ich verwende hier folgende Übersetzung: Karl Friedrich Geldner, *Der Rigveda*, Göttingen und Leipzig 1923, Neuaufl. Wiesbaden 2008. Rigveda X 129,1.

[12] Rigveda X 90,2.

[13] Rigveda X 90,13-14.

[14] *Die Edda*, übertragen von Felix Genzmer, Köln 1983, S. 39 (*Wafthrudnismal* 21).

[15] Rigveda X 90,12.

[16] Rigveda X 121,1.

[17] Text nach: Ivar Lissner / Gerhard Rauchwetter, *Glaube – Mythos – Religion*, Bindlach 1990, S. 164-165.

[18] *Sagen und Mythen aus aller Welt,* nacherzählt von Neil Philip, München 2006, S. 26-27.

[19] Nelly Naumann, *Mythen des alten Japan,* Köln 2011, S. 56.

[20] Lis Jacobi, *Schöpfungs- und Entstehungsmythen,* Schaffhausen 1981, S. 41.

[21] P. Philippson, *Genealogie als mythische Form.* In: Untersuchungen über den griechischen Mythos, Zürich 1944, S. 16 f.

[22] Britta Verhagen, *Götter, Kulte und Bräuche der Nordgermanen.* Kulturelle Wurzeln des Abendlandes in der nordeuropäischen Bronzezeit, Herrsching 1986, S. 34.

[23] Hesiod, *Sämtliche Werke,* S. 38.

[24] Ebenda, S. 39.

[25] Ebenda.

[26] *Die Homerischen Götterhymnen,* Leipzig 1974, S. 140-41.

[27] Orpheus. *Altgriechische Mysterien,* Köln 1982, S. 58.

[28] Zt. nach Albert Dietrich, *Mutter Erde. Ein Versuch über die Volksreligion,* Leipzig / Berlin 1905, S. 13.

[29] Orpheus, S. 27.

[30] Britta Verhagen, a.a.O. S. 39.

[31] Helmuth von Glasenapp, *Indische Geisteswelt,* Band 1, Hanau 1986, S. 19.

[32] Orpheus, S. 41.

[33] Lis Jacobi, *Schöpfungs- und Entstehungsmythen,* S. 42.

[34] Ebenda.

[35] Zt. nach F. Le Roux / Ch. Guyonvarc'h, *Die Druiden,* Engerda 1996, S. 390.

[36] Zt. nach Otto Holzapfel, *Lexikon der abendländischen Mythologie,* Freiburg 1993, S. 19.

[37] Friedrich Hölderlin, *Sämtliche Werke,* Band 1, München / Wiesbaden o. J., S. 149.

[38] *Die Anfänge der abendländischen Philosophie.* Fragmente der Vorsokratiker, München 1991, S. 47.

[39] Zdeněk Váňa, *Mythologie und Götterwelt der slawischen Völker,* Stuttgart 1992, S. 71.

[40] Johannes Lehmann, *Die Hethiter – Volk der tausend Götter,* München / Gütersloh / Wien o. J. S. 274.

[41] Thassilo von Scheffer, *Hellenische Mysterien und Orakel,* Stuttgart 1948, S. 116.

[42] Ebenda, S. 120.

[43] Zt. nach O. Holzapfel, *ebenda* S. 19-20.

[44] H. P. Blavatsky, *Die Geheimlehre* Bd. 1, Den Haag o.J., S. 44.

[45] Ebenda, S. 61/62.

[46] *Die Anfänge der abendländischen Philosophie.* Fragmente der Vorsokratiker, München 1991, S. 88.

[47] Fragment 21a bei Otto Kern, *Orphicorum Fragmenta*, Berlin 1922.

[48] *Die Homerischen Götterhymnen*, S. 130 (dort „Here" statt Hera).

[49] *Die Homerischen Götterhymnen*, S. 138-39.

[50] Ebenda, S. 94.

[51] Lis Jacobi, *Schöpfungs- und Entstehungsmythen*, S. 42-43.

[52] Zt. nach Jutta Ströter-Bender, *Liebes-Göttinnen*, Köln 1994, S. 13.

[53] Arthur Schult, *Astrosophie*, Band 1, Bietigheim 1986, S. 116.

[54] Ebenda, S. 117.

[55] *Die Homerischen Götterhymnen*, Seite 95.

[56] Ebenda, S. 97.

[57] *Lyrik des Abendlandes*, München 1978, S. 27.

[58] Sappho, *Liebeslieder*, Köln 2018, S. 41.

[59] Rainer Maria Rilke, *Gesammelte Werke*, Genf 1998, S. 458.

[60] *Die Homerischen Götterhymnen*, S. 137.

[61] Orpheus. *Altgriechische Mysterien*, S. 78.

[62] *Die Homerischen Götterhymnen*, S. 115.

[63] zt. n. Marion Griebel, *Das Geheimnis der Mysterien*, S. 38.

[64] *Die Homerischen Götterhymnen*, S. 115.

[65] Thassilo von Scheffer, *Hellenische Mysterien und Orakel*, S. 62.

[66] Orpheus, *Altgriechische Mysterien*, S. 127.

[67] *Die Homerischen Götterhymnen*, S. 139.

[68] Ebenda.

[69] Zt. nach: Reinhold Merkelbach: *Der Kult der Hestia im Prytaneion der griechischen Städte.* In: Zeitschrift für Papyrologie und Epigraphik. Bd. 37, 1980, S. 77–92

[70] *Plutarch*, Auswahl und Einleitung von K. Ziegler, S. 43-44.

[71] *Odyssee* XV / 319.

[72] *Die Homerischen Götterhymnen*, Leipzig 1974, S. 70.

[73] Dieterich, *Abraxas* (Studien zur Religionsgeschichte des späteren Altertums), in: Festschrift, Hermann Unsener dargebracht, Leipzig 1891, S. 16,ff.

[74] Walter Beltz, *Die Schiffe der Götter*. Ägyptische Mythologie, Berlin 1987, S. 97,f.

[75] *Phaidros* 274 c-d.

[76] Die Hermetica zitiere ich nach der von mir selbst übersetzten Textausgabe: Manfred Ehmer, *Das Corpus Hermeticum. Weisheit, die aus dem Ewigen fließt*, 2. Aufl. Hamburg 2016 (*edition theophanie*), S. 175-76.

[77] Thorwald Detleffsen, *Schicksal als Chance*, München 1979, S. 28.

[78] *Das Corpus Hermeticum*, ebd. S. 143.

[79] Ebenda, S. 152.

[80] Eric Hornung, *Das esoterische Ägypten*, München 1999, S. 206.

[81] Wolfgang Golther, *Handbuch der germanischen Mythologie*, S. 294.

[82] *Die Homerischen Götterhymnen*, S. 137.

[83] Friedrich Nietzsche, *Der Wille zur Macht*, Stuttgart 1980, S. 683.

[84] Ebenda, S. 675.

[85] Ebenda, S. 677.

[86] Ebenda, S. 687.

[87] Ebenda, S. 687/88.

[88] *Der Wille zur Macht*, S. 658.

[89] Friedrich Nietzsche, *Werke in zwei Bänden*, Bd. 1, München / Wien 1981, S. 600/601.

[90] Ebenda, S. 775.

[91] Orpheus. *Altgriechische Mysterien*, S. 69-70.

[92] Friedrich Nietzsche, a. a. O., S. 19.

[93] *Die Homerischen Götterhymnen*, S. 50-51.

[94] Ebenda, S. 51.

[95] Ebenda, S. 56.

[96] Ebenda, S. 60.

[97] Zt. nach B. Verhagen, S. 133.

[98] Orpheus. *Altgriechische Mysterien*, S. 47.

[99] *Kritias* 113b–114a.

[100] *Die Homerischen Götterhymnen*, S. 135.

[101] Orpheus. *Altgriechische Mysterien*, S. 109.

[102] Thassilo von Scheffer, *Hellenische Mysterien und Orakel*, Stuttgart 1948, S.15-16.

[103] *Phaidros* 229,d-e (Übersetzung von Fr. Schleiermacher).

[104] *Unvergängliche deutsche Gedichte*, hg. von Wilhelm Elsner, München 1955, S. 170.

[105] Orpheus, S. 26.

[106] Novalis, *Werke in zwei Bänden*, Bd. 1, Köln 1996, S. 109, 113.

[107] Tacitus, *Germania*, Kap. XI.

[108] Cäsar, *Der Gallische Krieg*, Buch VI, Kap. 18.

[109] Zt. nach Robert von Ranke-Graves, *Griechische Mythologie*, Bd.1, S. 25.

[110] Hesiod, *Sämtliche Werke*, S. 56.

[111] *Die Edda*, übertragen von Felix Genzmer, S. 39 (*Wafthrudnismal*, 25).

[112] Zt. nach Frederik Hetmann, *Die Göttin der Morgenröte*, Frankfurt 1988, S. 33.

[113] Zt. nach Robert von Ranke-Graves, *Die Weiße Göttin*, Reinbeck 1990, S. 81/82.

[114] *Deutsche Gedichte aus acht Jahrhunderten.* Zusammengestellt von Dr. Ingeborg Zengerer, Klagenfurt 1986, S. 330.

[115] Orpheus. *Altgriechische Mysterien*, S. 24.

[116] Ovid, *Metamorphosen*, S. 333-34.

[117] *Odyssee* X, 302-306.

[118] *Lyrik des Abendlandes*, München 1978, S. 65, ff.

[119] Wolfgang Golther, *Germanische Mythologie*, 5. Auflage Wiesbaden 2013, S. 347.

[120] *Märchen aus Wales*, übers. u. hg. von Frederik Hetmann, Düsseldorf / Köln 1982, S. 123.

[121] Ebenda, S. 124.

[122] Orpheus, *Altgriechische Mysterien*, S. 74.

[123] Hesiod, *Sämtliche Werke*, S. 39.

[124] *Goethes Werke*, Band 5: *Dichtung und Wahrheit*, Frankfurt 1951, S. 525.

[125] Hesiod *Theogonie*, Sankt Augustin 1993, S. 87.

[126] Hesiod, *Theogonie*, S. 81.

[127] J. W. Goethe, *Prometheus-Fragment*. In: *Goethes Gedichte in zeitlicher Folge*, Frankfurt 1982, S. 162/63.

[128] Ovid, *Metamorphosen*. In der Übertragung von Johann Heinrich Voss, Frankfurt 1990, S. 13.

[129] Aischylos, *Der Gefesselte Prometheus*, Übersetzung von Walter Kraus, Stuttgart 1965 [Reclam], S. 36.

[130] Wolfgang Golther, *Handbuch der germanischen Mythologie*, S. 406, ff.

[131] William Q. Judge, *Das Meer der Theosophie*, 4. Aufl. Hannover 1987, S. 73/74.

[132] Zt. nach: Jakob Shadoku (Hg.), *Die Kinder Lucifers*, Berlin 1989, S. 94.

[133] Ebenda, S. 150.

[134] Zt. nach: Barbara G. Walker, *Das geheime Wissen der Frauen*, Frankfurt 1993, S. 633.

[135] Zt. nach Hans Christian Meiser (Hg.), *Gnosis*, München 1994, S. 71.

[136] Zt. nach: Sylvia Cranston, *HPB – Leben und Werk der Helena Blavatsky, Begründerin der modernen Theosophie*, Satteldorf 1995, S. 398.

[137] *Die Homerischen Götterhymnen*, S. 136.

[138] Klabund, *Literaturgeschichte*, Wien 1929, S. 11.

[139] Platon, *Der Staat*, deutsch von August Horneffer, Stuttgart 1973, S. 351-52.

[140] *Ilias* XVIII, 483-86.

[141] *Odyssee* V, 272-74.

[142] *Lyrik des Abendlandes*, S. 83.

[143] Lis Jacobi, *Schöpfungs- und Entstehungsmythen*, S. 41.

[144] Aus: *Der Hymnus an die Erde*. Aus dem altindischen Atharvaveda, übersetzt und erläutert von Hermann Beckh (1934), 2. Aufl. Stuttgart 1960, S. 26.

[145] *Die Vorsokratiker*, Übersetzung von W. Nestle, S. 108.

[146] Friedrich Hölderlin, *Sämtliche Werke*, S. 149.

[147] *Die Homerischen Götterhymnen*, dt. von Thassilo von Scheffer, Leipzig 1974, S. 132/33.

[148] Orpheus, *Altgriechische Mysterien*, Köln 1982, S. 37.

[149] Otto Holzapfel, *Lexikon der abendländischen Mythologie*, Freiburg 1993, S. 329.

[150] Zt. nach David Ash / Peter Hewitt, *Wissenschaft der Götter*, Frankfurt 1994, S. 113/14.

[151] Ebenda, S. 117/18.

[152] Ebenda, S. 117.

[153] Vgl. Jean-Jacques Hatt, *Eine Interpretation der Bilder und Szenen auf dem Silberkessel von Gundestrup*. In: Die Kelten in Mitteleuropa, Salzburg 1980, S. 68-75.

[154] *Thassilo von Scheffer, Hellenische* Mysterien und Orakel, Stuttgart 1948, S. 106.

[155] Elisabeth Hämmerling, *Orpheus' Wiederkehr*, Interlaken 1984, S. 119.

[156] Th. von Scheffer, *Hellenische Mysterien*, S. 101-02.

[157] Zt. nach Robert von Ranke-Graves, *Griechische Mythologie*, Bd.1, S. 25.

[158] *Die großen Mythen der Menschheit – Götter und Dämonen*, ausgewählt und eingeleitet von Rudolf Jockel, Augsburg 1990, S. 91.

[159] Platon, *Sämtliche Werke*, Band 1, Wiesbaden 2001, S. 565.

[160] Jamblichos, *Pythagoras – Legende, Lehre, Lebensgestaltung*, hg. von Michael von Albrecht, Zürich-Stuttgart 1963, S. 153 ff.

[161] *Die großen Mythen der Menschheit* / Götter und Dämonen, München 1990, S. 57.

[162] Platon, *Sämtliche Werke* 4, Hamburg 1958, S. 28 (*Phaidros* 246 d).

[163] *Goethes Gedichte in zeitlicher Folge*, Frankfurt 1982, S. 148.

[164] Plutarch, *De Is. Et Osir.* 9.p.354c.

[165] Novalis, *Werke in zwei Bänden*, Band 1, Köln 1996, S. 205-207.

[166] Novalis, *Werke in zwei Bänden*, Band 2, S. 225.

[167] Walter Beltz, *Die Schiffe der Götter*, Berlin 1987, S. 43.

[168] *Ägyptische Mythologie*, Band 2: Mythen und Legenden, Düsseldorf / Zürich 1998, S. 191-193.

[169] Herodot, *Historien*, Buch II, Kap. 170-171 und 62.

[170] *Ägyptische Mythologie*, Bd. 2 S. 238.

[171] Apuleius, *Der Goldene Esel*, 1. Aufl. Frankfurt 1975 [it146], S. 303.

[172] Mozart, *Die Zauberflöte*. Oper in zwei Aufzügen. Vollständiges Buch, hg. und eingel. v. Georg Richard Kruse, Reclam Leipzig o. J., S. 43.

[173] Ebenda, S. 44-45.

[174] Ebenda, S. 60.

[175] H. P. Blavatsky, *Isis Entschleiert*, Band 1, Hannover 2000, S. XXIV.

[176] Ebenda, S. 435.

[177] H. P. Blavatsky, *Isis Entschleiert*. Adyar Studienausgabe, Aquamarin Verlag 2003, S. 427-28.

[178] Manfred Görg, *Mythos, Glaube und Geschichte*, Düsseldorf 1992, S. 108-110.

[179] Rainer Maria Rilke, *Duineser Elegien*, Frankfurt 1974, S. 11.

[180] *Die Anfänge der abendländischen Philosophie*, München 1991, S. 50.

[181] Zt. nach Jutta Ströter-Bender, *Liebes-Göttinnen*, Köln 1994, S.30-31.

[182] Dante Alighieri, *Die Göttliche Komödie*, übersetzt von Otto Gildemeister, Essen / Stuttgart 1983, S. 515-16.

[183] Zt. nach Gerhard Gollwitzer, *Die durchsichtige Welt*. Ein Swedenborg Brevier, Zürich 1966, S. 61/62.

[184] Johann Peter Eckermann, *Gespräche mit Goethe*, Frankfurt 1981, Band 2, S. 720.

[185] *Die Vorsokratiker*, ausgew. v. W. Nestle, S. 140/41.

[186] Zt. nach: *C. G. Jung im Leben und Denken unserer Zeit*, hg. von Heinrich Zollinger, Olten 1975, S. 32-33.

[187] Carl Gustav Carus, *Menschen und Völker*, Hamburg 1943, S. 14.

[188] *Goethes Gedichte in zeitlicher Folge*, Frankfurt 1982, S. 305.

[189] Friedrich Hölderlin, *Sämtliche Werke*, Band 1, München / Wiesbaden o. J., S. 182.

[190] Ebenda, S. 181.

[191] Helena Petrowna Blavatsky, *Grundlehren der esoterischen Philosophie*, Graz 1981, S. 39.

[192] Ebenda, S. 39-40.

[193] Friedrich Nietzsche, *Werke in zwei Bänden*, Bd. 1, München / Wien 1981, S. 600/601.

[194] Yuval Noah Harari, *Homo Deus. Eine Geschichte von morgen*, München 2017, S. 72-73.

Über den Autor

Dr. phil. Manfred Ehmer hat sich als wissenschaftlicher Sachbuchautor darum bemüht, die
großen kulturgeschichtlichen Zusammenhänge
aufzuzeigen und die archaischen Weisheitslehren
für unsere Zeit neu zu entdecken. Mit Werken
wie DIE WEISHEIT DES WESTENS, GAIA und HEILI-
GE BÄUME hat sich der Autor als gründlicher
Kenner der westlichen Mysterientradition erwiesen, mit DAS CORPUS HERMETICUM einen Grund-
text der spirituellen Philosophie vorgelegt. Daneben stehen lyrische Nachdichtungen etwa des
berühmten HYPERION von John Keats oder des
vedischen HYMNUS AN DIE MUTTER ERDE. Besuchen Sie den Autor auf seiner Internetseite:

www.manfred-ehmer.net

Zeitfracht Medien GmbH
Ferdinand-Jühlke-Straße 7
99095 Erfurt, Deutschland
produktsicherheit@kolibri360.de